ABEL BASTI

EL EXILIO DE HITLER

Las pruebas de la fuga del Führer a la Argentina

破译历史真相系列④

他欺骗了全世界

希特勒死亡之谜

EL EXILIO DE HITLER

ABEL BASTI ［阿根廷］阿贝尔·巴斯蒂 著　孙颖屏 唐莹莹 译

群众出版社

图书在版编目（CIP）数据
他欺骗了全世界：希特勒死亡之谜 / ［阿根廷］阿贝尔·巴斯蒂著；孙颖屏 唐莹莹 译. -- 北京：群众出版社, 2014.10
ISBN 978-7-5014-5276-7
Ⅰ. ①他… Ⅱ. ①巴… ②孙… ③唐… Ⅲ. ①希特勒 - 人物研究 Ⅳ. ①K835.167-52
中国版本图书馆CIP数据核字(2014)第223470号

他欺骗了全世界：希特勒死亡之谜

著　　者：［阿根廷］阿贝尔·巴斯蒂
译　　者：孙颖屏　唐莹莹
出版发行：群众出版社
地　　址：北京市丰台区方庄芳星园三区15号楼
邮政编码：100078
经　　销：新华书店

印　　刷：北京通天印刷有限责任公司
版　　次：2014年11月第1版
印　　次：2014年11月第1次
印　　张：20印张
开　　本：787毫米×1092毫米　1/16
字　　数：317千字

书　　号：ISBN 978-7-5014-5276-7
定　　价：40.00元

网　　址：www.qzcbs.com
电子邮箱：qunzhongzhy@sina.com
文艺分社电话：010-83901350
营销中心电话（批销）：010-83903253
读者俱乐部电话（邮购）：010-83903253
读者服务部电话（门市）：010-83903257

读点

如果我活着，那么苏联、美国和英国之间永远不会有冲突。他们会为消灭我而团结在一起。然而如果我死了，它们就再也不可能保持一致了，矛盾就会纷至沓来。

而当这一刻来临的时候，我必须活着，继续领导德国人，带领他们从失败中重新振作，并取得最后的胜利。

如果大家都认为我死了，那么德国只能幻想胜利了。

——阿道夫·希特勒，在柏林地堡中，《时代》，1945 年 5 月 28 日

费格莱因[1]的父母向一个美国反间谍组织保证，曾有人为他们带来关于儿子的消息，那人只告诉他们，他们的儿子和希特勒非常安全、健康地生活在阿根廷。

——美国反情报队（CIC），费格莱因档案，卡莱尔的审讯

1945 年 4 月在希特勒的地堡中，在希特勒不着一丝痕迹地永远消失于世界舞台之前，那里究竟发生了什么？他有可能已经逃跑了吗？他自杀的故事有可能只是一场大型的“戏剧表演”吗？

如果他真的逃走了，他究竟藏在哪里？

要想了解发生在那个日子之后的种种事实，我们不得不运用修正主义的眼光。在这起被官方定性为自杀而永远尘封的事件中，其实时至今日都没有人掌握哪怕最基本的能够证明这位德国纳粹元首已经死亡的证据——不排除将来会有。

然而，在那些神秘的日子里，以希特勒为首的纳粹领导层都在地堡中。他们难以置信地精确准备和实施了历史上最令人震惊的一

1 费格莱因（1906~1945）：1939 年 9 月出任党卫军骑兵部队的首任指挥官，在三年多的时间里率领这支队伍立下赫赫战功。希特勒的情妇爱娃·布劳恩对费格莱因非常钦慕，为了能够让他时常在自己身边，把自己的妹妹嫁给了他。——编者注

出闹剧。

在轴心国向同盟国投降之后的几个月里，我们知道了，在那个时候，这些世界政治的谋略家们已经对战后的局面进行了筹划。

当苏联人出乎意料地占领了半个欧洲之后，世界会结成怎样的同盟？为了阻止共产主义的推进，那些由全球最有权势的企业家们支持的世界右派势力又会做些什么呢？在此背景之下，如何组织各方力量建立共同的战壕来延缓苏联人的前进呢？此时纳粹手上有核武器吗？他们可曾把这作为和华盛顿谈判的王牌？

今天，更多新的信息可以让我们更接近同盟国的核心秘密："二战"期间，纳粹和华盛顿曾共同实施驱逐共产主义的战略。

这不禁会让人想起一个令人寝食难安的问题：在赦免希特勒及数千纳粹分子的协议达成之后，希特勒是否在美国人的保护下逃走了呢？

当研究那段险象环生的历史时，我们便会很容易地发现，苏联人万分惊讶地发现自己居然进入了柏林的地下隐蔽所。此前，他们对希特勒的这个藏身之处毫不知情；之后，当他们试图从中找到希特勒，哪怕是他的尸体时，他们再次惊讶地发现自己无能为力。

他们首先感到一片茫然。之后，当他们察觉到这位德国首脑可能在苏联士兵的眼皮子底下溜走了的时候，苏联将领们满是绝望。

1945 年 4 月，苏联人进入柏林掩体之后，研究分析了地堡和德国外交部花园中的好几具尸体，目的就是找到并鉴定出希特勒的尸体。

在本书中，作者详细地描述了苏联医生的经历、当时的新闻报道，以及与希特勒命运相关的官方通告。在分析了这些公开的资料之后，作者又对档案进行了分类和不同的调查，最后得出一个结论（所有的分析结论一致）：希特勒逃跑了。

二十一世纪的一位读者，从小就被灌输纳粹元首已经自杀了。但是，在查阅了那时的各类资料之后，他惊奇地发现，希特勒逃跑的可能性比自杀的可能性更大。

在没有尸体也没有其他证据能够证明希特勒死亡的情况下，苏联元首斯大林曾说希特勒有可能已经逃往了西班牙或者阿根廷——这确实是他亲口所言。如果历史已经接受希特勒和爱娃已经自杀的事实，那么，真相又是如何被掩盖的呢?

事实上如果柏林和同盟国之间已经达成了协议，希特勒的逃跑就是一个“令人振奋”的结果了。如果我们知道当年的几个资本主义世界的最高元首已经形成了一个反对共产主义的势力圈，而且希特勒是其中一个毋庸置疑的领袖，那么要挽救他的生命就是必然的了，因此阿道夫·希特勒的逃跑也就不那么难以理解了。

与此相关，我们也可以这么认为，“一战”中德国战败，希特勒为了到达权力巅峰，统治并领导德国，其间接受了反对呼声最高却又是必不可少的部门的帮助。作为交换，他签订了很多重要的金融、经济条约，尤其是与美国的商人和银行家们，这为一批人带来了巨额财富，而这些人在“二战”前后都一直支持希特勒。

其中几位是美国声名显赫、实力强大的企业家，如约翰·洛克菲勒[1]、亨利·福特[2]、约瑟夫·肯尼迪[3]以及普雷斯科特·布什[4]，还包括布朗兄弟哈里曼银行（BBH）的哈里曼家族[5]。1933 年 BBH 集团的子公司哈里曼国际公司和希特勒签署了一项条约，这家美国公司成为德国所有出口到美国的产品的总代理。

同时对希特勒提供帮助的还有普雷斯科特·布什的岳父——大企业家乔治·沃克，当时他正在苏联巴库地区（当时苏联的第一大油田）开采石油。那时和希特勒有来往的美国公司还有通用汽车公司、美孚石油公司、美国电话电报公司（AT&T）[6]。

那时，德国已经破产，债务违约也使它不能继续取得贷款。大家应该记得，《凡尔赛和约》还沉重地压在日耳曼人的头顶上。这一条约旨在阻止德国在“一战”战败后重新崛起。也就是说，在 1933 年希特勒上台时，德国已经陷入了外债违约的境地，这在很大程度上根源于《凡尔赛和约》，提供给德国纳粹的国际信贷也因此

1 约翰·洛克菲勒（1839~1937）：美国资本家，创立了标准石油公司，美国第一位十亿富豪与全球首富。——编者注

2 亨利·福特（1863~1947）：美国汽车工程师与企业家，福特汽车公司的建立者。——编者注

3 约瑟夫·肯尼迪（1888~1969）：美国商人、金融实业家、外交官，美国第 35 任总统约翰·肯尼迪的父亲。——编者注

4 普雷斯科特·布什（1895~1972）：美国政治家，商界的传奇人物，美国第 41 任总统乔治·赫伯特·沃克·布什的父亲，美国第 43 任总统乔治·沃克·布什的祖父。——编者注

5 哈里曼家族依靠铁路起家，逐步成为在美国政界拥有巨大影响力的大财阀。——编者注

6 达涅艾尔·穆妮科：《交易是交易》。

纳粹党的聚会，他们的旗帜上写着：“德国，重新崛起！”

中断。但是，哈里曼家族和他的同盟者普雷斯科特·布什继续推进华尔街的规则，使得希特勒在一定程度上可以继续获得国际信贷，如果没有这些，他就不可能得到必要的外汇去支付进口产品，这些产品在他通向军国主义的道路上是必不可少的。而这一过程是借助弗里茨·蒂森[1]和威廉·弗里克[2]实现的，其中弗里克是海因里希·希姆莱[3]的亲密朋友，也是德国党卫队（SS）和冲锋队（SA）的直接赞助人。[4]

布什祖父和布朗兄弟哈里曼银行还通过联合钢铁公司一直资助纳粹。1938年，普雷斯科特·布什负责一项提供给希特勒的贷款，这使得他可以从美孚石油公司进口燃料，这一切都为德国发动战争提供了能源储备。

也许随着时光流逝，相关的一切证据会大白于天下，那时我们会看到，出于政治或经济利益的考虑，希特勒注定会在他人的庇护之下逃跑。

其实这一行为并非孤立事件，因为也是同一个利益集团帮助希特勒达到了权力巅峰，并共同编织了利益阴谋。

1945年4月，当被称为“第三帝国”的巨轮将要在狂涛巨浪中倾覆时，是他们向德国元首抛出了救生圈。

正是因为得到了西方同盟国的保证，希特勒才能毫不畏惧地实施撤退计划。这项拯救计划细节烦琐，德国人其实已经准备了三年。

1 弗里茨·蒂森（1873~1951）：德国垄断资本家，曾积极地资助、扶植纳粹。——编者注

2 威廉·弗里克（1876~1946）：纳粹官员，第三帝国的内政部部长。在“二战”结束后的纽伦堡审判中，弗里克被法庭判处绞刑。——编者注

3 海因里希·希姆莱（1900~1945）：纳粹德国的重要人物，德国秘密警察（盖世太保）首脑，将党卫队发展为控制着整个纳粹帝国的庞大组织。——编者注

4 沃尔特·格拉希尔诺：《希特勒赢得了战争》。

确实，时至今日，还没有任何证据泄露出来。一份日期为1944年9月4日的美国联邦调查局（FBI）文件引述了这样一句话：“阿道夫·希特勒可能逃往阿根廷。”这份报告是由美国驻布宜诺斯艾利斯使馆的军事随员拉德将军发送给FBI局长约翰·埃德加·胡佛的。该报告称，“许多政治观察家发表观点说，阿道夫·希特勒很有可能在战败后到阿根廷寻求庇护”。

报告中，还明确指出：“阿根廷的一个德国殖民区，为希特勒及其追随者提供庇护的可能性极大，其中一位成员叫卢森堡伯爵，他在当地拥有一个农场可以作为避难所。”

这份文件继续指出：“从德国战败之后留下的文件来看，发现明显的证据表明纳粹战败之后逃往阿根廷是不可能的。但是一个不可忽略的重要事实是，面对各方的种种指责和质疑，特别是当人们怀疑希特勒乘坐一架特制飞机经过7376英里的不间断飞行或乘坐潜艇长途跋涉，最终到达目的地阿根廷时，阿根廷始终保持沉默。”

希特勒的逃跑是令人兴奋的，通过这种方式，他从共产党手里抢回了首都和人民。同时，他和其他纳粹高官开始了逃亡中的新生活。

不只希特勒逃了，当共产党的旗帜开始飘扬在柏林外交大楼的周围时，数以千计的纳粹党人也逃离了德国，其中包括两位高官：纳粹的“二号人物”马丁·鲍曼[1]、党卫队地区总队长海因里希·缪勒。

今天，由于研究者们细心的工作，我们知道，有几位纳粹军官在战后被美国秘密保护起来，以换取他们和美国的合作，其中包括：曾担任驻扎在里昂的党卫军指挥官的克劳斯·巴比、党卫军上尉奥托·斯科兹尼。[2]

有几位纳粹高官公开和美国合作，如德国准将沃尔特·希伯，虽然曾用战俘进行毒品和病毒实验，然而却逃避了指控，战后他在得克萨斯空军医学院工作。此外，还有纳粹将军库尔特·布洛梅，他是纳粹德国细菌战权威专家，曾在人身上试验鼠疫疫苗。在战后他没有被作为战犯接受任何审判，而是服务于美国军队化学研究所。

1 马丁·鲍曼（1900~？）：希特勒私人秘书，掌握着纳粹党的钱袋子，人称“元首的影子”。在希特勒政权垂死挣扎的最后日子里，鲍曼成了仅次于希特勒的第二号重要人物。“二战”结束后，神秘失踪。——编者注

2 提姆·那达利、诺曼·哥达：《美国和纳粹的情报》。

在成功逃亡之后，关于希特勒的命运流传着各种版本，其实他已经在南美洲的偏远国度阿根廷安度余生了。

今天我们已经能够更好地理解历史上的这场阴谋，因为这些年来，希特勒秘密接受的外部资助已经被公之于众，尤其是来自英美大财团的资助，以及其他表面上被认为是纳粹德国敌人的国家。近年出现的文件和证据进一步证实了这其中令人惊奇的种种联系。

随着时光流逝，再结合其他新的信息，希特勒获救就显得顺理成章了。

所有的一切，包括在地堡中那场魔幻般的自杀仪式，组成了整个故事。这个巨大的谎言掩盖着同谋者的阴谋，时至六十年之后，仍在引起着种种猜测。

权力的近亲——思想、哲学和商业利益，穿过国境，形成了地下根枝缠绕的森林，形成了一片普通人毫无所知的领域。

因此，必须强调的是，在为大战做准备的现实背后，还隐藏着在特别部门有着特殊影响力的人物。这些人操纵着巨大的商业贸易，比如石油和军火买卖。在那时，甚至直到今天，世界领袖都在高呼和平，而实际上他们一直都在寻求武装冲突和破坏。为什么？因为每场战争都能赚来成千上万的美元，尽管这也同时意味着数以万计无辜者的死亡。在他们的世界观中，人类的灭亡——后果通常由不同文化下的人承受——应该由他们的种族思想来决定，最好的情况是，被鉴定为不可避免的“双方伤害”。

在这一背景下，显而易见的是，希特勒是这个错综复杂的利益网中不可或缺的一部分。这并不是孤立的。依靠他的这些势力强大的朋友，希特勒从一个名不见经传的维也纳画师成为了纳粹德国的元首，甚至控制了几乎整个欧洲。

尽管听起来不可思议，但是在第三帝国土崩瓦解之时，同样有赖于这些关系，他才能从德国首都毫发无损地逃离。

希特勒并没有在 1945 年自杀于柏林地堡中。他假死的闹剧和其后的逃亡，构成了“二战”历史上一段“精彩”的篇章。

目前，关于“希特勒死亡之谜”有两条调查思路。其中一条中心在欧洲，尤其在德国，要分析希特勒是如何逃跑的，用什么交通工具，是何时、处于何种情况下。尤为关键的是，他如何制造了这个骗局，使全世界都相信他已经自杀了。

这些疑问已经有答案了。为了解开这个二十世纪最匪夷所思的智力谜团，一些调查者一直在孜孜不倦地寻找新的材料、证据和档案。尽管如此，我们还需要知道更多的资料，尤其是来自美国、英国、苏联和日本方面的资料。

另一条线索则直指阿根廷，因为那儿是希特勒的归宿，他到达了一个安全的避难所，也许就在世界的某个角落：南半球安第斯山的一所庄园。那儿的风景酷似巴伐利亚的阿尔卑斯山区。

1945 年 8 月，也就是柏林失守三个月之后，几艘德国潜艇抵达了阿根廷海域。为了分析这次逃亡，我们也必须大量查阅阿根廷国家海军部门对这次事件的正式记录。

这些纳粹党人登陆之后，为了不留下任何转移的证据，就把作为交通工具的潜艇全部沉到了海下。这段历史也不为官方所承认。尽管如此，这些生锈的船体依然沉没在阿根廷巴塔哥尼亚海岸边，因此，它们也必然成为逃亡的德国人秘密抵达此地的证据。

另外还有来自情报部门的无可争辩的信息，指向战后和希特勒在一起的直接证人，包括 1949 年成为西班牙科尔多瓦纳粹头目的卡塔利纳·加梅罗，还有埃尔南·安信，其中后者参加了 1953 年在阿根廷银海举行的希特勒和安特·帕韦利奇（克罗地亚地区纳粹头目）的会面。他们都曾谈起过希特勒的逃跑，并且披露了希特勒战后在阿根廷生活的一些细节。[1]

甚至希特勒在阿根廷巴塔哥尼亚地区生活的别墅之一——位于纳韦尔瓦皮湖边的伊纳尔克大厦，仍然矗立在那儿。由它的地理位置可以看出，纳粹要为他们的首领在地球的尽头选一个安全的落脚点。

尽管如此，我们从小就被欺骗，认为纳粹和美国人是不共戴天的敌人。而希特勒呢，一直被捧在荣誉和理想的顶端，他在 1945 年 4 月 30 日 15 点 30 分朝自己的太阳穴开了一枪，自杀了……

1 阿贝尔·巴斯蒂：《希特勒在阿根廷》。

希特勒在激情澎湃地演讲

目录

第一章 地堡中

第二章　柏林的困境

第三章　结局

第四章 柏林陷落和希特勒失踪

第五章　希特勒在哪儿?

第六章　希特勒之死

第七章 尸 体

第八章 一场大骗局

第九章　另一个希特勒

第十章　流亡之旅

第十一章 那些死去的希特勒们

第十二章 希特勒的逃亡

第十三章 悬赏捉拿希特勒：一百万美元

第十四章 雨点行动

尾 声

青年时期的希特勒

第一章 地堡中

如果我正在想着如何挽救自己的生命，那么我怎么能指挥柏林周围关键战役中的部队的行动？我将在最后时刻决定我的命运，我是应该死在首都，或者寻找一个避难所。

——阿道夫·希特勒，1945年4月20日在地堡中

希特勒在柏林最后的日子

如果这世界上还有一个神秘地方，那么，希特勒的地堡可能是历史上秘密最大的舞台。在苏联红军占领柏林时，也就是欧洲战场的最后岁月里，地堡中究竟发生了什么？

为了了解这儿发生的一切，首先我们要回顾官方历史。这段历史主要建构于英国情报局少校休·特雷弗·罗珀对历史的重述。他于1945年接受任命，负责调查希特勒是否真的结束了生命。

调查的结果形成了一份报告，其中肯定了希特勒业已自杀。这是同盟国官方承认的结果。这份文件的主要依据是，生活在地堡中的几位关键纳粹官员对那关键几个小时的口述，又结合了在纽伦堡审判中得到的其他证据所提供的信息。根据这些搜集的资料，并结合一些新信息，休·特雷弗·罗珀于1946年写出了《希特勒最后的日子》这本书。

许多年过去了，直到今天，依然有一个事实令我们惊诧，那就是，明知同盟国将无情扫荡并占领第三帝国的首都柏林这座城市，德国人居然没有在军事上做任何的防备工作。甚至在1945年4月5日，也就是在苏联发动总攻的前十一天，希特勒甚至命令几个装甲师驾驶著名的装甲坦克从柏林退出，退到南部，目的是对抗苏联人对布拉格的进攻。

另外，防御措施的缺失也让人震惊："1945年年初，甚至当苏联红军已经到达了奥得河时，德国人才开始加强对柏林的保卫。几道壕沟，几道防御坦克的障碍物，极其缓慢地出现在了城市东边的郊区。最令人难以置信的是，当红军在结冰的河流前停住，准备等待春天冰雪消融时，柏林城的防御准备工作居然也停了下来。一直到3月，对柏林的保卫没有引起任何足够的重视，之后一切为时已晚。没有人力，也没有办法再建造必要的防御工事了。"[1]

直到苏联人逼近眼前，柏林人才开始防守。他们建造了一条长二百三十四公里的"障碍腰带"，围绕在柏林周围作为防御工事。这些地方因被认为是非常重要的据点而在地图上被标注了出来，而实际上只是匆忙建造的一些供炮兵部队使用的战壕，以及一些供机枪士兵使用的带射击口的水泥墙。必须强调的是，当时在场的德国将军们评论说，这些据点非常脆弱，很容易被穿越。此外，大多数情况下，苏联红军在德国首都一路挺进，几乎没有碰到任何德国士兵的有效阻击。

在柏林的心脏地带，又急匆匆地建起了三条相距仅几公里、"同心圆式"的环形防御工事，以阻挡苏联人。在建造过程中，甚至缺少必要的机器、工具，包括最普通的铲子。

1945年4月20日，希特勒祝贺一名纳粹童子军得到铁十字勋章。那是希特勒"最后一次"走出地堡

在大街上，到处可见士兵或居民们修建的战壕，他们用各种令人想象不到的材料来建造堡垒或壕沟，以阻止苏联人的前进。

同时为了给前进制造障碍，马路上穿插摆放了装满石头的有轨电车、火车车厢以及各种铁丝网。尽管有这些防御措施，但是，保卫城市的士兵屈指可数，而且也缺少弹药和燃料。

保卫柏林的部队只是由大约三十万名来自不同部队的士兵组成——德国军队、党卫军、希特勒青年团[2]的小孩儿，甚至是国民突击队里的一

1 科纳利乌斯·瑞恩：《最后的战役》。

2 纳粹党在1922年至1945年间设立的准军事组织，其任务是对十三岁至十八岁的男性青年进行军事训练，为德国的对外战争做准备，并为纳粹党提供后备党员。——编者注

些老人，他们准备誓死抵抗。他们的武器大部分是轻武器，比如手枪、步枪，偶尔有几个在柏林手工作坊里制造的火箭筒。那些用来抵御坦克的火箭筒，虽然只能发射一次，但在巷战中很实用，它们被分发给全城的居民们。

凭借这些有限的资源和士兵，德国人试图阻挡由朱可夫元帅领导的两百万苏联红军的进攻。苏联红军拥有六千多辆坦克、七万多门大炮和火箭炮。另外，美国军队上千名士兵也在向柏林挺进，双方力量对比明显有利于红军。而且柏林所有对外的水运渠道都被盟军封锁，所以德国人几乎不可能得到外来的支援，这也加剧了柏林的危机。

希特勒的老巢

最内层防御圈保卫着地堡，要到达这个战略核心区域，必须要穿越柏林城前面的两层保卫圈。地堡区域坐落着重要的公共建筑，比如空军总部、本德勒建筑群[1]、国会大厦以及新的外交部。

在地下，还有一座坚不可摧的地堡，这个巨大的地下建筑是为抵御空袭而专门建造的。

苏联人可能不知道它的具体位置，甚至可能压根儿就不知道它的存在。

同盟国没有关于纳粹元首下落的消息，也不确定希特勒是否真的还在柏林。事实上，美国人认为，希特勒在巴伐利亚阿尔卑斯山区的盐山上，那儿有一座别墅，是他最喜爱的度假地，也就是“鹰巢”。那儿也同样有几座抵御空袭的地下避难所。

希特勒在柏林的这座地下居所位于地下十五米深处，有六十个房间和六个出口。其中三个出口通往外交部大楼，其他三个通向外面。希特勒占据了其中一部分，并划分出两个区域，其中一个位于地堡前部，由十二个房间组成，被用来作为仓库。那儿还有一个厨房，康斯坦茨·曼扎利在那里为第三帝国元首烹调素食。在底端一个蜗牛壳似的楼梯向下则通向另一部分“元首地堡”，这也是这个庇护所的灵魂所在。这个部分又分为两个区域，一部分由几个小房间组成：食堂、办公室、浴室、发电机房、警卫室，还有一个房间作为电话通信处。另一个区域，则包

1 现在是德国国防部办公大楼的一部分。——编者注

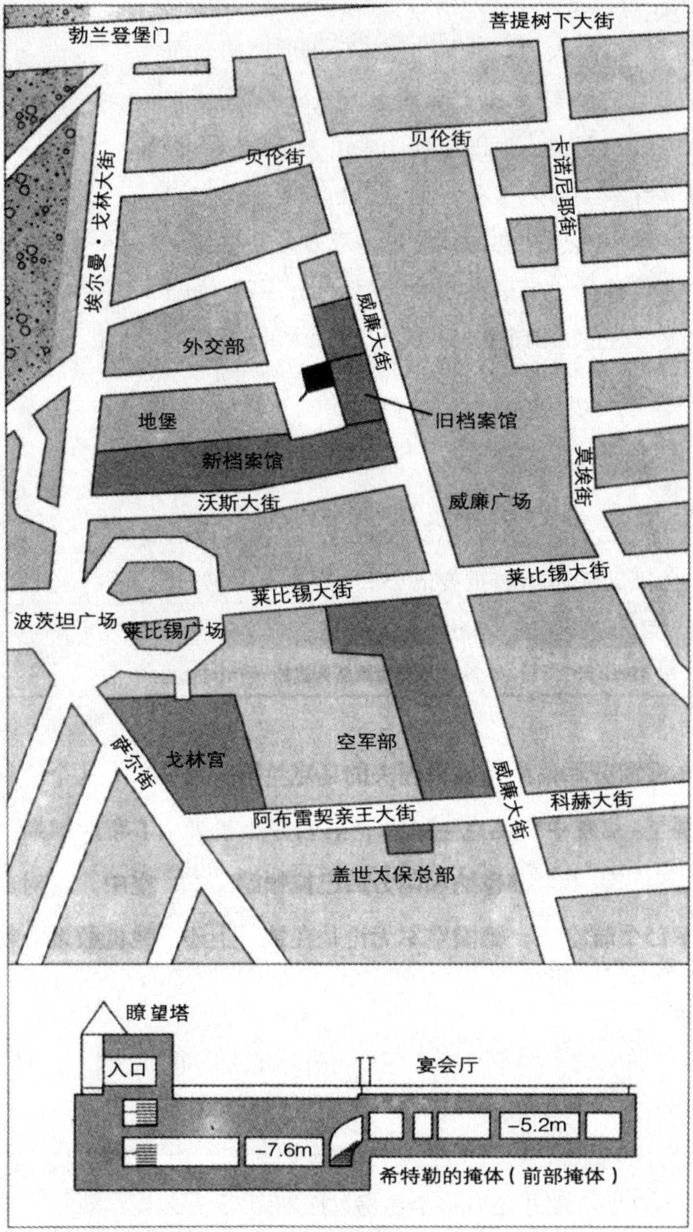

希特勒的地堡

括会议室和六个提供给希特勒和爱娃·布劳恩的私人房间。这个年轻的女人还不为世人所知，甚至在纳粹内部也是如此。只有元首最亲密的人知道，她是他的情妇。元首拥有一间卧室和一间私人办公室。而她则有自己的卧室、浴室和更衣室。另外还有作为地图室和衣物室的其他独立房间以及紧急出口。这些事实来源于希特勒的几个亲信的口供。他们一直生活在那里，直到苏联完全占领柏林。但是直到今天还有一些信息的空白和同时并存的几个互相矛盾的版本，它们分别来自纳粹和苏联人。那么随着敌人攻城略地越来越接近最后的胜利时，阿道夫·希特勒究竟做了些什么？

一场可怕的进攻

德国首都的战役从 1945 年 4 月 16 日一直持续到 5 月 2 日。在 4 月那些可怕的日子里，战斗从未停止，大街小巷，挨家挨户。战火不断推进，苏联人开始合围，同时留下成千上万的平民和士兵的尸体。

苏联人的总攻十分可怕。

苏军快速向柏林进军

要想知道进攻的规模，我们必须了解，苏联部队共投掷了一百八十万发榴弹，第三帝国首都被无情地摧毁，变成火光中的废墟，房子在燃烧中崩塌，人们惊恐万状地四散逃跑。到处都是烟，天空完全看不见，空气令人窒息。

除了士兵的伤亡，苏联炮火还造成了几十万平民的死亡。没有确切的德国士兵伤亡数据，但据估计有几万人。另外，苏联人宣布，为了夺取柏林的胜利，他们的军人牺牲了十几万（这个数据也有可能在十几万到二十几万之间）。随着苏联军队一路推进，性欲的饥渴驱使他们在沿途犯下了多起强奸案。这个事实扩散之后，恐惧在全城蔓延。通过这种方式，斯大林的军队展开了报复，造成了数目惊人的伤亡和破坏。

紧急飞机跑道

在 1945 年 4 月的最后一周，尽管苏联红军向希特勒的庇护所缩小了包围圈，但几架德国飞机依然能在地堡附近降落和起飞。这座地下建筑位于外交部大楼下方，非常接近柏林市中心的勃兰登堡门。飞机降落和起飞时，就把菩提树下大街作为临时跑道。为了把这条林荫大道改造成临时机场，所有的灯柱都被拔了。这样一来，几乎就是在地堡门口拥有了一个停机坪。这项命令是在一次和将军的会议中，希特勒直接下达的。

在之后的日子里，第三帝国的王牌飞行员在此降落以执行“特殊任务”，但时至今日，这些任务的目的仍被封存着。那么，希特勒和爱娃·布劳恩有可能在这最后的几次飞行中不留痕迹地离开吗？

全线前进

在4月的前两周，纳粹方面的坏消息接踵而至——除了苏联的进攻，他们几乎在所有的前线都遭遇了惨重的溃败：英国陆军元帅蒙哥马利离战略要地汉堡港只有十公里之遥，同时，德国第五大城市莱比锡也被盟军占领。另外，英国第二集团军击败了在德国西北部进行反抗的德军。同时，吕纳堡市被占领，它位于汉堡东南三十公里，这也意味着汉堡已经处于轻型炮弹的射程之内。英国军队位于吕贝克港五十公里处，距离基尔海军基地只有大约九十公里。同时，美国陆军上将辛普森指挥的几个师扫除了马格德堡最后的抵抗。在鲁尔盆地的洼地中，所有有组织的抵抗都停止了。在其他地区，美国人占领了拥有五十万人口的杜塞尔多夫，还有索林根、雷姆沙伊德、巴门，它们都是拥有十几万人口的德国重要工业基地。另外美国第十四装甲师已经到达了诺伊马克特县的郊区，距慕尼黑北部约一百二十公里，距离贝希特斯加登二百一十公里。

“我将在最后时刻作出决定”（4月19日至20日）

德国星级飞行员汉斯·鲁德尔[1]于4月19日抵达了地堡。为了到达此地，他熟练地穿越了重重战火。这位著名的飞行员只在地堡待了很短的时间。告别之前，希特勒对他说：“自1943年起，我不间断地谋求和平，但是同盟国不同意。他们的条件是德国人民无条件投降。任何有理智的人都能理解这一点。我们现在仍在继续谈判，但我想可能达不成任何协议。”[2]

这最后的几句话很清楚地表明，在战争的最后两年，直到1945年，希特勒一直在和西方同盟国进行谈判。但是，在这关键时刻，希特勒和鲁德尔还谈了些什么呢？我们不得而知。

这位飞行员是在飞越了苏联炮兵阵地之后来到地堡的。他来到这儿难道只是为了向4月20日过生日的希特勒表示问候吗？只有这样的猜想

1 汉斯·鲁德尔（1916~1982）：第二次世界大战中德国空军著名的斯图卡式俯冲轰炸机飞行员，在战争中被授勋级别最高的德国人，得到了为他专门制作的象征德军最高荣誉的勋章，该勋章的设立在很大程度上是受了鲁德尔的战绩的推动。战败后曾潜逃阿根廷，1953年回到德国，1982年去世。有自传出版。——编者注

2 汉斯·鲁德尔：《“二战”飞行员》。

才是符合逻辑的：在共产党围城之际，双方已经达成一致，如果苏联军队不可阻挡，那么就实行空中逃跑计划。

鲁德尔在 4 月 20 日凌晨一点告别了元首，而此时地堡内正开始庆祝希特勒的生日。这是他的五十六岁生日，苏联人用密集的炮火向他“致意”。

混乱的局面

苏联人的包围终于取得了成效，柏林陷入了垂死挣扎。除了缺乏物资和弹药，德国军队中还出现了混乱。由于苏联人疯狂的进攻，德军的总参谋部不得不在短时间内进行数次转移，因此士兵们经常不知道他们的上级在哪儿，也不知道如何与他们取得联系。通信中断了。新的命令传到前线，却发现没有军队可指挥，因为他们已经被歼灭了。局面异常混乱。德国军队要根据战术转移阵地的对策也难以实现，因为难民占满了道路。通信困难使整个防御完全失效，命令无法传达，而从前线发出的求救，有时甚至是绝望的求救也无法传递。

在地堡中，希特勒展开了地图，上面用小旗子标注了据点的名字。他以为这些地点依然在有效战斗，但其实这些地方已经伤亡惨重，或者干脆已经被苏军占领了。

4 月 20 日 10 点 50 分，柏林的供电被切断了。除了 24 日的十九分钟，整个城市再也没有过光明。没有电，城里大部分用来抽水的发动机都无法启动。不过地堡中没有这个困扰，因为它有自己的燃料发电机。此时德国人宣布，激战正在柏林门口进行，同时，一位外交部的发言人声明，敌人正在缓慢挪动，围绕帝国首都的炮火和子弹阻止着敌人行进。（美联社，伦敦，1945 年 4 月 20 日）苏联人则宣布，他们的装甲师已经到达了韦尔诺伊兴地区，距离柏林东北部仅十公里，这说明苏联部队已经到达了柏林的东部边界，穿过了湖泊链，那是阻止他们的最后一道天然防线。

同时，空战异常激烈，据报道，仅仅两天内，德国已经损失了 265 架飞机。而苏联的空中控制区明显扩大，他们有 3500 架飞机控制这片区域。

不同寻常的生日

尽管形势空前紧张，希特勒还和往年的 4 月 20 日一样，举行了一个招待会，接受他的部长和将军们的问候，其中包括以下高级将领：约瑟夫·戈培尔[1]、马丁·鲍曼、约阿希姆·冯·里宾特洛甫[2]、阿尔伯特·斯佩尔[3]、卡尔·邓尼茨[4]、威廉·凯特尔[5]、阿尔弗雷德·约德尔[6]、汉斯·克莱勃斯[7]和海因里希·希姆莱。希特勒青年团的首领阿图尔·阿克斯曼带着年轻人与会，希特勒依然走出地堡为他们授予荣誉勋章。阿克斯曼高举右臂向元首致意："我尊敬的元首！我以德国青年的名义为您的生日祝福，我很骄傲地再次代表勇敢的青年人，他们的勇气是希特勒青年团的重要特征。为了取得最后的胜利，他们用坚强的意志战斗在前线。"希特勒回答说："非常感谢，阿克斯曼，希望所有人都像这些年轻人一样勇敢。"接下来希特勒讲解了当前的军事形势，"所有前线都在进行激烈的战斗，伟大的决定性战役发生在柏林。德国战士众所周知的坚定品质和不可战胜的战斗意志将决定德国的命运。这是顽强抵抗的典范，它将消灭数量上占优势的敌人。我们坚定不移地相信，我们会赢得柏林战役的胜利。现在的情况类似于一场疾病，尽管它来势汹汹，但是拯救我们的药品出现及时，正在紧急制造中。我们必须反抗到最后一刻，再投放药品，那时我们最后的胜利将会来临。我们要用钢铁般的意志继续

---

1 约瑟夫·戈培尔（1897~1945）：纳粹党宣传部部长，纳粹德国国民教育与宣传部部长，被认为是"创造希特勒的人"。——编者注

2 约阿希姆·冯·里宾特洛甫（1893~1946）：希特勒政府时曾任驻英国大使和外交部部长等职务，对促成德日意三国同盟起过重要的作用，此外，里宾特洛甫直接参与了闪击波兰、入侵捷克斯洛伐克和苏联的战争。"二战"后被英军抓获，1946 年 10 月被纽伦堡国际军事法庭判处绞刑。——编者注

3 阿尔伯特·斯佩尔（1905~1981）：德国建筑师，在纳粹德国时期成为帝国装备部部长以及帝国经济领导人，在后来的纽伦堡审判中被定为一级战犯，判处二十年监禁。——编者注

4 卡尔·邓尼茨（1891~1980）：第二次世界大战期间德国的著名军事将领。曾任潜艇部队司令、海军总司令、第三帝国国家元首、武装部队统帅，德国海军元帅，"二战"结束后成为受审的主要纳粹战犯之一。——编者注

5 威廉·凯特尔（1882~1946）：纳粹德国元帅，最高统帅部参谋长，第二次世界大战德军资历最老的指挥官之一，战后作为主要战犯之一被纽伦堡国际军事法庭判处死刑。——编者注

6 阿尔弗雷德·约德尔（1890~1946）：纳粹德国陆军上将，德军最高统帅部作战局局长，第二次世界大战主要战犯。德国战败后，被判处死刑。——编者注

7 汉斯·克莱勃斯（1898~1945）：纳粹德国步兵二级上将，早年曾经担任德国驻苏联武官，1945 年 3 月接替陆军一级上将古德里安担任陆军参谋总长。1945 年 5 月德国投降后，在地堡内开枪自杀。——编者注

战斗！”

在这段话中，希特勒激励大家继续战斗，同时他也暗示，他口中的“我们的药品”就是正在制造中的“奇迹般的武器”——当时不为世人所知的一种炸弹，它将扭转德国的全面败局。

在接下来的日程中，希特勒和他的部长及将军们展开了热烈的讨论，但他既不否认也不承认离开首都逃往南部的可能性。面对军队将领请求他离开柏林的计划，他答复道：“我并非犹豫不决，众所周知，我几次推迟了决定。但是一旦我作出选择，没有人能够阻止。我将在晚些时间作出决定。”[1] 通过这种方式，他也再次回应了那些警告他苏联红军正在步步逼近，应该立刻逃离地堡的人。他们认为那儿有可能变成他的坟墓。也是在这次会见中，威廉·凯特尔元帅一再坚持希特勒应该离开地堡的方案。希特勒以不容置疑的口吻回答：“我知道我想要的，我将继续战斗，不论我在柏林城外或城内。”[2]

事实上，就在这一天，希特勒已经计划放弃首都，去往贝希特斯加登，并从那儿到达巴巴罗萨山区，在那儿继续指挥战斗。十天之前，他已经命令他的随从前往收拾屋子。

希特勒说：“如果我在想着如何逃生，我怎么能在柏林这场关键战役中有效地指挥军队呢？我将在最后时刻作出决定，是应该战死在首都，还是找一个避难所。”[3]

也是在这次会议中，希特勒表示将交出战争指挥权。这一出人意料的决定，预示着他将不再担任最高军事长官。同时，他也提出了战略方针，即把德军分成两部分。此前他从未在军事指挥权上作出过让步。从这个决定开始，海军总司令卡尔·邓尼茨元帅负责北部战区，陆军元帅阿尔贝特·凯塞林[4] 负责南部战区。他通过这种方式将军队指挥权一分为二。

希特勒正在想着逃跑。从这个角度解读，他将他一直牢牢掌握的作战指挥权授予他的将军们就显得合情合理。

那些与会者们并不清楚，接下来的几个小时，他们的元首将做什么。希特勒的空军副官尼古拉斯·冯·毕罗少校态度鲜明地表示，希特勒不

1 哥拉尔德·西蒙：《第二次世界大战》。
2 埃迪·鲍尔：《间谍，战争秘史》。
3 阿尔伯特·斯佩尔：《第三帝国回忆录》。
4 阿尔贝特·凯塞林（1885~1960）：曾任第二次世界大战德国空军元帅、陆军元帅，纳粹德国众多将军里经历最丰富者。——编者注

会离开柏林。但是，马丁·鲍曼则向秘书保证，元首一定会离开柏林。[1] 同时希特勒开始小范围内批准一部分人的逃离。当时，德国的高级将领们通过汽车和飞机开始了小规模的移居。柏林人把这些逃亡称为“金鸡们的惊恐”。

此时的第三帝国正在分崩离析。宣传部部长约瑟夫·戈培尔通过广播向人民发表宣言：元首将在这条道路上奋斗到底，未来等待着的不是人民的苦难,而是新时代的幸福生活的开始,是不可比拟的日耳曼的光荣。在军事会议结束时，希特勒的指定接班人——空军元帅赫尔曼·戈林[2]和其他高级将领们一起离开了地堡。戈林用二十四辆卡车将他藏在卡林霍尔奢华别墅中的大量艺术品运往巴伐利亚，这些艺术品都是从各国掠夺来的。他的家人也撤离了。他还下令用烈性炸药把他的豪华居所炸毁，并亲眼目睹了这个命令的执行。

另外，离开柏林的还有德国外交部部长约阿希姆·冯·里宾特洛甫、邓尼茨元帅以及德国装备部部长阿尔伯特·斯佩尔。而最让人吃惊的是，之后斯佩尔又返回了地堡。

下午几个小时后，德国盖世太保首脑海因里希·希姆莱也离开了地堡。第二天，在没有希特勒授权的情况下，他和瑞典红十字会会长勃纳多特伯爵进行了秘密会见。

会见于21日清晨六点举行。双方共进早餐，然后又背着希特勒具体讨论了德国投降的条件，但是最终没有达成协议。这已经不是双方就同一话题举行的第一次会面了。

“施泰纳的进攻”（4月21日）

4月21日红军到达了柏林东部并继续攻城略地。炮火开始袭击柏林市中心。尽管很多人还不相信第三帝国会被打败，可是对柏林人来说，可怕的梦魇已经成为现实。11点30分，他们受到了第一轮攻击。惊魂未定的人们开始四散开来，奔跑呼喊。随着时间的流逝，炮弹越来越密

1 休·特雷弗·罗珀：《希特勒最后的日子》。

2 赫尔曼·戈林（1893~1946）：纳粹德国空军元帅，希特勒早年指定的接班人。在纽伦堡审判中，被控以战争罪和反人类罪并被判处绞刑，但在执行死刑前两小时在狱中服用事先藏在牙齿中的剧毒氰化钾胶囊自杀。——编者注

集了。房屋被烧着了，大厦倒塌了，恐惧四处蔓延。房屋崩塌或起火的同时，大街上伤亡遍地。时任瑞士《联邦报》记者的马克斯·施奈策尔正在勃兰登堡门旁边，据他计算，每五秒钟就会落下一发炮弹。[1]从那时起，密集的炮击迫使上万人躲到地下室、地铁站台和一些地下防空洞中避难。这些地方迅速饱和，超过了原来设计的容纳量，因此生活条件简直不适宜人类居住。因为没有水，所以也无法使用厕所，这使得满地都是粪便，气味实在让人无法忍受。许多人死于饥渴。

在那些日子里，炮击的巨响时刻提醒着人们苏联红军近在咫尺。但是仍有装满行李的汽车在炮声中行进着。它们在半夜穿过房屋燃烧的火焰和浓烟，穿过城市废墟，穿过那些还在建造堡垒的国民突击队的老弱病残，奔向飞机停靠的地方。[2]

苏军的进攻势不可当。避难所中的气氛越来越紧张凝重。希特勒接到了来自前方的消息。他得知，原本计划保卫柏林的飞机都停在了布拉格附近，由于盟军的猛烈炮火而无法起飞。

这天，纳粹元首召集将军们召开新的军事会议，以便分析保卫柏林的战略部署。这样的会议每天都举行，通常持续好几个小时。在这次会议上，希特勒要求柏林的守护者之一费利克斯·施泰纳将军带领他的军队实施一项战略行动，以切断苏军的前进。这项行动被称为“施泰纳的进攻”。

在希特勒的地图上插着一个小旗子，写着“施泰纳军团”。按照地图上的部署来看，这一行动是可能实现的，然而事实并非如此。施泰纳将军几乎已经没有任何战士了，同时还缺少重型武器。而受他指挥的有限的几名士兵不具备任何作战经验。

尽管局势令人绝望，希特勒依然认为，德军的反攻还是可以击退苏联人的。因此，他命令并威胁空军上将卡尔·科勒尔：“所有北部地区可调遣的空军人员都要听从施泰纳的命令，由他指挥。所有保留自己军力的指挥官都将在五小时内被处决！你必须用头颅向我保证一定要战斗到最后一个人！”[3]

科勒尔从来不知道还存在一个“施泰纳军团”，于是他向所有的将

1 科纳利乌斯·瑞恩：《最后的战役》。
2 伊恩·柯肖：《希特勒（1936~1945）》。
3 休·特雷弗·罗珀：《希特勒最后的日子》。

军朋友询问这些人在哪里。

在晚间的军事会议上，希特勒指责了那些叛变的军官们。“尊敬的元首，您真的相信指挥官叛变了吗？”戴特勒夫森将军问道。希特勒回答：“我所有在东线的失败都是因为背叛，只是因为背叛！”之后，外交部代表沃尔特·赫威尔大使对希特勒说：“还差五分钟就是半夜了。您想做什么政策决定吗？这正是时候。”元首答复道：“政策决定？我没什么要做的。”[1]

距离五公里

同样是4月21日，媒体报道苏联军队已经突破了一道又一道顽强的防线，战斗已经推进到了柏林的市郊。苏军的坦克已经进入了潘科的白湖，距离柏林市中心只有五公里。战争导致血流成河，然而苏军的前进显然不可阻挡。

“战争失败了”（4月22日）

柏林的景象一片荒芜。工厂关闭了，有轨电车和地铁也停了，不过某些特殊情况下地铁依然运转。信件和包裹派发不出去，成堆地累积在邮局中。垃圾没人收拾。警察由于被抽去保卫城市，也就不再进行街头巡逻了。

几个小时过去了，希特勒才了解到战斗形势比他想象的还要严峻。这或许是因为，直到那个时刻，也没人有勇气告诉他在各个前线发生的事情。苏联人已经逼到了首都的大门，苏联和美国军队即将在厄尔巴会合，那儿正是《雅尔塔协定》中规定的边界。位于奥得河的德国东部前线已经沦陷。尽管只剩下筋疲力尽的三个师了，施泰纳将军仍然在和苏军相抗。但最后他还是被击退了，只能毫无战绩地撤退。从战略上来看，德国的形势糟透了。

在22日的会议上，希特勒收到了无法击退敌军的确切消息。他暴跳如雷，谴责将军们的无能和背叛。他声嘶力竭，拍桌子怒骂，坚持认

1 休·特雷弗·罗珀：《希特勒最后的日子》。

为他被所有人抛弃和背叛了。他不停地咒骂着腐败、无能和欺骗。“希特勒的表现把所有在场的人都吓得够呛。他大口地喘气，头像被击中了似的来回晃动，大步流星地从会议室这头儿走到那头儿。同时，他不停地呐喊，喋喋不休，还疯狂地摆动着右臂。这一情景持续了好长时间。突然，一切都静止了，他的下颌垂了下来，张开了嘴，目光投向远方。又过了好几分钟，他才又动了起来，然后他一言不发地径直走了出去。”[1] 但是，这真的是希特勒的癔症发作吗？或者像他在演讲中多次表演的那样，他只是在重复他的戏剧演出，事实上他对此心知肚明？作家格伦·因赛尔德曾经写过多部关于第三帝国的书。他认为，希特勒是想通过这些表演来了解“谁是可信任的，谁又不是”，因为他有一个“即将实施的……秘密计划”。

之后，元首第一次当着众人的面说“战争失败了”。大家都惊呆了，谁都不能相信自己的耳朵。随后他又肯定地说自己会留守在柏林。各位将军们虽然被他的话惊呆了，但还是坚持他应该前往慕尼黑东南部的上萨尔茨山，那儿建造有山间避难所贝尔格夫别墅。希特勒一次又一次地拒绝了他们的建议。他是正确的。没过多久，盟军的炮弹就将这一片地区夷为平地。

尽管地堡中的政治家和军人们都强烈反对，希特勒还是坚持要继续留在柏林战斗到底，并且下令向人民公布他一直在柏林。然而，他的藏身处直到那时对外界来说还是一个谜。然后他又补充道，只要愿意，任何时候都可以选择逃走。“大家都可以走，但我要留下。”他坚持道。[2] 从那时起，军官们一次又一次恳求他改变主意，但毫无效果。

同时，希特勒的私人秘书马丁·鲍曼打电话告诉妻子格尔达·布赫，要阻止苏联人已经不可能了。她当时正在贝希特斯加登[3]。这位纳粹高官还让她带着九个孩子逃到意大利的南蒂罗尔，并在那儿隐姓埋名住下来。

会议结束后，希特勒坚定的话语迅速传播到了各个角落。电话响个不停，无线电通信也异常繁忙。希姆莱一再打电话来劝说元首离开。在

1 格伦·因费尔德：《希特勒的秘密生活》。
2 休·特雷弗·罗珀：《希特勒最后的日子》。
3 位于德国巴伐利亚州东南部的阿尔卑斯山脚下，因其得天独厚的地理条件使其在“二战”时期成了纳粹德国的核心腹地。贝希特斯加登辖区内的上萨尔茨山从 1923 年起就是希特勒的度假住所，1933 年改建成为希特勒和纳粹高官们的官邸区，1937 年又在上萨尔茨山的山脚下设立了纳粹德国除柏林外的第二政府驻地。——编者注

地堡外面的世界，大家都在问希特勒是否真的打算放弃战斗。没人能相信这一点，可这是唯一的事实。

他只是想谈判

根据凯特尔元帅的讲述，那天他在私人会议上对希特勒说，眼下还有两条出路：“在柏林变成战场之前递交投降书”，或者做好必要的准备，使得希特勒“可以乘坐飞机到达贝希特斯加登，并在那儿立即开始谈判”。

如果我们相信这位纳粹将军的供述，那么当时希特勒回答道：“我已经作了决定。我不会离开柏林。我要誓死保卫这座城市。我要么活着赢得这场战争，要么作为帝国的象征而陨落。”而凯特尔则再次强调：“我坚持认为您今晚就应该起身前往贝希特斯加登。”

希特勒拒绝继续讨论这一话题，他叫来约德尔将军加入会议。在这次单独会见中，凯特尔与约德尔都坚持他应该坐飞机去贝希特斯加登。据凯特尔回忆，这时希特勒恳求他们“去那儿（贝希特斯加登）和戈林会合，一起掌控局面，他可以代表希特勒本人”。

凯特尔回答：“七年来我从未违背过您的命令，可是这次我做不到。您不能扔下德意志国防军不管。”希特勒则说：“我必须留在这里。这样你们就安全了。”他又补充道，“我已经作出决定了，决不会更改。”

同时他解释道：“别再想着打仗了，因为现在战争已经没有意义了。现在需要的是谈判，戈林会去做的，而且会比我做得更好。”[1]这些话表明希特勒已经决定和同盟国就投降进行谈判了。这些话后来带来了让人意想不到的后果。

尽管希特勒业已表示继续战争于事无补，然而，他随后还是和凯特尔讨论了防御的最后可能性。最后，他们得出结论，由温克将军[2]率领第十二集团军从他们所在的柏林西南部杀出一条路，以此来挽救整个城市。那一天，希特勒继续在地堡中和纳粹军官召开了一系列会议。

之后他召集了他的秘书们和私人厨师康斯坦茨·曼扎利。“我们战

1 休·特雷弗·罗珀：《阿尔弗雷德·约德尔将军的供述》。

2 沃尔特·温克（1900~1982）：第十二集团军的司令官，在柏林保卫战中担任了重要的角色，率领第十二集团军在西线抵抗。战后担任迪尔军火公司董事，1982年因车祸去世。——编者注

败了，一切都结束了，”希特勒说道，并命令他们各自逃命。希特勒命令年纪较大的两位秘书乔安娜·沃尔夫和克丽斯塔·施罗德共同前往慕尼黑，以他的名义负责处理那儿的相关事务。但他并没有说明交给她们的具体任务是什么。他同时还询问了另外两位年轻的秘书是否愿意一同前往，葛达·克里斯蒂安和特劳德尔·琼格都表示要留在元首身边，曼扎利也是一样的态度。其他自愿留下的还有马丁·鲍曼的秘书艾尔斯·克鲁格。希特勒不禁感叹道：“要是我的将军们能像我的女人们那样勇敢就好了。”接着他们一起品尝了蛋糕和茶水。

给空军的命令

之后，希特勒直接给空军下达命令，要求他们确保在歼击机的掩护下在柏林上空开辟出一条空中走廊。在那异常紧张的几个小时中，凯特尔元帅保证说，马丁·鲍曼给邓尼茨元帅发了一封电报，原文如下：“要想从西边重新开辟道路拯救柏林已经不可能了。我建议经过波茨坦去往温克的第十二集团军，以此作为元首飞往南部地区的另一个选择。”[1]希特勒独自花了几个小时，挑选出一些机密文件和档案，并命人烧毁。

同时，戈培尔请求让他的家人都来到地堡中，包括他的妻子马格达和他们的六个孩子。他们都在四岁到十四岁之间。随后他们乘坐着两辆防弹奔驰车来到了这里。

4 月 22 日，柏林还能抵抗的时间已经可以用小时来计算了。有消息称苏军已经逼近了滕佩尔豪夫机场。大部分居民开始撤离。在纳粹士兵的保护下，人们经过一条九公里长的通道向西逃跑。

在这一天，柏林电报大楼百年来第一次关闭了。最后一封电报来自东京，说：“祝一切好运。”那天晚上，火红的光照亮了整个夜空。大火在全城蔓延。

戈林的“叛变”

从22日晚上开始，第三帝国参谋部的成员们开始乘坐飞机四散而逃。

1 安顿·约什塔勒：《希特勒最后的日子》。

他们曾聚集在地堡中，热烈讨论各种扭转局势的对策，可是发现结局似乎不可避免。他们知道，“在接下来的三个夜晚，将有二十多架次飞机从柏林的加图机场和斯塔肯机场出发”，运送那些曾留在地堡中的人。[1]这些乘客中包括空军上将卡尔·科勒尔，他立即到达贝希特斯加登，并向戈林转述了希特勒在地堡中所说的话：必须和同盟国谈判，而且他（戈林）会比希特勒做得更好，而元首本人则决意死守柏林（科勒尔本人并没有参加4月22日的会议，这些话也是由约德尔将军转述的）。

得知事情之后，戈林很想准确理解希特勒话里的含义。这位纳粹高官很紧张，因为对他来说，这个消息似乎有点儿太出乎意料了。于是他决定召集顾问们开会讨论下一步的举措。在听取了他的核心智囊团成员的建议之后，最后他作出了一个决定，这可能是他一生中最大的错误。戈林想起了一条法令，其中规定，在德国元首死亡或丧失能力的情况下，他将成为永久的继承人。那条法令提到，如果元首的“自由”或“行动”受到限制，那么戈林将继承其“在国家、党派和军队中的一切职务”。

为了使这一继承机制生效，在字斟句酌了千万次之后，戈林发了一封电报，原文如下：

我的元首：

惊闻您决定留守柏林的消息，令我感到万分意外。为了维护帝国的千秋基业，我请求您允许我根据1941年6月29日的法令，代表您掌管国家和人民，并在国内外享有自由行动的权力。如果在今晚十点之前依然没有得到您的回复，我将认为您已经丧失了自由行动的能力，该法令的生效条件自动满足，我将正式代理行使国家的最高领导权。在这个一生中最黑暗的时刻，我为您的处境深感担忧，言语已经无法表达我此刻的心情。愿上帝保佑您，帮助您。

您忠实的赫尔曼·戈林

在紧张的战斗中，这封电报有一股战败的不祥气息，而且暗示了希特勒不可避免的结局。至少，在地堡中，戈林的电报被如此解读。此外，

1 伊恩·柯肖：《希特勒（1936~1945）》。

事实上戈林居然要求元首给他一个答复，而且还设定了最后期限，这被认为是不可接受的越权。这正是高层内部戈林的敌人们所期待的“错误”。希特勒的秘书马丁·鲍曼向来与这位潜在的继位者不和，因此，一接到这个消息，他立即表现得怒不可遏，请求枪决戈林，以惩罚他的背叛。

作为德国空军王牌飞行员，戈林于1918年成为著名的飞行团指挥官。在这张照片中，戈林刻意炫耀自己的“普鲁士勋章”

在仔细研究了电报的措辞之后，鲍曼特意把晚上十点前回复那段递到希特勒眼前，他认为戈林竟然向元首发出最后通牒，而且他还提醒说从几个月前开始，戈林就可能已经和盟军开始谈判了。

这是鲍曼等待已久的扳倒戈林的机会。他认为他死定了。但是，纳粹的最高统帅显然更仁慈，他拒绝对戈林立即执行死刑，只是命令他立刻辞去所有职务，同时将他软禁了起来。

为了不再横生枝节，希特勒还把那条早已天下熟知的条文给删去了。可是，难道他真的没有说过授权给戈林去和盟军谈判吗？他真的没有表达过他打算死在柏林吗？究竟发生了什么？

之后，作为回复，希特勒给戈林发了以下这封电报：

> 您要取代国家元首的意图是最高级别的背叛。叛徒应该被处以死刑。念在您为党和国家服务多年，功勋卓著，元首决定免去您的死刑，但是请您以健康原因无法胜任工作为由，立即辞去所有职务。
>
> 鲍曼[1]

1 艾利赫·凯姆普卡：《关于希特勒的回忆》。

之后戈林被党卫军将军汉斯·弗兰克[1]关押了起来。他没有做任何反抗。被捕的还有他的手下，如空军上将卡尔·科勒尔。官方通告说，戈林因健康原因辞去一切职务。出于安全考虑，这位不幸的军人被转移到了奥地利，在那儿他一直处于拘禁中，直到被盟军捕获。在这期间，他曾试图和盟军谈判第三帝国的投降。“二战”结束后，他被纽伦堡法庭判处死刑。但是在执行死刑前两个小时，他在监狱中服毒自尽。

很显然，无论如何，关于永久继承的命令出自地堡，就像后来所发生的那样。在希特勒死亡或失去能力之前，为取代他的位置做预案也是事实。但是，希特勒很可能还思考过一个不同的选择——这是一个之前未在法律中被提及、当时也不为其他纳粹所想到的方案：逃跑。

斯佩尔不寻常的飞行

4 月 23 日，爱娃·布劳恩给她的妹妹格利特写了一封信：“尽管有这个可能，但是显然我们绝不能允许自己被活捉。”她在信里又写道，“我刚和元首聊了一会儿。我觉得他比昨天要稍微乐观些了。”此外，她还要求妹妹把一些重要的文件和书信毁掉或者藏好。[2]

“二战”后阿尔伯特·斯佩尔部长向审问者供述，当天下午他离开了汉堡，返回柏林和希特勒会面。

这是一次分段飞行，沿途由数十架歼击机提供保护。

回忆起那些日子，斯佩尔说他乘坐着一架鹳式飞机到达了柏林。但是在历史的重述中，休·特雷弗·罗珀认为，事实上这位纳粹部长乘坐的是直升机。

在那次会谈中，斯佩尔亲自向希特勒坦白，自己并没有执行焦土政策，因为他不希望德国的基础设施（包括工厂、电厂、桥梁等重要设施）被纳粹自己摧毁。斯佩尔辩解说，这样的毁灭行动对德国人民的伤害更大。令人惊奇的是，希特勒并没有反应激动，也丝毫没有责备他的违抗命令。根据马丁·鲍曼之前递交的材料，元首似乎早已知道了这一事实。

1 汉斯·弗兰克（1900~1946）：德国驻波兰占领区总督，纳粹主要战犯。1923 年加入纳粹党。1939 年被任命为德国驻波兰占领区最高行政长官，在任期间，参与大肆屠杀和残酷奴役波兰人，并积极推行灭绝犹太人的计划。纽伦堡审判中，弗兰克以战争罪和违反人道罪被判处绞刑。——编者注

2 约翰·特兰德：《阿道夫·希特勒》。

据官方历史记载，斯佩尔在地堡中逗留了八个小时，和希特勒进行了两次会面。与此同时，盟军的飞机不断地轰炸柏林，摧毁了德国宣传部大楼和其他建筑。斯佩尔供认，在这些会见中，希特勒向他询问对邓尼茨元帅的看法，他准备把他选为继承人。斯佩尔回忆道："他和我聊起邓尼茨，问我他的能力怎么样。我当时感觉他并不是随意提起邓尼茨的。"

斯佩尔还说，元首问他是应该前往贝希特斯加登，还是留守在地堡中。他回答说："您是我们尊敬的元首。如果您必须牺牲，为什么要逃到深山里去完成呢？"

和元首谈完话之后，斯佩尔还和戈培尔夫妇聊了一会儿。之后夜幕降临，希特勒回到了自己的房间，斯佩尔又和爱娃·布劳恩单独坐了一会儿。他说，他们一起喝了一瓶香槟，吃了些蛋糕和甜点。谈起这次在元首情妇房间内的会面，斯佩尔坚持说聊的都是家常："希特勒睡了，我们可以安静地放松一会儿了……爱娃·布劳恩似乎是唯一表现得异常冷静的人……她似乎很轻松，也很高兴。她说：'我们用一瓶香槟和几块糕点告别怎么样？'仆人拿来了一瓶香槟、一些甜食和糕点。然后，我们就各自待着……知道吗？她说我再一次来到那儿实在是太好了……一切都是虚幻的……很快你就再也找不到我们了。"

凌晨三点，希特勒起床了。斯佩尔向他作了告别。那是一次平静的问候，仿佛两人第二天还会如常见面一样。"你要走了？那就再见吧。"纳粹元首向斯佩尔说道。"这就是我的告别。十分钟之后我离开了元首的房间。"斯佩尔这样结束了他的讲述。可是他并没有说明，在那十分钟内发生了什么。

当清晨的第一缕阳光出现时，装备部部长斯佩尔离开了，这一次走后，他再也没有回来。

斯佩尔在歼击机的保护下，在如此危险的局势下飞回柏林，真的仅仅是为了和希特勒告别，和爱娃·布劳恩聊一些家常吗？这可信吗？

希特勒与鲁登道夫

第二章 柏林的困境

我无法停止想象柏林的情况。当我飞过它的上空，它几乎已经被毁灭殆尽了。我甚至怀疑还有没有可能再一次运送伤员或是执行特殊任务了，因为我看不到一块可以停机的地方。我和鲁德尔上校讨论起这个话题，他的一条腿被截肢了。他想到了直升机，它需要很小的地方就可以起飞和降落。或许可以在动物园的高射炮碉堡的塔楼上……此前，我接受过无数次训练，可以在任何天气情况下飞越这一地区。我保证自己绝对能到达塔楼，哪怕在夜里，没有任何灯光的指引。

——纳粹飞行员汉娜·赖奇[1]

最大密度

1945年4月23日，对德国首都的进攻达到了最激烈的状态。苏军第一批坦克到达了菩提树下大街，同时柏林城也几乎全部被红军包围了。纳粹还保留着唯一的一条逃亡通道，向西通向斯潘道[2]。

德国的广播电台不再发布战斗的消息。这在民众中造成了极大的混乱，他们以往都是通过这一途径了解情况的。汉堡广播在它的最后一次播音中保证柏林“仍在大街小巷中继续战斗，要想尽一切办法取得最后的胜利”。

希特勒的下落仍是一个谜。不过按照他的指示，纳粹决定告诉市民

1 汉娜·赖奇（1912~1979）：德国钻石级空军飞行员，曾被希特勒亲自授予一级铁十字勋章，总共创造了四十多项无马达动力飞行世界纪录。1945年5月8日，向盟军投降并被判处十五个月的监禁。出狱后在1951年出版了自传《飞行，我的天堂》。——编者注

2 德国柏林的第五区，也是最西面的一个区，位于哈韦尔河和施普雷河汇流处，并沿哈韦尔河的西岸。——编者注

柏林郊区的苏联装甲部队。墙上写着：“柏林是德国的”

元首仍然坚守在首都。德国宣传部部长戈培尔通过广播发布了以下消息：“元首决定在这紧要关头留守柏林。我们在此向德国和全世界人民郑重宣布。这一宣告也是我们对叛变行为的回击，布尔什维克人就是用这样的手段瓦解我们的。”

另外，奥斯陆电台也保证：“元首还在柏林，并且命令严防死守这座城市，打败布尔什维克人。”同时汉堡电台的评论员奥托·克里格也保证，帝国领袖还在首都。

希姆莱的投降

在位于吕贝克的瑞典领事馆中，海因里希·希姆莱会见了瑞典红十字会会长勃纳多特伯爵。“希特勒的神奇命运就要结束了。”希姆莱说。同时他告诉伯爵，柏林的陷落指日可待，希特勒准备死在那儿了。他还保证说，德国元首患有脑溢血，作为最高领导人，他只剩两天的命了。这当然不是真的。不过希姆莱需要让自己变为那个可以和西方同盟国举行和平谈判的“强有力的人”。毋庸置疑的是，他没有取得任何更高一级的授权去作任何决定，他只是非法占有了帝国的最高权力。他继续说，希特勒已经筋疲力尽，只是在做困兽犹斗。

鉴于以上原因，希姆莱认为自己完全可以不请示上级，有能力直接和对方就投降条款进行谈判和签约。通过这种显示权力的方式，他授权给勃纳多特伯爵，请他通过瑞典递交德国的投降书。作为凭证，他还写了一封信委托伯爵交给瑞典政府。

盖世太保首脑海因里希·希姆莱

希姆莱要向西方同盟国投降，但不包括对苏联投降。这次会见持续了一个小时。它是一系列绝望的秘密会议的终点：希姆莱希望只单独向英美两国投降。

据历史记载，当美国总统杜鲁门和英国首相丘吉尔分别得知这一消息之后，都断然拒绝了。他们明确说，必须遵守 1945 年 2 月 4 日到 11 日同盟国共同签订的《雅尔塔协定》。那次会议决定，德国的无条件投降必须是对三个国家的，也就是说，必须包括苏联。

在希姆莱谈判失败的同时，经过希特勒的许可，上百名曾在地堡中的纳粹者分批出逃，以躲避苏联人的进攻。当时，地堡中最严重的问题在于通信不畅。炮击和爆炸使得线路经常中断，尤其是连接地堡和外部世界通信的电台和电话。随着一些技术人员的离开，问题越发严重了。

筋疲力尽的城市

这时的柏林城里也没有了冷藏服务，甚至连水电气也无法供应。最后一份日报《人民观察家报》在 26 日之后便不再发行，取而代之的是四页纸的小报《坦克熊》。这是由戈培尔创办的，宗旨是“给伟大的柏林保卫者的战斗报”，不过它很短命，没几天就四散于街头了。

苏联士兵在群众中激起了极大的恐惧。同时，尽管一旦被发现开小差，就要被枪决或绞死，但德国的抵抗者还是开始出逃。常可以看见街灯下挂着绞死的人，他们都被认为是不想战斗或是想逃出城外的胆小鬼。这些尸体被绳子悬挂着，还有一个标语写明他们是“叛逃者”。许多柏林人被吓得选择自杀，这一数字迄今无法统计。许多伤员就和死人一起躺在大街上。在数不清的地下避难所中继续聚集着无数绝望的人们。

柏林的战壕轻而易举地被苏军越过。横在路上的车被苏军大炮摧毁得一干二净。一个又一个街区被占领。在广场这样的空旷地带，占领者们把大炮排成排，与此同时，被称为“斯大林管风琴”的 M13 系列“喀秋莎”火箭炮不断地投掷燃烧弹。

为了阻止红军的进攻，纳粹炸毁了柏林城二百四十八座大桥中的一百二十座。地面炸药都用完了，可是德国人为了摧毁自己的基础设施，继续动用飞机进行轰炸。但所有努力都是白费心机：苏军的包围圈越来越小，红军势不可当。

“G”塔楼

在柏林城的中心，动物园旁边还安然屹立着一座巨大的塔楼“G”。它高四十米，是专门用来保卫首都的。1941 年到 1942 年间，这座城市一共建造了六座防空塔楼。其中最大的一座被命名为“G”，它覆盖了大约一公顷土地，有十三层楼高。墙是由加固混凝土浇筑的，在塔顶有一排八筒 770 毫米的大炮，在各个角落都有用来架炮的塔楼。此外，还有一个仓库、几个厨房和食物储藏室，甚至还有一个小型医院——可容纳九十五个床位，拥有 X 射线仪器和外科手术仪器。最下面两层是防空避难所，可以容纳大约一万五千人。第三层保藏着许多财宝和艺术品。塔楼还有自己的发电和供水系统。

据估计，在这一特殊时期塔楼容纳了三万人，这是其规定容量的两倍。到处都挤满了人。楼道里都住满了人，简直寸步难行。里面的小医院更是挤满了需要救助的人。一千五百名伤员和五百名死者随地躺着。在连绵炮火中几乎不可能出去掩埋尸体，断臂残肢更是到处可见。

有一段时间，巷战的激烈程度达到了顶点。柏林大部分地方都成了一座由瓦砾碎石堆成的迷宫。上万名德国士兵躲在废墟中的机枪后面。据莫斯科消息，在最后的四个月里，纳粹在东线战场损失了两百万士兵，这包括死亡和被俘的士兵（路透社，莫斯科，1945 年 4 月 25 日）。同时，英国人肯定地说，希特勒已经受伤，尽管并没透露其他细节。

地堡中的顶级飞行员（4 月 24 日至 25 日）

21 日（周二）凌晨三点，斯佩尔离开了柏林。几个小时之后，他在靠近丹麦的普伦和邓尼茨元帅见面。斯佩尔亲自给这位希特勒的继任者带去了元首的什么消息呢?

同一天，经过一个“镊子”行动，苏联的朱可夫元帅和科涅夫元帅会合，把柏林附近的苏军包围圈连接了起来。红军锐不可当的消息也传到了地堡中，费迪南德·舍尔纳将军[1]给希特勒发了一封电报，请求他离开柏林和他的军队会合，在波西米亚山区继续战斗。和此前回应那些建议他离开的人的答复一样，希特勒说，他不会离开，他准备死在那里。尽管如此，晚上，德国最杰出的飞行员都被召集到了地堡中，其中包括汉娜·赖奇、汉斯·鲁德尔、第六航空队司令里特尔·冯·格莱姆[2]以及卡尔·科勒尔将军。据说科勒尔因为一直忠诚于被解职的戈林，而一直被囚禁着，之后他被解禁，但是一直在党卫军的监视之下。

科勒尔那时正在贝希特斯加登，他并不准备飞往柏林，因为他明白那就是自杀。所以，他以健康理由拒绝了这次飞行。第六航空队司令里特尔·冯·格莱姆试图亲自说服他，然而也徒劳无功，他根本就不准备去。

1 费迪南德·舍尔纳（1892~1973）：1945 年 1 月任中央集团军司令，1945 年 4 月 5 日被晋升为陆军元帅，1945 年 4 月底被任命为纳粹德国陆军总司令。嗜杀成性，素有“吃人的野兽”之称。战后作为战犯在苏联被监禁十年。1955 年获释去西德。1957 年又因杀害东线德国士兵罪被判刑四年半。因健康原因于 1960 年获释。1973 年死于慕尼黑。——编者注

2 里特尔·冯·格莱姆(1892~1945)：第三帝国已注定战败时，成为纳粹德国最晚受封的元帅，受封为元帅后被希特勒任命为新的空军总司令，以取代擅离职位的戈林。1945 年 5 月 8 日在奥地利被美军逮捕。5 月 24 日在奥地利自杀。——编者注

被围困的柏林

4 月 25 日，全世界都被这一消息震惊了：柏林已经完全被苏军包围。只剩下零星的巷战还在进行。苏军的先遣队占领了无数的街区，他们到达了滕佩尔霍夫机场的南部边界。另外，苏联和美国的联合部队到达了波茨坦的西北部。

与此同时，盟军的飞机还轰炸了希特勒位于贝希特斯加登的公寓，而且摧毁了这附近的一切基础设施，部分建筑主要是由英国皇家空军“兰卡斯特”轰炸机摧毁的，前后共进行了三轮轰炸。大部分的居民因为躲在地下防空所中而幸存下来。我们不禁要问：希特勒究竟是躲在贝希特斯加登，还是在柏林?

最危险的飞行

回忆起那些日子，飞行员汉娜·赖奇讲述道：“4 月 25 日，我收到了冯·格莱姆将军的消息，要求我立刻飞往慕尼黑执行秘密任务。在飞行中，我又得知，冯·格莱姆将军通过电台得到了新的命令，让我直接飞往阿道夫·希特勒所在的德国国会大厦。因为他知道，柏林已经全部被苏军包围，红军已经进入城市，他认为我只能乘坐直升机才能以最快速度到达那里。他知道我系统地接受过在沦陷后的柏林上空飞行的训练，知道我无论用什么办法都能降落在这个城市。但鉴于当时的情况，我知道这将是一次有去无回的飞行。因此我询问了我的父母，他们都毫不犹豫地支持我去。”[1]

这位女飞行员说，那是一项“秘密任务”。

最后，冯·格莱姆将军和赖奇于 4 月 25 日至 26 日夜间在慕尼黑会合，他们又从那里飞往雷赫林机场，然后再从这里开始了飞行的最后一段旅程。由于无法使用直升机，他们决定驾驶一架 FW-190 战斗机。飞行员是一名士官，曾经驾驶过搭乘斯佩尔的同样的飞机。这架战斗机的空间仅能容下一名飞行员和一名乘客，因此，矮小的赖奇钻到了飞机的尾部。

四十架歼击机为他们护航，直到他们到达了加图机场，这是柏林唯

1 汉娜·赖奇的供词。

一还在纳粹控制中的机场。

对于这段行程，赖奇是这样叙述的：“他选择了一架FW-190战斗机，这架战斗机的装备间已经被改造，加装了一个座椅，这是当时雷赫林机场最快的飞机。两天前，斯佩尔也是乘坐同样的飞机进入并离开了柏林。到那时为止，这架飞机的飞行员B士官已经执行了大部分飞往柏林的任务，所以他对苏军的战术、部队和防空大炮的位置都了然于心……”[1]

在这段叙述中，赖奇还是决定隐藏飞行员的姓名，而只把他代称为“B”。

纳粹德国装备部部长阿尔伯特·斯佩尔

到达加图机场之后，赖奇和冯·格莱姆将军决定驾驶一架能容纳两个乘客的训练机（鹳式轻型飞机），他们在苏军上空进行了一次危险而充满传奇色彩的飞行。苏军的炮弹击中了飞机，冯·格莱姆右脚受伤。然而，尽管苏军炮火猛烈，但飞机并没有受到严重破坏，他们最终在菩提树下大街降落。这是26日下午六七点钟。飞机刚一停下，他们就被一辆汽车迅速地送往地堡，冯·格莱姆被送到小型的外科手术室接受治疗。希特勒赶到那里向他俩致敬。

在这个紧急救护室中，希特勒在辱骂了戈林之后告诉冯·格莱姆，他要求他们来到这里，是为了任命他为空军总司令。

有必要为了接受这一荣誉而进行如此危险的一次飞行吗？事实上，在其他相似的情形下，发一封电报就完全够了。显而易见，强调这次飞行只是为了冯·格莱姆的任命的说法，和赖奇说的“秘密任务”有很大出入。

1 通过这段供述，赖奇肯定了斯佩尔乘坐的是战斗机，而不是像休·特雷弗·罗珀所写的直升机。

轰炸勃兰登堡门（4 月 26 日）

4 月 26 日清晨，汉堡电台承认苏军已经攻入柏林市中心，正在进攻亚历山大广场。电台同时发布消息说，勃兰登堡门已经在苏军炮火的直接射程之内了。播音员多次强调，希特勒仍在城中指挥战斗（美联社，伦敦，1945 年 4 月 26 日）。

同一天，至少有两架以上的飞机（JU-52 运输机）装载着供给德国坦克的弹药，停在了菩提树下大街。也是在这一天，鲍曼在贝希特斯加登的代表通知科勒尔将军，无论他健康状况如何，他必须马上前往地堡。科勒尔不知道这一命令是否真的出自希特勒，但他觉得自己已经别无选择。

那时，“科勒尔纠结着给一个又一个人打电话，并留下了一篇颇具文采的日记。怎么能肯定命令是希特勒发出的？谁能告诉他电报的落款是谁？为什么希特勒的命令要经过空军代表来传达给他？”[1]

他知道这次飞行无异于自杀，但他也很清醒地认识到，如果违背上级的命令会被枪毙。在和家人、朋友告别之后，科勒尔飞往柏林，虽然他的家人、朋友都劝他不要去。

当天晚上，当地堡被炮火炸得吱吱作响时，希特勒叫来了汉娜·赖奇。根据她的叙述，元首告诉她，他和爱娃·布劳恩打算在投降或被俘之前自杀。另外，他也给了赖奇几小瓶毒药，让她和冯·格莱姆在必要的时候使用。

落空的企图（4 月 27 日）

尽管并不情愿，但科勒尔还是试图到达地堡。4 月 27 日早上，他到达了雷赫林机场，打算重复之前斯佩尔、冯·格莱姆和汉娜·赖奇的最后一段旅程。但是快要降落时，他被告知继续飞行已不可能了，因为苏军的炮火猛烈，阻止了在菩提树下大街上的降落。事实上，虽然由于不可抗力而无法执行命令，但是科勒尔却为自己的命运松了一口气。所有人都认为冯·格莱姆和汉娜·赖奇回不去了。

---

1 休·特雷弗·罗珀：《希特勒最后的日子》。

同时，两位飞行员已经在地堡中和希特勒单独见过面了。会面后，他们满怀激情地离开了，据他们和旁人说，因为“并没有失去一切”。不过具体对话内容至今仍是个谜。就在那时，科勒尔打电话到地堡中，和新任命的空军总司令冯·格莱姆通话。他又紧张又害怕，告诉冯·格莱姆说他到不了柏林了。不过，听了冯·格莱姆的话，他很惊喜。他说没必要来柏林，而且这个命令并非出自希特勒本人。科勒尔长舒了一口气，之后他听说冯·格莱姆受了伤，立刻表达了对局势的担忧。之后他更加惊喜了，因为他的长官说：“不要放弃信仰。一切都会圆满结束。与元首的会面和他的坚定让我重燃了斗志和勇气。这就像是青春之泉。”[1]

科勒尔真是惊呆了。他目睹了苏军的势不可当，也感受到了帝国的快速崩溃，因而实在无法相信电话那头儿所说的一切。后来他承认那次谈话之后，他认为自己是打给了一所精神病院，因为冯·格莱姆过于乐观了。至少，苏联人已经占领了三分之二的柏林城，结局很快就要揭晓了。

那么，希特勒究竟和飞行员说了些什么？在柏林陷落之时他又如何燃起了巨大的热情？在希特勒已经承认战争失败的情况下还会有什么希望？那句“一切都会圆满结束”，又是什么意思？

希特勒的地下庇护所

4 月 27 日，人们都在谈论希特勒很可能待在一所巨大的地下庇护所中。之前几乎没有任何人提起这种可能性。可是如果这是真的，那么他现在状况如何？他真的像传言所说的那样受了伤或是生命垂危了吗？各方消息都在暗示后一种可能性。比如那天交换电讯社发布说“据可信的官方消息，由于脑溢血发作，阿道夫·希特勒已经失去自理能力，甚至可能不省人事了”。

飞机机群

从 4 月 26 日起，能够进入和离开柏林的具体飞机数量，我们不得而知。各种版本自相矛盾，相关档案也很稀缺。

1 伊恩·柯肖：《希特勒（1936~1945）》。

提起这段时间，赖奇回忆说："来了一个奇迹般的消息，有一架JU-52运输机降落在菩提树下大街上。鲁德尔从雷赫林机场打来电话。"

以下叙述引起了调查者的注意："27日上午五架能够承载十名乘客的鹳式飞机飞向了柏林市中心。另外一架同样容量的飞机从柏林起飞，这是真正的SOS紧急救援飞机。这些都发生在鲁德尔离开基地之前……"[1]

据休·特雷弗·罗珀记述："冯·格莱姆被任命为空军总司令后，就马不停蹄地从雷赫林机场派出了九架飞机，想要把他接到新的总参谋部中。"这位英国调查者还说，"冯·格莱姆和赖奇都请求留在地堡中，为空军的荣誉而牺牲，但是希特勒坚持认为他们必须离开。可是所有派出的飞机都在到达柏林之前被苏军击毁了。"

尽管如此，根据赖奇的供述，事实并非像休·特雷弗·罗珀所说的那样所有飞机都没有到达：4月27日有一架飞机在菩提树下大街降落，之后又返回了。但是因为她和冯·格莱姆坚持留在地堡中，他们并没有随飞机返回。如今我们知道，事实上还有别的飞机也在这天降落过。

唯一一架逃走时用的、可调遣的直升机因为被苏联炸弹击中而无法启用。那是一架FA-223直升机，一直停在柏林防空带上的六座塔楼中的一座上。这架飞机可以搭乘九个大人或九百公斤货物，足够用来转移希特勒、爱娃·布劳恩、戈培尔夫妇及他们六个年幼的孩子。

据说没有任何人知道在那关键的几个小时内究竟有多少架飞机从那儿离开。重要的是的确有好几架。更难的是知道每架飞机的乘客是谁。那时的地堡已经成了一个老鼠夹，他们都是从那儿撤离来到菩提树下大街等候飞机的。大量的信息都遗漏了。不过，有记载的空中交通情况表明，之前认为地堡中的希特勒在最后关头已经和外界断绝联系的想法是完全错误的。

庆祝，又庆祝

4月27日，三百二十四门大炮在莫斯科鸣二十二响礼炮，以庆祝苏联军队和英美联军在柏林会师。在日报的照片上，我们可以看见这些国家的士兵聚拢在一起。几乎整个德国首都都已经被盟军占领，军队方面

1 帕里克·本斯德：《希特勒的逃跑》。

已经在以小时计算柏林陷落的最后时刻了。但是各种方式的战斗依然激烈。有消息表明，德国军队似乎并不打算投降。

苏联人通过官方通告宣布已经取得了各种胜利，包括占领了战略要地滕佩尔霍夫机场。

另外，美国第五集团军进入了热那亚，那是纳粹在地中海的最后一个据点。就像风中的纸城堡一样，德国人在意大利的抵抗不堪一击，盟军迅速占领了一座又一座城市。贝尼托·墨索里尼的生命进入了倒计时。

当苏联军队逼近地堡时，戈培尔的孩子们正在地堡中嬉戏乱跑，他们并不知道自己将再也见不到阳光了。汉娜·赖奇就像个大姐姐一样，陪着他们玩耍。

在那段时间中，希特勒把他所有的希望都压在了德国第十二集团军的温克将军身上，可他只有由狂热的纳粹青年组成的三个师的兵力。他把他的人召集到了勃兰登堡门的南边，然后在没有任何坦克的条件下向波茨坦南部挺进。到了 27 日中午，温克报告说他们已经到达费希，那是距柏林二十公里、离波茨坦十二公里的郊区。这一消息振奋了地堡中的人们。

这让地堡中充满了欢乐的气氛，他们都在期待出现一个奇迹，一个可以完全扭转军事局面的奇迹。然而欢乐并没持续太久。傍晚时他们得知，由于苏军炮火太猛，温克的部队已经撤向西部了。这就像是寒冬中转瞬即逝的夏天。

4 月 27 日到 28 日夜间，炮火冲击着国会大厦，地堡也因此而抖动着。两千多名纳粹士兵保卫着这座坚固的建筑，这是苏军计划中攻克柏林的最后一个目标。

地堡中灯光闪烁。大家都陷入了恐惧之中，热烈讨论着敌军什么时候出现在眼前。另一个谈话主题则围绕着最好的自杀方式。许多人后悔没有早点儿逃离这个现在已经成为坟墓的鬼地方。这儿到处散落着垃圾，一片狼藉。空气中弥漫着香烟味，这时禁烟令已经放松了，大部分人都在抽烟，同时空酒瓶也扔得到处都是。官员、士兵和市民，一个个都醉醺醺的。

希特勒也失去了希望，把核心成员聚集起来，在凄惨的氛围中讨论着最好的自杀方式。其中几位与会者简短地表达了对元首的忠诚。如果我们相信飞行员汉娜·赖奇的供述，那么这就是那个关键性的夜晚所发生的一切。

汉斯·鲁德尔（4 月 28 日）

4 月 28 日凌晨两点，汉斯·鲁德尔上校降落在了距离首都三十公里的雷赫林机场附近的一片空地上，打算继续飞往柏林。他刚从捷克前线返回，已经耽误了一些时间。他于 25 日接到救助命令，长官们指示他 27 日出发。

鲁德尔说，他建议使用斯图卡轰炸机前往地堡，但遭到了希特勒本人的拒绝。元首说冯·格莱姆和赖奇已经到了，而他这位莽撞的飞行员已经没必要飞到柏林了。

这时，所有的中心地区都成了火海前线，到处都堆积着尸体。原本放置在地下室、屋顶平台和废墟上的德国大炮，都被用来抵御苏军猛烈的炮火。巨大的粉尘和烟雾让这个满目疮痍的城市都窒息了。

苏联的飞机贴着屋顶飞行，随时摧毁德军的据点。柏林战役进入了尾声。

纳粹德国元帅威廉·凯特尔

SOS 求救

在这些日子里，苏联军队日趋逼近地堡。希特勒开始向他的将军们陆续发出绝望的求救电报。凯特尔元帅说：“我希望立刻救援柏林。”在其他电报中，元首质问道：“海因里希的部队在干什么？温克在哪儿？第九集团军发生了什么？温克和第九集团军什么时候能会合？”[1]

1 科纳利乌斯·瑞恩：《最后的战役》。

希特勒一直坚信温克将军的部队应该赶来保卫柏林，然而事实上，他的部队在距离首都三十公里的地方就被苏军打得寸步难行了。后来提起保卫柏林并突破苏军包围圈的目的，温克承认，“进攻柏林已经不可能了”。

鲍曼也发了一封电报，把生活在地堡中的感受描述得更加清晰：“对于我们对军队的紧急求救，各首领和负责人们都保持沉默。背叛已经取代了忠诚。我们继续待在这里。国会大厦已经成为一片废墟。”[1]

最后时刻的背叛

那天，信息室报告说希姆莱已经通知美国和英国，他代表纳粹向除苏联之外的同盟国递交了投降书。这则消息还肯定地说“希特勒已经生命垂危，活不过四十八小时了”。这最初是由路透社发布的，并指出投降书通过瑞典递交，但没有透露更多的细节。[2]

就像同盟国媒体公布的那样，希姆莱已经同勃纳多特伯爵进行了三次会谈。最后一次是 4 月 23 日在吕贝克的瑞典领事馆中进行的，参加的还有瓦尔特·施伦堡[3]——时任纳粹军事安全部部长。事实上就是他对勃纳多特伯爵说希姆莱已经代替了希特勒的位置，有权代表德国谈判，因为希特勒最近脑溢血发作。纳粹从斯德哥尔摩的电台中第一次听说了希姆莱的这些谈判，在地堡中，希特勒得知消息后，大发雷霆。

据飞行员赖奇的叙述，当时希特勒“疯了一般地咆哮，脸涨得通红，差点儿都要认不出来了”。在经历了戈林的叛变之后，他没有想到，他忠心耿耿的希姆莱居然也背叛了他。

希特勒立即由此联想到了费格莱因，他与爱娃·布劳恩的妹妹格雷特结了婚，也是希姆莱的派驻代表、党卫军军官。此时的他已经彻底失去了元首的信任。费格莱因和爱娃通电话，告诉她自己决定逃跑，去和在贝希特斯加登的妻子会合。他还请求爱娃和希特勒一起逃跑，而且他

---

1 鲍曼于 1945 年 4 月 28 日发给邓尼茨的电报。

2 这则消息最早由路透社驻美国旧金山的记者鲍尔·斯科特于 1945 年 4 月 29 日撰写。

3 瓦尔特·施伦堡（1910~1952）：党卫队旅队长兼警察少将，第三帝国保安局第六处（国外政治情报处）处长，军事安全部部长，“二战”时纳粹德国最后的国外情报头目，深得希姆莱宠信。“二战”末期，早已看出德国必败的施伦堡利用希姆莱，企图背着苏联与西方单独媾和。——编者注

可以保证他们的安全。

爱娃拒绝了这个提议，并让他到地堡中来。但是，费格莱因回答说，他还没有疯，他决不会去地堡，因为那是死路一条。爱娃很生气地告诉了希特勒这段谈话，并且说，她认为不论是费格莱因还是希姆莱都想把他俩活捉交给盟军。[1]

希特勒要求费格莱因回到地堡，但他一无所获，随后，希特勒下令逮捕费格莱因。后来，盖世太保在费格莱因位于夏洛滕区的家中逮捕了他，当时他怀中还抱着一个女人。他们同时还发现他的手提箱里装满了钱，显然费格莱因已做好逃跑准备。手提箱里有金币，还有 105725 德国马克和 3186 瑞士法郎，以及一些其他货币。

辱骂和处决

据官方说法，费格莱因被带到了希特勒面前，希特勒极尽所能地侮辱他，扇他耳光。据此版本，费格莱因是在 4 月 27 日至 28 日夜间被逮捕的。

几个小时之后，希特勒组织了一个军事法庭，对他进行审判。这一法庭由希特勒的警卫队队长汉斯·拉登胡伯主持。在短暂的审理之后，法庭宣布判处费格莱因死刑。希特勒命令党卫队地区总队长海因里希·缪勒立即执行。可以肯定的是，几个小时之后，费格莱因就被枪决了。根据党卫军军官奥图·甘什的回忆，“费格莱因在接受了审判之后，于 4 月 28 日至 29 日的夜间被枪决”。

费格莱因的尸体一直没有被找到，这引起了诸多怀疑。这难道是一场闹剧？

事实上，地堡中再也没有费格莱因的踪迹，而他是马丁·鲍曼和海因里希·缪勒的好朋友，后面这两位在最后几天中一直待在地堡中，完全可以逃跑。

第三帝国的领土已经缩小到从东至西十五公里长、一点五公里宽的一片区域。苏军坦克继续前进，距离国会大厦只有一公里。只有党卫军的一个营在努力阻止红军的前进。柏林的最后一位指挥官黑尔姆特·魏

1 恩里克·凯姆普卡的供述。

德林[1]给希特勒呈上了一份逃跑计划，但是立刻就被元首拒绝了。

希特勒替身的真实存在、纳粹军官编造的秘密行动和谎言——官方所说的自杀，都只是为了掩盖最后几个小时里地堡中发生的事情。最后一个阶段的逃亡正是在这种环境下实现的。

1 黑尔姆特·魏德林（1891~1955）："二战"时期德国炮兵军官，1944 年晋升为上将，1945 年 4 月 23 日任柏林城防司令，5 月 2 日率部投降。1955 年 11 月 17 日死于苏联战犯监狱。——编者注

1939 年，希特勒和纳粹高官的孩子们一起庆祝自己五十岁生日

第三章 结局

我不想落入敌人的手中，他们正需要一幕精彩演出去取悦疯狂的大众。

——在地堡中被苏军围困的阿道夫·希特勒

婚礼和失踪（4月28日）

据官方记载，在4月的最后几天里到达希特勒的地堡已经不可能了。共产党的军队已经占领整个柏林而且包围了整个国会大厦区域。因此，要想在苏军密集的炮火下从那里逃离是不可想象的。但是，正如在前一章中所写到的，这不是事实。直到德国抵抗的最后几个小时，依然有几架飞机进入首都，降落在了菩提树下大街，带着地堡中的人员离开。而且，还有一条地面通道可以保证从地堡中小规模地逃离。这条通道一直到柏林投降的最后一天都还存在着。

根据官方历史，4月28日，希特勒还在不停地咒骂着他的军官的叛变，包括希姆莱和戈林。同时，他命令秘书特劳德尔·琼格记载下他的一份政治遗嘱和私人遗嘱（这不是希特勒第一次写遗嘱了，之前在1923年、1937年和1938年，他也这么做过）。

同时他叫来了飞行员赖奇，当时她和冯·格莱姆已经成功降落在了菩提树下大街上，来到了地堡中，并随时准备离开。希特勒向她展示了一个标着德国和苏联军队位置的地图。在简短地分析了局势之后，他告诉赖奇："在现在这种情况下，我们至少可以在二十四小时内取得胜利……"希特勒说这些话似乎是在暗示温克将军赶来支援柏林所需的时间，可是希特勒明明知道温克已经不可能到达首都了。

胜利时刻？苟延残喘？他究竟是什么目的？傍晚时，纳粹都在一字不差地执行逃亡计划。希特勒突然宣布了一个让人震惊的消息：他要结婚了。在28日午夜至29日凌晨，除了特意被召来主持婚礼仪式的市政官员沃尔特·瓦格纳，一共有八个人参加了这场仪式。爱娃·布劳恩在和希特勒同居了几年之后，终于结为了夫妇。

沃尔特·瓦格纳那时并不是牧师，而是在柏林市政厅工作，也服务于市政府。但在这种特殊的紧急情况下，他被授权主持婚礼。当大家被召集到地堡中为希特勒举行婚礼时，都感到惊愕不已，除了戈培尔，似乎没有人知道这场突发的情况。戈培尔坐着一辆装甲小汽车前来，穿着礼服，戴着国民突击队的袖章。

婚礼于半夜在地堡的会议厅举行，参加的人包括鲍曼、戈培尔夫妇、布格多夫将军、外交官沃特·海威尔、私人秘书葛达·克里斯蒂安、希特勒青年团首领阿克斯曼和空军副官尼古拉斯·冯·毕罗少校。

当时，"尽管外边的炮弹呼啸而过，每当炮弹击中目标时，地堡都会轻微地颤抖，可是气氛依然欢快。新婚夫妇站在一张桌子前面。爱娃·布劳恩穿了一双黑色鹿皮鞋，她的礼服是黑色的塔夫绸连衣裙，披着一个无袖的大斗篷，上面点缀着粉色的肩章，领口处别了两朵玫瑰花。她化了妆，戴着一条长长的珍珠项链和钻石手表，头发上别着金色的簪子"[1]。希特勒穿着灰色的制服，胸口闪耀着他最珍爱的勋章，旁边站着鲍曼和戈培尔，他们是证婚人。

仪式时间很短。首先双方保证都是纯正的雅利安人，没有遗传性疾病——这是德国纳粹给新婚者规定的结婚程序。之后，他们按照传统表示"是的，我愿意"。随后瓦格纳宣布："双方已经表达了结为夫妇的意愿，我宣布他们的结合是合法而有意义的。"

这位三十三岁的年轻妇人由于紧张，刚开始签的是自己的原名，之后，她把字母"B"划掉，重新写上"爱娃·希特勒，原名布劳恩"。这是她一生中最快乐的一天，1945年4月29日。事实上，原来记载的是4月28日，但是后来被涂掉了，改成29日。在这段记载中，休·特雷弗·罗珀提到了爱娃·布劳恩签名时的错误，但没有说起过日期错误

1 皮尔·伯宁：《爱娃·布劳恩和阿道夫·希特勒》。

的问题。

由于这是一场“战时婚礼”，新婚夫妇请求公证人瓦格纳通过口耳相传立即宣布这场婚礼生效。当时的法律规定，公证人的话如果口头传送给第三方，可以被视为结婚的法律证明。

通过这种方式，结婚的官方消息迅速传了出去，希特勒似乎毫无疑问地希望大家都尽快知道他已经结婚了。从那时开始，只有瓦格纳的话足够证明这场婚礼举办过，因为没有看见仪式相关正式文件——它们直到很久之后才被知晓。

尽管炮弹如暴风雨般降落，地堡内还是举行了一场庆祝活动：众人吃着晚餐，新人和着手风琴的音乐翩翩起舞。这场活动在希特勒的私人房间举行，除了前来出席婚礼的人之外，还有希特勒的工作人员参加，包括他的私人秘书特劳德尔·琼格和私人厨师康斯坦茨·曼扎利。[1]

“婚礼结束后，希特勒和他的新婚妻子又和戈培尔夫妇、布格多夫将军、克雷布斯将军[2]、瑙曼博士和空军副官尼古拉斯·冯·毕罗进行了交谈。”琼格后来回忆道，她只和他们待了十五分钟。她还说，那时“希特勒一直在谈论国家的灭亡，他认为要复兴它没那么容易”。这位希特勒的秘书回忆，元首说：“对我来说死亡只是意味着从忧虑和艰辛的生活中解脱出来。我被我最好的朋友欺骗了，我知道了什么叫背叛。”[3]

新婚夫妇和客人们一直在喝酒聊天吃点心，他们吃着鹅肝酱面包，喝着香槟。希特勒平时是素食者，也不喝酒，但是据说那次居然喝了白酒。

那个有幸参加希特勒婚礼的瓦格纳的命运如何呢？没多久，他在一片混乱中被纳粹杀害了。当然，从不会有人承认这一点……

遗嘱（4 月 29 日）

29 日凌晨，婚礼的喜庆还在空气中回荡，希特勒却忙于遗嘱的校正。据官方记载，这是和他的秘书特劳德尔·琼格一起完成的。

在那份文件中，他这样写道：“……如果说我或者德国的任何一个人在 1939 年发动了战争，这是完全错误的。事实上，战争是由国际政治

1 琼格最终逃过了苏军的炮火，离开了地堡。而曼扎利一直没有下落，可能已经死于战火。
2 汉斯·克雷布斯（1898 ~ 1945）：纳粹德国步兵上将、最后一任陆军参谋长。——编者注
3 科纳利乌斯·瑞恩：《最后的战役》。

家们发动的，他们所处的集团都服务于犹太人的利益。我为裁军作出了巨大的贡献，后人不能将战争的责任归咎于我。”

另外，他还写道：“六年的战争尽管遭受种种挫败，但终有一天会被认为这是一个民族为争取生存而进行的最光荣、最英勇的壮举，它将载入青史。在六年后的今天，我不能抛弃这个国家的首都，我在这儿继续抵抗敌军的进攻，已势单力薄。我方的抵抗因那些丧失理智的家伙而渐渐失去作用。我要与千百万留守在这个城市里的人们生死与共。而且，我不会落入敌人手中。我知道他们正需要犹太人导演一场新戏，来取悦他们的歇斯底里的群众。因此，我决定留在柏林，在我认为元首官邸将被攻破之时，以身殉国。”

在政治遗嘱中，希特勒任命海军元帅邓尼茨为德国总统兼国防军最高统帅。通过这种方式，希特勒避免了授予他元首的角色，以便他继续占有这一最高职位（德国总统的职务早在 1934 年就停止了）。如果他想自杀，他这么做又是为什么呢?

另外，他在遗嘱中还将希姆莱和戈林从政府和纳粹党中驱逐了出去。直到那时，希姆莱还妄想着自己能成为希特勒的继承人，而戈林则身陷囹圄。“戈林和希姆莱不仅对我不忠，还瞒着我，违背我的意志私自与敌人谈判，并企图非法夺取国家控制权，从而给整个国家带来了无法弥补的耻辱。”希特勒这样写道。

之后，希特勒又任命了他离开之后的新的德国政府内阁。戈培尔担任总理，还有二十多位高级军官担任其他职务。他命令他们继续战斗，并且“最重要的是，我命令政府和人民要竭尽全力继续沿用种族法律，无情地打击一切民族的毒害者——犹太人”。

在他的私人遗嘱中，他高度赞扬了爱娃·布劳恩，这份文件比政治遗嘱要短。希特勒这样写道：

因为处在战争年代，我从不认为自己可以去履行婚姻的责任，但是，在我生命的尽头，我决定娶这个女人为妻。在经历多年忠贞的情谊之后，她完全自愿地来到了这座被围困的城市，和我共同面对命运。她坚定地要作为我的妻子与我同生共死。死对我们来说是一种补偿。为避免失败和被俘的耻辱，我和我的妻子选择了死亡。我为我的人民服务达十二年之久，在这里工作的时间最长，因此我愿意在这个地方结束自己的生命。

由于这些忧伤的句子，希特勒的自杀注定要被搬上历史舞台。另外，也是在这份遗嘱中，希特勒对自己的财产进行了如下分配：

我的所有财物，不论其价值多少，都属于党。如果党不存在了，就归国家。如果国家也灭亡了，那我就用不着做什么安排了。过去几年来我所购买的油画绝不是为我个人收藏的，我仅仅是想在多瑙河的故乡林茨建立一个画廊。

最后他写道：

我衷心希望我的这个遗嘱将得到忠实执行。为此，我委任忠实的马丁·鲍曼为遗嘱执行人。他可以全权作出决定。他有权把我的任何财物送给我的任何亲族，或者是作为纪念品，或者是作为维持生计的一种补助。当然，特别要考虑我的岳母以及多年来在我身边为我服务的人。其中包括我的前任秘书温特夫人，多年来，她曾对我的工作帮助良多。

凌晨四点，这些文件被整理完，并签字。在政治遗嘱上签字的还有戈培尔、鲍曼、布格多夫和克雷布斯，私人遗嘱上签名的还有戈培尔、鲍曼、尼古拉斯·冯·毕罗少校。在所有人都签完字后，希特勒离开房间去休息。

戈培尔的告别

戈培尔作为希特勒遗嘱的见证人，签名之后回到自己的房间，在那儿他写下了一份“元首政治遗嘱的附件”，他在其中表示，他和妻子都将自杀，而且将杀死他们所有的孩子。他已经陷入了疯狂。

戈培尔的遗嘱如下：

元首已命令我，万一柏林陷落，我得赶快离开，去领导他指定的政府。我一生中还是第一次必须坚决拒绝服从元首的命令。我的妻子和孩子们也同我一起拒绝服从。在最危急的时刻抛弃元首，实为人情和忠贞所不许。何况在今后的岁月中，世人将把我看作一个可耻的卖国贼和下贱的无赖，我不仅会失掉同胞们对我的尊敬，也会失掉自尊。而我认为这对于重建德国的未来必不可少。

在元首被叛逆的梦魇缠绕着的这些最危急的日子中，必须要有一个人无条件地陪着他直到最后牺牲，尽管这违背了元首政治遗嘱中的命令。

因此我相信我正在为德国人民的前途做一件最好的事情。在今后艰苦的岁月里，树立榜样比活着更重要。能够带领人民走向自由的人总是能找到的；但是如果没有人树立清晰而有价值的榜样，那么人民生活的重建就是不可能的了。

基于这种理由，我同我的妻子一起，并代表我们的儿女(他们太小了，还不能表达自己的意见，如果他们的年龄比现在大一些，也会毫无保留地同意我们的决定)表示坚定的决心：即使帝国首都沦于敌手也不离开它，而要在元首的身边结束我们的生命。因为如果我们不能生活在元首的身边并为他服务，生命对我们个人来说是没有任何价值的。

清晨五点半，在做了一些修改之后，戈培尔签署了这份文件。

遗嘱的发送

希特勒的遗嘱都是一式三份。虽然已经被苏军包围，遗嘱还是和大量的其他信息一起在当天被送了出去。

希特勒的陆军副官威利·约翰梅尔少校把政治遗嘱带出了柏林，并把它交给陆军元帅舍尔纳，他也刚被任命为陆军总司令。另外还有两位送信人。鲍曼的私人顾问威廉·詹德将政治遗嘱、私人遗嘱以及元首的结婚证明文件都交给了邓尼茨元帅。鲍曼还让他给邓尼茨带了一份报告：

“我最尊敬的元帅，因为所有企图支援我们的军队都失败了，我们已陷入绝境，因此元首昨晚签署了这份政治遗嘱。希特勒万岁！你忠实的鲍曼。”

同时，宣传部的军官海因茨·劳伦兹也接受了命令带走政治遗嘱和个人遗嘱的复件。他必须逃到邓尼茨的总司令部，或者在任何被英美占领的地区保管好它们。如果有可能，他要把它们带到慕尼黑，那是纳粹运动的诞生地。遗嘱应该在那里被保存并留给后人。另外，戈培尔把自己的遗嘱作为希特勒遗嘱的附件交给了威廉·詹德。

4月29日中午，这三位信使离开了地堡，并成功地躲避了苏军的包围圈，踏上了一条通往外界的通道，这条通道并不是只有他们在使用。当时，苏军的炮火已经摧毁了地堡中的通信天线。地堡几乎和外界隔绝了，信息传输只能通过一根紧急天线完成，限制极大。

希特勒夫人

尽管阳光高照，但地堡中却一片昏暗。十二点左右，元首的私人卫队军官赫尔曼·卡瑙走向爱娃，称呼她为小姐，她立即纠正了他：“您可以叫我希特勒夫人。”

那一天，爱娃像所有新婚的女人一样快乐，不曾表露出一丝的紧张和不安。她还送给自己的仆人莉泽尔一枚戒指，并请求她在一切都结束以后将她在婚礼上的礼服送给她的朋友赫塔·施奈德，但是几个小时之后，她又穿上了它。之后她又拥抱了琼格，对她说：“替我问候慕尼黑，留下我的皮大衣作为纪念吧……我总是喜欢身边的人都穿得漂漂亮亮的。”[1]

军事局势

中午又照常举行了军事会议，克雷布斯将军报告了苏军的前进动向，以及依然没有温克将军部队消息的情况。参加的人还有希特勒、鲍曼、戈培尔、布格多夫、沃特·海威尔、福斯、尼古拉斯·冯·毕罗、冯·洛林霍芬和波特。

1 科纳利乌斯·瑞恩：《最后的战役》。

两千名志愿军士兵将苏联红军挡在了盖世太保基地前面，距离地堡直线距离五百米处。在国会大厦中，七千名纳粹士兵用炮火保卫着帝国越来越小的领土。那些天，弹药的供给由德国的空军飞机从空中投掷。但是，现在供应出现了问题，前一晚投掷的弹药不够用，而且大部分都散落在柏林的废墟中没有被找到。

在这次军事会议之后，布格多夫将军请求希特勒允许三名军官离开地堡去寻找温克将军，通知他国会大厦的防御只能持续几天了。希特勒同意了。这三名军官是波特、福斯和冯·洛林霍芬。出发前，元首问他们怎么逃离柏林。冯·洛林霍芬解释说，他们想到达哈弗尔湖并弄到一艘船。元首表现得很有兴趣，建议他们用湖中的游乐电动船，这种船没有声音，苏联人听不见。[1]

冯·洛林霍芬和他的伙伴们激动地离开了，这说明尽管在战争的最后几天中，苏军的炮火已经包围了地堡，但还是有可能逃离的。

小规模

29日那天加开了两次军事会议，一次在下午四点，另一次在晚上十点。在晚上的会议中，魏德林将军报告说，局势更加恶化，他们已经弹尽粮绝、伤亡惨重，他估计抵抗只能持续到5月1日。唯一可能的逃跑路径，是经过由希特勒青年团守卫的哈弗尔河上的皮切尔斯多夫桥。信使和三名军官已经通过这个途径逃了出去，之后他们又乘坐小艇从哈弗尔河上离开。

魏德林认为如果把所有的防御军队都集中到一处，有可能突破苏军的包围逃跑。希特勒回答说，这是不可能的，因为大家已经精疲力竭，而且已经没有弹药。但他表示零星的逃亡还是可行的。“我允许大家小规模地离开而不是投降”，希特勒强调，同时授权冯·毕罗少校离开地堡，后者下午曾向希特勒提出申请。另外，希特勒请他将一封信交给凯特尔元帅。半夜，冯·毕罗和他的副官海因茨·麦蒂森离开了地堡。在这封信里，希特勒预言柏林即将陷落，他自己会自杀。他谈到了戈林和希姆莱的背叛，也赞扬了纳粹军队的抵抗。这封信以下面

1 阿敏·雷曼：《在希特勒的地堡中》。

的句子结尾：

“德国人民在这场战争中的贡献和牺牲如此巨大，我们最终的目标是为了德国人民的利益继续攻占东线的领土。”

这封信后来失踪了，但是它的原文通过冯·毕罗的回忆得以再现。

同一天，希特勒已经知道他的盟友墨索里尼及其情妇克拉娜·贝塔西在试图逃离意大利时被游击队员俘获。希特勒也知道那时他们已被处决了，并被倒挂着示众。[1] 希特勒不希望自己和妻子得到同样的下场，因此他说：“我不想落入敌人的手中，他们正需要一幕精彩的演出去取悦疯狂的大众。”[2]

告别（4 月 30 日）

鲍曼给贝希特斯加登发了最后一封电报：“柏林的局势紧张又困难，如果我们和柏林一起陷落了，4 月 23 日的叛徒们应该被处决。他们应该履行自己的职责！他们的生命和荣誉都基于此！”尽管没有指名道姓，但显然他指的是戈林和希姆莱。这是 4 月 30 日凌晨三点一刻。

过了一会儿，还是在凌晨，希特勒召集了他的医护团队的二十多个人来到作为食堂的过道上，向他们一一握手告别，他向他们发表了一些无法理解的讲话。他由鲍曼和党卫军上校路德维希·斯达姆普菲格（他从 1944 年开始被任命为希特勒的私人医生）陪同，当时他还穿着外科医生的工作服。

希特勒一直在向大家表达问候。德国红十字会的一名护士埃尔娜·弗雷格在最后的日子里一直待在地堡中。2005 年她回忆了希特勒告别的时刻。她在九十三岁时接受了英国《卫报》的采访，她肯定地说，在那一时刻，希特勒向他的医护团队告别：“他从旁边的房间离开，和我们每一个人握手，说了一些友好的话，然后就走了。”这位护士回忆道。弗雷格是整个地堡中等到苏军到达的六七个人之一，那是 1945 年 5 月 2 日。其他的人都已经逃跑了。

1 墨索里尼的尸体后来被秘密安葬在米兰。
2 休·特雷弗·罗珀：《希特勒最后的日子》。

没有同情

尽管官方通信几乎中断，但鲍曼还是在那天早上传送了一份文件给邓尼茨元帅，这是通过一位名叫梅克伦堡的纳粹地方官传送的。文件内容如下：

邓尼茨：

我们越来越强烈地感觉到本应该支援柏林的军队完全没有动静。我们得到的消息是这些军队都被特尔豪斯控制和调动。通常我们也只能通过特尔豪斯才能和这些军队取得联系。元首命令立即毫不留情地打击背叛者。另外，元首依然活着，还在指挥柏林的战斗。

鲍曼

需要指出的是，特尔豪斯是凯特尔元帅的秘密代号。

最后一次

早上又召开了一次军事会议。在这次会议上，柏林总理府卫戍司令威廉·蒙克[1]报告说形势有所好转，因为纳粹军队又重新占领了一部分地区。但是这无法改变大局，苏联军队继续在城市的其他地方前进。希特勒听到这个消息后什么也没有说。

在接下来的几个小时中，希特勒表现得很平静，状态很好，他重新召集他的将军们开会。将军们再一次请求他乘坐现有的唯一的装甲车逃离，希特勒青年团有两百多名士兵负责保卫。据官方记载，他立即表示了拒绝，这时敌人距离国会大厦只有二百五十米，命运已经注定了。

之后，希特勒的私人飞行员汉斯·鲍尔来了，并告诉希特勒有一架续航里程很长的运输机停在雷赫林机场，可以把元首送往阿根廷或其他任何一个国外避难地。希特勒也拒绝了这个提议，但是送给了这位亲爱

1 威廉·蒙克（1911~2001）：党卫队警卫旗队的最早期成员之一，纳粹德国的党卫队旅队长兼武装党卫军少将，1945 年 2 月任柏林总理府卫戍司令。多次指挥对战俘的屠杀，犯下了诸多罪行。——编者注

的飞行员一个腓特烈二世的画像。

赖奇离开了

也是在这段时间里，汉娜·赖奇和冯·格莱姆离开了。说起这段历史，赖奇回忆道：

“希特勒当时在地图室中，我们握手告别，他什么话也没有说。在那种情况下还能说什么呢？我望着他，而他只是用几乎听不见的低沉的声音说‘愿上帝保佑你’。在那段时间里，我把戈培尔夫人看作一片混乱中唯一镇定的榜样。她给了我一封信，让我交给她第一段婚姻中留下的儿子。孩子们都睡着了，我多想再一次看见他们呀。”

赖奇暗示她和冯·格莱姆是在4月30日离开柏林的，希特勒的婚礼是在28日半夜举行的，因此他们应该是参加了这场婚礼，或至少对此有所知晓。尽管如此，在她的回忆中丝毫没有提到那场婚礼，接赖奇他们的飞行员叫×××，但是，在她的回忆中她一直避免提到这位飞行员的名字，只是称他为飞行员“B”。

赖奇肯定地说，希特勒命令他们离开是为了要组织一场空袭，这将有利于温克将军的部队接近首都。另外，她还请求冯·格莱姆一定要逮捕希姆莱。离开柏林之后，飞机成功地穿越苏军的炮火，降落在雷赫林机场，从那儿，“格莱姆命令所有有条件的飞机都要为柏林救援行动提供支持”[1]。根据汉斯·鲍尔所说，在这个机场准备了一架飞机，可以把希特勒送往阿根廷。

希特勒与汉娜·赖奇

希特勒又秘密地命令他的副官奥图·甘什少校收集二百升的汽油，奥图·甘什指挥希特勒身边的亲信用水管和木桶把汽油从坦克中取出来。参加这次行动的还有希特勒的司机艾利赫·凯姆普卡、管家海因茨·林格以及飞行员鲍尔。他们最后把一百八十升汽油分装在九个大桶中，放

1 休·特雷弗·罗珀：《希特勒最后的日子》。

在了地堡的紧急出口处。之后，除了少数几个人外，希特勒所有的警卫队员都接到了离开的命令。根据休·特雷弗·罗珀所说，这些命令是因为“希特勒不希望有任何多余的人看见最后一幕”。

番茄酱通心粉

中午，希特勒带着爱娃·布劳恩来到了餐厅。他穿着一身崭新的黑色制服，佩戴着各种勋章，爱娃则穿着一件漂亮的白点蓝礼服。希特勒什么也没有吃，只是陪他的妻子在那里坐了一会儿，之后就独自返回了房间。在晚些时候，他又再次出现了，看上去精神很好。而爱娃并不在身边，她可能已经回自己的房间了。希特勒要了很大一盘通心粉。仆人埃尔文·雅库拜克回忆说，这最后的午餐是在下午两点左右，只是一盘浇着酱汁的通心粉。用餐期间，他的两位秘书和私人厨师陪着他。其间他似乎胃口不错，还讲了一些过去的故事。他很幽默，完全看不出他已经作出自杀的决定。这时，“希特勒像什么事也没发生似的交谈着，丝毫没有提及战争的结局和死亡”[1]。

也是在同一天，希特勒下令向地堡里的人分发氰化物，并命令毒死他的宠物犬布隆迪。这项任务由带犬员弗里茨·托诺中士以及保健员哈思教授负责执行。

另外，布隆迪的幼犬也被杀死了。它们并不是唯一被杀死的小狗，托诺还用手枪杀死了爱娃·布劳恩的苏格兰犬和克里斯蒂安的可卡犬，克里斯蒂安是希特勒的四个私人秘书之一。

午休后的问候

晚些时候，希特勒又举行了一次告别会，把大家召集在地堡前部。据说，爱娃拥抱了在场的每一位女士，一直微笑着，而希特勒却只是一言不发地握手。关于这段历史，英国调查者休·特雷弗·罗珀肯定地认为：“希特勒和爱娃·布劳恩在当天的两点半重新出现，在各个房间巡视了一圈，完成了他们的告别……他们和所有人握手，然后离开了房间。”

1 皮尔·伯宁：《爱娃·布劳恩和阿道夫·希特勒》。

据说，“希特勒在爱娃的陪伴下离开了房间，他和往常一样穿着黑色的裤子、制服和白衬衫，而她则穿着白点的蓝衣服。希特勒在房间中沉默地走动，紧握双手，向每一个在场的人嘀咕着一些听不懂的话。他的腰比以前弯得更厉害了，皮肤泛出一种惨白的黄色”[1]。

参加这场告别仪式的有鲍曼、戈培尔、布格多夫、克雷布斯、海威尔、瑙曼、沃斯、拉登胡伯、霍格尔、甘什和林格；在场的女人包括：克里斯蒂安、琼格、克鲁格和曼扎利。马格达·戈培尔不在其中，她几乎整天把自己关在房间里，已经被自己的决定弄得不堪重负。因为她已经和她的丈夫决定在他们自杀之前，把自己的孩子都杀死。

在这最后的告别之后，元首和他的妻子再一次回到了自己的房间。这一次，在希特勒的要求下，奥图·甘什下令守住通往希特勒房间的前厅大门。“这是我一生中最艰难的时刻。我试图平复自己的情绪，但我知道，他只能自杀，别无选择。”许多年之后，甘什回忆道。

这儿产生了巨大的疑问。官方历史认为这段时间就是自杀的时间，而反对者认为这不过是一场巨大的骗局。

当希特勒关上房门之后，戈培尔就准备好了接下来的演出。他命令“清空这一区域”，这就意味着所有的守卫者都退回了原位，离开了地堡和国会大厦花园。另外，他还命令封锁住所有通往花园的门，在那儿他燃起了一堆谜一般的篝火，似乎是葬礼的篝火，这制造了二十世纪最大的谜团之一。在这一地方，没有留下任何不受欢迎的目击者。这最后一幕，只有有限的几个被挑选者目睹。

一场争执

下午三点还发生了一件事情：尽管希特勒要求任何人都不能打扰他，马格达·戈培尔还是尖叫着要求见希特勒，以致和甘什发生了冲突。当时，甘什是希特勒的副官，负责守卫大门。甘什使这个女人平静了下来，要求她等一会儿。然后甘什进入希特勒的房间。回忆起这一时刻，甘什说：“元首站在那儿，爱娃并不在房间里，但是听到卫生间里有从水龙头流水的声音，我想她是在那儿。希特勒看见我进来，非常恼火。我问他是

1 阿敏·雷曼：《在希特勒的地堡中》。

否想见戈培尔夫人，希特勒回答，我什么也不想多说。”

随后，恼怒的希特勒从甘什面前走过，径直走向戈培尔夫人。她非常紧张地问道：“元首，真的没有其他选择吗？”希特勒看着她的眼睛悲伤地说：“没有。”之后，他永远地关上了大门。[1]

这戏剧性的一幕，被广为流传，并被普遍认为，希特勒已经决意结束生命。但是，这只是甘什一个人的叙述，并没有其他证人的佐证。

之后发生的一切就没有人知道了，因为在希特勒最后一次关上大门以后，再没有可能有人敢往里窥探了。

最后的时刻

根据英国调查者休·特雷弗·罗珀的描述，“在这最后的时刻，希特勒和爱娃·布劳恩都关在房间中，他的高级将领和侍从们都在走廊中等待着，之后听到了一声枪响”。

根据甘什的描述，在马格达·戈培尔事件过去了五分钟之后，他听见希特勒的房间里传来了一声枪响。这位副官回忆道：

“鲍曼第一个冲了进去，然后我在林格的帮助下也进去了。我看见希特勒坐在一张椅子上，爱娃则躺在长沙发上，她把鞋脱了，小心翼翼地放在沙发的一角。希特勒的脸满是血污。他有两把手枪，一把是瓦尔特 PPK，这是他的防身手枪；另一把手枪更小，他总是把它装在口袋里。爱娃穿着一件蓝衣服，领子和袖口是白色的，她的眼睛睁开着，散发出强烈的氰化物的味道。这股气味如此强烈，以至于后来几天，我都觉得我的衣服上满是这股味道，这也可能是心理作用。鲍曼什么也没有说，立刻去了会议室，那儿坐着戈培尔、布格多夫和其他一些我记不住的人。我说：‘元首死了。’这是下午三点半。”

海盗 XX

据官方记载，希特勒青年团的首领阿图尔·阿克斯曼晚些时候来到了地堡，进去查看了尸体。他站在死者面前和戈培尔谈话，之后，戈培

1 威尔弗莱德·冯·欧文：《谁是戈培尔》。

尔离开了房间，只留下阿图尔注视着尸体。这时，司机艾利赫·凯姆普卡也来了，甘什高喊着“元首死了”。因为房间的门开着，凯姆普卡也进去看见了这悲惨的场景。

官方记载的原文如下：

当阿克斯曼在尸体前深思时，党卫军的两个人进入了房间，其中一个是希特勒的副官甘什。他们用毯子把希特勒的尸首包裹起来，盖上了他血肉模糊的脸，然后到了走廊上。那儿聚集着所有人，他们从毯子下露出的黑色袜子认出了希特勒。之后，这两个党卫军军官把尸体抬上了四级的台阶，从紧急出口抬到了花园中。随后，鲍曼又进入了悲剧发生的房间，抬起了爱娃·布劳恩的尸体。她的死并不是鲜血淋漓的，所以没有必要用毯子盖住她。鲍曼把尸体带到了走廊上，把尸体交给了凯姆普卡，凯姆普卡又在台阶处把尸体转交给了甘什，甘什又把尸体交给了第三位党卫军军官。[1]

所有的入口都关闭了，以保证没有目击者。守卫者恩里克·曼斯菲尔德在一座监视塔中，听见了一些人的喧闹声，然后他从塔中走下来穿过了花园。让他惊奇的是，在地堡的紧急出口处，他看见了凄惨而不寻常的一幕：两个党卫军军官扛着一具包裹着毛毯的尸体，后面还有一位抱着爱娃·布劳恩的尸体，之后进来的还有鲍曼、布格多夫、戈培尔、甘什、林格和凯姆普卡。凯姆普卡叫喊着，要求曼斯菲尔德立即离开。这位士兵吓呆了，立即遵守命令回到了监视塔中。

在休·特雷弗·罗珀记载的官方历史中，二人的尸体被抬出了地堡外，并被火化：

尸体被并排放在地上，离地堡出口只有几步之遥。在他们身上淋上了几桶汽油后，刚巧一发苏联的炮弹落下，这加剧了恐惧和危险，那些号啕大哭的人们赶紧跑到地堡入口寻求保护。甘什在地上倒了一些汽油，在门边点燃一根火柴扔了过去，火

1 休·特雷弗·罗珀：《希特勒最后的日子》。

苗立即在尸体上烧了起来。很快，一切都被火焰包裹住了。旁边号哭的人都静止不动，行纳粹军礼，之后他们回到地堡当中四散开来。[1]

一个偶然的目击者是护卫军成员赫尔曼·卡瑙，他正好穿过花园想通过紧急出口前往地堡，他并不知道那里正在发生什么。他说，那时他看见在出口处不远，有两具尸体躺在地上，几乎在发现尸体的同时，“它们开始燃烧了起来，简直像是自燃”。赫尔曼·卡瑙无法解释这一现象。他没有看见任何人，大火不可能是敌人的炮火所致，因为他当时离得很近，看得很清楚。“也许是有人从地堡出口处扔了一根火柴。”他说，他的猜想正符合事实。[2]赫尔曼·卡瑙说他一直看着尸体，能够辨别出他们来。他肯定地说，希特勒的脸已经破损，呈现出十分狰狞的形象。

另一个火化的目击者是曼斯菲尔德，他之前已经目睹了那个仪式。在得到甘什的命令之后，他回到了监视塔中，在那里，他看到一股黑烟从花园中升起。他肯定地说：“烟雾散去时，能清楚地看见两具尸体在燃烧。”

尽管得到了元首的准确指令，但“甘什并没有一字不落地执行希特勒的命令，他把完全摧毁尸体的任务又交给了希特勒兵团的两名士兵”[3]。

当鲍曼和戈培尔带领的人离开之后，赫尔曼·卡瑙继续留在那里。他看见两个党卫军的人从地堡出来，继续向尸体上浇汽油。在那时，“火已经烧毁了一部分尸体，能清楚地看见希特勒的腿骨。一小时以后曼斯菲尔德回来检查尸体，那时火已经小了很多”[4]。随着时间的推移，第三名党卫军士兵看见了尸体的燃烧，他叫汉斯·霍夫贝克。他登上地堡出口的台阶，目睹了这场葬礼。他说他没法儿在那里待很长时间，因为“烧焦的人体的气味让人无法忍受”，于是他回到了地堡中。

---

1 休·特雷弗·罗珀：《希特勒最后的日子》。
2 休·特雷弗·罗珀：《希特勒最后的日子》。
3 阿敏·雷曼：《在希特勒的地堡中》。
4 休·特雷弗·罗珀：《希特勒最后的日子》。

埋葬

夜幕降临之后，护卫队首领约翰·拉滕胡贝尔叫来了三个人负责掩埋尸体。他们在被称为“狗的避难所”的地方集合，那是卫队成员休息的地方。他要求他们发誓要对接下来执行的任务永远保密。

为这对夫妇挖掘墓地和掩埋的工作并没有在官方文件中详细记载，但是根据赫尔曼·卡瑙的叙述，二人的尸体被掩埋在炮弹炸出的弹坑里。他在半夜离开了塔楼，回到了花园。他发现出口处的一个弹坑被埋上了，而尸体却不见了。于是他肯定，那个弹坑已经成为二人的坟墓，因为要想再来一枚炸弹正好把那个地方填平，几乎是不可能的。

赫尔曼·卡瑙坚称他听见有人说，“没有军官对元首尸体的处置感到不安，这真令人悲哀。我很骄傲自己是唯一知道他在哪儿的人”。

根据休·特雷弗·罗珀的记载，尸体在大约下午四点开始燃烧，一直持续到六点半，之后在夜里十一点左右被掩埋。

希特勒和爱娃·布劳恩从此永远地消失了。

希特勒和纳粹党徒

第四章 柏林陷落和希特勒失踪

这则通告不过是德国人的又一个阴谋。显而易见，德国法西斯希望通过散布希特勒死亡的消息，让他永远地在历史舞台上消失，去过秘密的非法生活。

——塔斯社，莫斯科，1945年5月2日

休战和施压

4月30日夜里，希特勒永远地离开了历史舞台。再也没有人看到过他。这时，很多人从地堡中逃跑了，包括司机凯姆普卡、秘书特劳德尔·琼格和葛达·克里斯蒂安、厨师康斯坦茨·曼扎利、艾尔斯·克鲁格、奥图·甘什和约翰·拉滕胡贝尔。那时，根据希特勒的遗嘱，约瑟夫·戈培尔已经被任命为新总理。他决定和苏联人就柏林的投降谈判。

带着这个目的，纳粹用电台和他的对手取得了联系，要求就投降事宜举行会见。可是答复并不令人满意——要求他们派一个使者去他们指定的地方会面。为此，半夜时分，双方决定休战，各自下令短暂停火。

马丁·鲍曼和约瑟夫·戈培尔决定派克雷布斯将军去苏联人那儿谈判，因为他会说俄语，在莫斯科当过武官。克雷布斯还带去了一封信，信中保证“斯大林是第一个知道希特勒死讯的外国人”。另外，他还请求给鲍曼发一张通行证，使他可以离开柏林去和石荷州总参谋部的邓尼茨元帅会合。石荷州位于德国北部，接近丹麦边境，这一地区仍在纳粹的控制中，因此，邓尼茨的部队驻扎在那里。

按照双方的约定，5月1日凌晨三点，德国陆军参谋长克雷布斯将军在第五十六装甲兵团参谋长台奥多尔·冯·达夫维中校的陪同下，穿越火线去和苏联人会面。陪同他们一起去的还有两位士兵和一位翻译。纳粹代表团被苏联士兵拦住，要求他们出示证件，还企图收缴他们的手枪。这时，克雷布斯用俄语说："勇敢的人是会允许对手在谈判中携带武器的。"在听了这位德国将军的话之后，苏联人同意他们保留武器，并用汽车将他们带到一个位于滕佩尔霍夫地区的房子里，那里已经被苏联军队占领。在那里，他们进入一个餐厅，里面有一张长长的木桌、几部电话和几把椅子。有一小群穿着制服的人坐在那里，他们没有作自我介绍。克雷布斯认为他已经来到了苏联高官面前，其中一位显然是军事将领，他就是斯大林格勒的保卫者、近卫第八集团军指挥官瓦西里·伊万诺维奇·崔可夫将军，此外屋子里还有崔可夫的助手、两位翻译和两位穿军装的战地记者。

克雷布斯请求和苏联最高谈判者进行私下会面，崔可夫回应道："这是我的参谋部，也是我的军事法庭。"他邀请克雷布斯就在此地进行谈判。对此，克雷布斯用低沉的俄语说："我的任务是要递交一份异常重要的消息，希望您了解，您是第一个知道4月30日希特勒已经自杀的外国人。"崔可夫面无表情地回答道："我们已经知道了。"

"您是怎么知道的？希特勒几小时前刚刚自杀。"这位纳粹军人万分惊讶，可是那位苏联代表却保持缄默。克雷布斯肯定地认为崔可夫不可能已经知道希特勒的死讯，所以他继续向他详细描述细节，包括希特勒29日和爱娃·布劳恩结婚。第二天他就和妻子在地堡中双双自杀，而他们的尸体已经被火化和掩埋。

崔可夫没有表现出任何的意外之情，尽管事实上苏联人之前根本没有听说过爱娃·布劳恩，也压根儿不知道地堡的存在。

在克雷布斯的介绍性发言之后，谈判进入了实质性阶段。苏联人要求德国人立即无条件投降。但是，这位纳粹代表解释说，希特勒的继任者邓尼茨元帅不在柏林，因此，克雷布斯请求暂时停火或局部投降，直到苏联人可以直接和第三帝国的继任者进行谈判，再作决定。另外，他还为鲍曼申领了一张通行证，以便帮助鲍曼和邓尼茨见面。

面对这项提议，崔可夫用电话询问了他的长官朱可夫元帅，朱可夫直接拒绝了这一提议，说德国人如果希望苏联停止对柏林的进攻，那么只有一个选择，那就是纳粹立即宣布无条件投降。

谈判又继续了几个小时，但毫无成果。

冯·达夫维返回了地堡，克雷布斯则继续谈判。冯·达夫维告诉戈培尔说，德方提出的投降条件被拒绝了，敌人的强制要求就是纳粹签署无条件投降书。

当戈培尔得知苏联人的强硬态度之后，他狂叫着说：“我决不同意，决不！”几小时之后，克雷布斯也返回地堡，确认谈判失败。戈培尔和鲍曼也拒绝了红军提出的无条件投降的要求。至此，谈判完全破裂。苏联人重新开始了炮弹袭击，19点15分还发动了步兵袭击，整场战斗一直持续到夜里。

炸弹不停地落在地堡区域。冯·达夫维认为这都怪克雷布斯，他向苏联人透露了地堡的准确位置。[1]

延迟的消息

希特勒失踪之后，鲍曼给邓尼茨发了一封电报：

伟大的邓尼茨元帅：

元首已经任命您——伟大的元帅为他的继任者，取代以前戈林在帝国中的位置。任命书正在路上，请您做好一切准备。

鲍曼

这封电报让邓尼茨吓了一跳，这并不是说他不期待这个，而是他认为无论如何，如果要任命继任者的话，首选必然是希姆莱。

这封电报是在希特勒“自杀”几小时后发出的，但不可思议的是，文中丝毫没有提及希特勒的死。是什么原因促使副统帅鲍曼要延续已经消失的元首的政府？他又为什么不把全部事实告诉这位军队最高统帅呢？

邓尼茨依然相信希特勒还控制着权力，于是他立刻回复道：

尊敬的元首：

1 科纳利乌斯·瑞恩：《最后的战役》。

我对您的忠诚是永远无条件的。尽管如此，如果您命令我作为您的继任者统治帝国的话，我将继续战斗到底来回报德国人民的英勇战斗。

元帅邓尼茨

5月1日上午11点，当克雷布斯还在和苏联人谈判时，鲍曼又给邓尼茨发了第二封电报。他通知邓尼茨，从此刻起，他就可以履行作为第三帝国最高领导的职权了。尽管如此，鲍曼依然没有提及希特勒的死。原文如下：

伟大的邓尼茨元帅：

遗嘱已经全面生效。我将尽快和您见面，但我建议您延迟遗嘱的发布，直到我们见面。

鲍曼

下午三点，在已经得到和苏联人谈判破裂的确切消息后，戈培尔又发了第三封电报，此时由于遗嘱已经生效，邓尼茨已经成为德国的纳粹首脑。这封电报第一次提及了希特勒的死亡：

邓尼茨元帅：

十分秘密和紧急，我正式通知您，元首已经于昨天15点30分去世。他在4月29日的遗嘱中任命您为帝国的总统，任命戈培尔为总理，鲍曼为党务部部长，赛斯·英夸特[1]为外交部部长。按照元首的命令，遗嘱已经被带出柏林，准备交给您，由舍尔纳交给您，然后由您保管和发布。鲍曼今天想和您见面，向您汇报局势。向媒体和部队发布公告的时机由您决定。

戈培尔[2]

1 赛斯·英夸特（1892~1946）：曾任德国驻荷兰占领区长官、德国外交部部长。在担任德国驻荷兰占领区总督期间，为镇压一切对德国占领的抵抗采取了残酷的恐怖手段。在战后的纽伦堡审判中，被判处绞刑。1946年10月16日被执行绞刑。——编者注

2 休·特雷弗·罗珀：《希特勒最后的日子》。

不知为什么，这三封电报都延迟了许久。告知希特勒死讯的消息是5月1日发出的，那时希特勒已经死亡一天了。为什么要过了二十四小时才把这么重要的消息发出去呢？有什么原因可以在这么关键的时候，耽搁这么久？在这段时间内，谁是第三帝国的元首？唯一的解释就是，推迟发布希特勒的死讯对某人有利。那是对谁有利呢？这时，希特勒和爱娃是死了还是逃了？他们的身体是被焚烧掩埋了，还是正乘坐潜艇离开？

消息发布

直到此时，希特勒失踪的消息还没有发布，但是耽搁不了多久了。当邓尼茨元帅完全履行职权后，他命令尚在运转的唯一一个德国电台向全世界发布这一消息。

下午，汉堡电台开始播送瓦格纳的音乐，其中包括《诸神的黄昏》。21点32分，播音员威廉·乔伊斯（也被戏称为“呵呵勋爵”）用低沉的声音说道：“接下来，我们将向德国人民发布一个沉痛而重要的消息。之前，我们先听一段音乐，布鲁克纳的《第七交响曲》。”21点59分，他又作了一次预告。接着，22点26分，电台宣布：“本台宣布，我们的元首阿道夫·希特勒今天下午在帝国元首的职位上逝世，用尽最后的力气和布尔什维克主义战斗至死。”接着又宣布，邓尼茨元帅已经接替希特勒的职位。几分钟之后，邓尼茨用低沉而平静的声音亲自宣布了希特勒的死讯。

他的话就像是一篇演说，立刻在全世界各大通讯社被转载：

德国人民：

先生们、女士们、战士们，元首已经逝世。他忠于伟大的理想，把欧洲人民从布尔什维克主义的魔爪中拯救出来，为此他牺牲了生命，像个英雄一样地死去。这位德国历史上最伟大的英雄已经告别了舞台。我们怀着深深的敬意和哀伤向他降旗致哀。

希特勒已经任命我作为继任者，担任帝国总统和武装部队统帅。我已经接任这一职位，发誓将继续全力对抗布尔什维克者，直到我们英勇的军队和东德成千上万的家族从奴役和破坏中被解救出来。

尽管英美军队阻碍了我对布尔什维克信仰者的战斗，但我必将战斗到底。

德国的男人和女人们，我要求纪律和服从。只有毫无保留地服从并执行我的命令，才可能避免动荡不安。

懦弱者和背叛者是不负责任的，他们将给德国的女人和孩子带来死亡或奴役。

从前效忠希特勒元首的誓言，现在传承到我身上。我作为元首的继任者，请你们每一位服从我。

德国的战士们，履行你们的职责，因为人民的生命正陷入危险中。

由纳粹宣布的希特勒死亡的消息很快在全世界造成重大影响。德国军队把希特勒描述成英雄般的死亡，说他战斗到了最后一刻。

杀死孩子们

但是我们需要重新回到柏林地堡中，去看看 1945 年 5 月 1 日那里究竟发生了什么。当希特勒死亡的消息在全世界流传时，仅剩余几个人的地堡中，发生了帝国的最后一幕惨剧。当得知和苏联人的谈判失败之后，那里被恐惧笼罩着，一些人想着逃跑，另一些人想着自杀。到处弥漫着紧张、尖叫和哭泣。那些想逃跑的人聚拢在一起，制订实施计划，但没有时间了。戈培尔一家选择了最悲惨的结局。

那时，可以预见，逃跑计划几乎都会失败，因为苏军的炮火不断持续，已经损毁了多架用于逃跑的飞机和一架直升机。在这种情况下，可用于逃跑的场地远比预期中的少得多。也许可能会有两个紧凑的位置留给戈培尔夫妇，但是绝不可能再有空间给他众多的孩子。也许连他们俩的位置都没有。

希特勒在死之前，曾经表示可以由其他纳粹军官把戈培尔夫妇的孩子们带出地堡。但是，戈培尔拒绝把孩子交到其他人手里，因为他认为这样的逃跑存活率很低。而且他无论如何也不想和孩子们分开，这六个孩子为五女一男，分别只有十二岁、十一岁、十岁、八岁、六岁和四岁。他们的名字都以字母“H”开头，以此纪念希特勒。

据官方历史记载，在作出这一决定之前，戈培尔夫妇的命运已经注定了。马格达给她的第一个孩子哈罗德写过一封信（哈罗德当时并不在地堡中），其中写道：“没有元首的世界、没有国家社会主义的世界是一个不值得生存其中的世界。这就是为什么我也要把我的孩子们和我留在一起的原因。我们死后让孩子们活着，那是不堪设想的。我不愿他们过那种不堪设想的生活，我相信仁慈的上帝会体谅我的用心。”

这对夫妇对落入苏联人手中心怀恐惧，他们认为自己必定会被凌辱，接受酷刑，然后再一个一个被杀死。也许这对父母不得不亲眼目睹孩子们被拷打，甚至被肢解。至少他们是这么想象的。

当苏联的狙击手离地堡只有二百米时，约瑟夫·戈培尔陷入了沉默，他似乎已经接受了命运的安排。他叫来了党卫军的牙医赫尔穆特·昆兹，命令他毒死自己的孩子们，马格达·戈培尔已经与这位牙医数次谈起过这个可怕的话题。这一天，戈培尔夫妇两人都在与他谈论这个话题，牙医试图说服他们把孩子转移到慈善医院去，以便能在红十字会寻求到庇护。但这都徒劳无功，戈培尔已经决意杀死孩子们。

时间到了，那位母亲拿着吗啡注射器走到床边，她告诉孩子们，昆兹医生将给他们打一针，以便让他们更好地休息，因为第二天他们要去旅行，去和“阿道夫叔叔”见面。然后这位母亲立刻离开了房间，而昆兹则留下来给孩子们逐一注射。然后，他告诉戈培尔夫妇，所有的孩子都将在药物的作用下沉沉睡去。但是这位牙医告诉他们，他并没有实施计划的最后一部分，就是给他们服用氢氰酸药丸。

这时，那位母亲飞快地作出了残忍的决定，她叫来了斯达姆普菲格医生，并决定和他一起执行这最后的一步：“斯达姆普菲格和马格达·戈培尔进了孩子们的房间。马格达·戈培尔依次走到每一个孩子的身边，把他们的嘴巴掰开，接着斯达姆普菲格把他那玻璃状的氢氰酸药丸放进孩子们的牙齿中间，然后马格达·戈培尔再把孩子们的嘴合上。”[1] 药物

1 阿敏·雷曼：《在希特勒的地堡中》。

立刻起了作用，孩子们很快就停止了呼吸。

在进行了这场残酷的杀戮后，夫妇俩为自己准备了同样的结局。在宣布自己和妻子即将自杀之后，戈培尔对他的副官施瓦格曼说，在他们死后，把尸体立刻火化。施瓦格曼答应了，随后戈培尔从桌上拿了一份希特勒的镶银边画像交给他。[1]

随后，施瓦格曼命令司机哈赫去寻找足够焚烧尸体的汽油。大约20点30分，夫妇俩踏着台阶来到花园中，他们的助手和司机眼看着他们登上台阶，随后听见了两声枪响。他们立刻跑了上去，发现他们已经死了。一个版本说，戈培尔先杀死了妻子，然后自杀。但是，据休·特雷弗·罗珀说，杀死这对夫妇的任务交给了党卫军完成。

不久之后，他们的遗体在花园中被焚烧，因为是在露天燃烧，火焰的温度不够高，所以尸体只是部分被烧毁，据休·特雷弗·罗珀说，"这是一次漫不经心和不完整的焚烧，尸体的碎块第二天被苏联人找到，他们甚至都没想着去掩埋它们。"

返回地堡之后，蒙克将军命令烧毁地堡，这用光了整桶汽油，火势到处蔓延。这段叙述源于施瓦格曼的口供，得到了阿克斯曼和凯姆普卡的证实。

逃跑

地堡仅剩的几个人聚到了一起。经过紧张的讨论、喊叫和迷乱之后，他们终于达成了共识，计划从地下室和地铁通道中逃跑，然后上到大街上，一直到达柏林郊区。原来的计划是，先到达威廉广场，然后再到达弗里德里希大街，从那里可以去往地面，他们企图在那儿和这一地区的纳粹军队会合，然后在士兵的帮助下逃往柏林西北部。

5月1日大约晚上11点，地堡的幸存者们趁着夜色逃跑。在5月1日至2日之间，从地堡逃离的人包括韦纳·瑙曼、威廉·蒙克、汉斯·恩里克·福斯、路德维希·斯达姆普菲格、马丁·鲍曼、阿图尔·阿克斯曼、沃特·海威尔、昆德·施瓦格曼、阿尔敏·迪·莱曼、罗胡斯·米施、黑尔姆特·魏德林、汉斯·勒菲尔、台奥多尔·冯·达夫维、齐格佛里德·科

1 休·特雷弗·罗珀：《希特勒最后的日子》。

内普，还有一些人不想逃跑，继续留在那里，其中包括克雷布斯将军和布格多夫将军、指挥官施德勒，后者的一只脚受伤了。他们三人说，自己不逃跑，要在苏联人到达地堡时自杀。据说，那些天逃离地堡的人中，有百分之三十的人成功了，其他人要么死了，要么被苏联军队或英美军队俘虏了。

停火（5 月 2 日）

5 月 2 日，意大利北部和奥地利西部的轴心国军队投降了，这一消息震惊了全世界。那是一支庞大的军队，至少一百万德国士兵无条件地放下了武器。同时，这一地区的盟军部队快速向北德方向前进。

四点，柏林的纳粹军请求苏联人停火，并和苏军将领进行新的会谈。一小时之后，冯·达夫维就递交了第五十六装甲兵团的投降书。

七点，柏林面临巨大威胁，魏德林将军来到了崔可夫将军的驻地，宣布柏林投降，要求制止屠杀。不久之后，这位纳粹军官签下了无条件投降书：柏林城陷落。这时，苏联人不需要再杀人就可以直接进入地堡中。事实上，对纳粹而言，这场战争早就失败了。同一天，下午三点，德国人停火，放下了武器。终止战斗的命令通过高音喇叭传播到柏林的每一个角落。

签订了投降书之后，魏德林又向他的部队签署命令。“对希特勒个人忠诚的誓言不复存在了。4 月 30 日，我们一直效忠的元首已经将我们丢进了失败的绝望中。”这位德国将军绝望地说道，“把我们丢在绝望中意味着什么？”显然这一说法并不是指希特勒自杀了。在通知他的士兵自己已经签署了柏林的投降书之后，魏德林将军昏迷了过去。

面对残酷的局势，加上希特勒的失踪，好几位纳粹高官觉得自己被出卖了。这其中包括克雷布斯将军，他选择在地堡中结束自己的生命。

当柏林还在一片火海中时，苏联将军尼古拉·伯扎林的第五突击队把共产主义的旗帜插在了国会大厦的最高处。

苏联人害怕他们进入地堡时会遭遇到疯狂的狙击手，或者有一个大陷阱等着他们。而事实上，就像我们前面描述的那样，待在那里的纳粹党人几乎已经逃光，只有几个人留下来照顾伤员，还有几个准备自杀。

苏联军队慢慢地进入了地堡，到处寻找可能存在的炸弹。随着时间的推移，他们意识到那儿毫无危险。直到那时，他们才发出信号，让其他人进来。

进去之后，苏联人发现，他们处在一个被遗弃的、昏暗的建筑之中。到处可以看到匆忙逃跑的痕迹，到处都是吃剩的食物和空酒瓶子、塌陷的沙发、乱扔的烟蒂，一派无序的景象。书房半掩着门，地面上到处都是被丢弃的公文。显然，重要文件都不在了，它们要么被烧毁，要么在最后几天的空中逃亡中被带走了。

在希特勒的房间里，发现了几件他的制服和画像，他习惯把它们当成礼物送给崇拜者们。据说，之后还发现了一个希特勒的私人记事本，但没有相关的资料。爱娃·布劳恩的房间里面只剩下她的衣服。

随后苏联人又发现了克雷布斯将军和布格多夫将军的尸体，他们头部中枪。之后，戈培尔夫妇六个孩子的尸体也被发现了，他们盖着被单躺在床上。后来又发现了约瑟夫·戈培尔和他的妻子马格达的尸体，这两具尸体已经被部分烧毁了。

莫斯科不相信自杀

在柏林陷落几个小时之后，苏联官方通讯社塔斯社宣布他们已经进入地堡内部。对于邓尼茨元帅关于希特勒死讯的声明，塔斯社表示怀疑。莫斯科的观点第二天被世界各大报纸迅速转载，共产主义通讯社表示："这则通告不过是德国人的又一个阴谋。显而易见，德国法西斯希望通过散布希特勒死亡的消息，让他永远地在历史舞台上消失，去过秘密的非法生活。"塔斯社还说，宣布纳粹元首死讯的邓尼茨元帅"不过是在重复一个希特勒的宣传谎言。目的是在反希特勒的联盟国家中制造分歧"。

在美国，人们的感觉也是相似的，所有的人都不相信希特勒死亡的消息。5 月 1 日来自合众社的华盛顿消息称："首都政治圈的舆论可以从参议员爱德温·约翰逊的评论中略窥一二，他说自己很希望这个消息是真的，但是他也补充道：'我更喜欢看见尸体，我不相信德国人，他们能编造一切。'美国没有接到正式消息，但是合众社军事评论员认为，这个消息有很多解释。"其中包括：

1. 这个通告是假的，它的目的是想掩盖希特勒的真正下落和计划，同时在对待敌国的命运问题上，迷惑和分裂同盟国家。

2. 由于预见到死亡将近，希特勒传位给了邓尼茨，让他继续领导德国进行抵抗，因为他被认为是现有德国高官中最具影响力的人物。希特勒还认为邓尼茨由于没有直接和纳粹的暴行相联，所以最容易为同盟国接受为和平谈判者。

3. 这一消息可能表明，盖世太保的头目海因里希·希姆莱已经陷入了困境。他在最近这些日子里，谋求和美英进行和谈。

4. 邓尼茨是大规模海战的开创者，也是唯一没有完全被战胜的德国将领。盟军已经彻底击败了德国的地面和空中部队，而邓尼茨领导的海军战斗仍在继续。

在分析了希特勒为何将邓尼茨指定为接班人之后，我们必须注意到一个细节。这位著名的将领是海军统帅，也是潜艇专家，而潜艇正是实施逃跑计划的关键运输器。所以，如果邓尼茨要利用潜艇实施这个巨大的逃跑计划，他必须拥有调动纳粹一切部队的权力。直到战争结束，人们还不知道那时邓尼茨已经拥有了最先进的潜艇，它的自动化程度和速度超过当时所有其他潜艇。这是巨大的秘密，也是第三帝国高官逃亡的关键武器。

当知道了邓尼茨的任命之后，盟军评论道：“他是一位行动派人物，整个职业生涯都和纳粹紧密相联。”此外还认为“他是一位潜艇专家，有能力使用仍在德军控制中的最新潜艇”（路透社，伦敦，1945 年 5 月 1 日）。

同时，在伦敦也没有人相信希特勒自杀的消息。英国广播说，为了证实这一消息的真实性，“盟军要求德国人在投降之后，将希特勒的尸体交出来作为证据”（合众社，纽约，1945 年 5 月 1 日）。

奖赏

苏联人最终进入了元首地堡中，他们希望得到最大的战利品——希特勒的首级。斯大林要求活捉他或者拿到他的尸体。不论活着还是死去，这位纳粹最高统帅都将被作为第三帝国彻底失败的最有利证据示众。

在柏林的紧张气氛中，尼古拉·伯扎林许诺说，如果有谁能活捉希特勒或找到他的尸体，将被授予苏联英雄金星奖章。

苏联人掘地三尺到处寻找，他们向每一名俘虏提出同样的问题："希特勒在哪里？"苏联人找遍了地堡的每一个角落，想要获取任何可以证明希特勒死亡的证据。结果，他们找到了好几个死亡的希特勒的替身。这让他们更加疑惑了："不论在地堡内部，还是花园外面，找到了几十具尸体，其中四个是替身。这些替身都被完整地带给了苏联的研究者们，以确定德国元首的真实命运。"[1]

同时苏联人还询问了医生弗里茨舍，他是戈培尔的左膀右臂。他回答，戈培尔和希特勒都已经自杀了。他的这段证词被莫斯科电台广播了出去。

合众社评论说："莫斯科电台公布的消息来源于医生弗里茨舍的口供，他最近在柏林前线被俘虏。他指出，戈培尔为了避免失败的耻辱，选择在希特勒身边自杀，伴随着柏林的陷落，他走到了生命的终点。"（合众社，1945年5月2日）

这则消息消除了在德军中流传的某个说法，即元首是在战斗中像个英雄一样地死去。这是自希特勒失踪之后，媒体第一次提到"自杀"这个词。这一死亡方式让盟军感到不安，他们显然更希望把他描述成一个挨枪子儿的懦夫，而不是一个战斗到底的英雄。这样才会让他的狂热的追随者们失望。

杜鲁门：希特勒不会接受审判

5月2日，美国总统哈里·杜鲁门发表声明："希特勒真的已经死了。"回顾过去这段时间发生的一切，我们可以肯定他在撒谎。因为在当时的情况下，只有苏联军队进入了地堡区域，可是士兵们既没有在那儿找到希特勒的遗骸，也没有发现能够证明这是他的最后居住地的任何证据。相反，大家都在怀疑，这位纳粹元首已经突破苏军的包围，安全地逃离

1 何塞·雷斯塔：《纳粹之谜》。

了柏林。

为什么在苏联人确认自己还没有找到任何可以证明希特勒死亡的证据之时,美国领袖如此匆忙地要发表这篇声明呢?杜鲁门为什么要撒谎?他是想掩盖希特勒的逃跑吗?

杜鲁门在新闻发布会上说,基于目前能掌握的“最好的消息”,自己刚刚大声宣布了希特勒的死讯。说到墨索里尼(在广场上被游击队员绞死)和希特勒的死,这位美国政客说:“现在的事实是两位最大的战犯都不会得到审判了。”(合众社,华盛顿,1945年5月2日)这时一位记者提问道:“这是否代表着阿道夫·希特勒的死亡得到了官方确认?”杜鲁门回答道:“是的,是的。”

当被另一位记者问道希特勒是怎么死的时,这位美国总统说“还不知道”,并拒绝透露消息来源。他知道希特勒死了,却不知道死亡原因,这可能吗?

这一声明还有另一层含义:杜鲁门预见到希特勒因为已经死亡而不可能接受审判。如果杜鲁门知道逃跑的事情,那么他的话就另有深意了。希特勒制造自杀假象以便实施逃跑,也逃避了之后必然的审判。这也被历史证实了。事实上,杜鲁门根本没有说实话。

而从伦敦传来的消息说,对于邓尼茨在声明中说“希特勒在柏林保卫战中像个英雄一样地死去”,英国外交部部长评价为“愚蠢”(合众社,伦敦,1945年5月2日)。

混乱

但是美国全国广播公司设在欧洲的电台却和总统的表态不一致,5月3日,它发布消息:“直到欧洲时间当天14点,希特勒和戈培尔的尸体还没有找到。”第二天,许多日报的标题都是:“希特勒和戈培尔的尸体尚未找到”(《新闻报》,布宜诺斯艾利斯,1945年5月4日)。

面对盟军的进攻,希特勒的继任者邓尼茨先是把纳粹政府转移到了基尔,后来又移至弗伦斯堡。这座城市位于德国北部,北海旁边,临近丹麦。

在那些日子里,世界各大媒体都就希特勒的自杀作了大篇幅的报道,而这一消息最先是由纳粹自己发布的。然而随着时间的推移,全世界都要求看到希特勒死亡的具体证据。苏联人为了找到证据，几乎绝望了。他们检查了多具尸体，又挖掘了不少尸体，又审讯了所有被抓住的纳粹党人，还是一无所获。斯大林几乎可以肯定，希特勒已经跑了，而他的自杀，事实上只不过是德国人编造的谎言，目的是为了制造混乱，方便他组织逃跑。从莫斯科源源不断地传出的消息，几乎自相矛盾，有的和纳粹坚持的元首已死的版本完全相反。这引起了巨大的混乱和困惑。

东京电台通过日本通讯社的一个办事处发布消息称，希特勒已经在苏联的炮击下“像个英雄一样地死去”。同时，5 月 4 日，莫斯科电台说：“柏林市民相信希特勒已经开枪自尽，而戈培尔服毒自杀。”但是这家电台在同一天承认，直到那时，还没有找到希特勒的遗骸，而在他的遗骸被发现之前，盟军并不能确认他已经死亡。莫斯科电台在相关报道中说：“由于尚未找到希特勒的尸体，所以盟军还不能确认他的死讯。”这条消息被转载，同时“苏联军队已经连续第三天在柏林市中心的废墟中寻找希特勒、戈培尔和其他纳粹高官的尸体”（合众社，伦敦，1945 年 5 月 4 日）。

而苏联记者波罗科夫从柏林发来消息说：“德国国会大厦已经变成了苏军一个师的指挥处，但是还没有找到希特勒的遗骸。”（《新闻报》，布宜诺斯艾利斯，1945 年 5 月 5 日）

一双腿和两具尸体

5 月 4 日，负责寻找希特勒尸首的苏联军官之一——中校伊万·克里蒙克来到了国会大厦区域。他还带来了六名被俘的纳粹军官，他们是希特勒结局的见证者。此时，人们正在地堡中分析一具尸首，而那很可能属于第三帝国元首。据这位中校说，一位名叫楚拉科夫的士兵报告说，在大厦花园的“土里露出了一双半裸的腿”，他们挖开那儿后发现了“一个半裸的男人和一个女人的残肢”。这两具残骸被迅速检测后，又重新裹在毯子里掩埋了起来。苏联人当时作出这一决定是因为他们几乎已经认定之前提到的在地堡中找到的那具尸首就是希特勒。

可是过了一会儿，结论却说死者不是希特勒。于是，据这位苏联军官说，他立刻命令重新挖出那两具尸体。

根据克里蒙克的叙述，“5月5日上午，我们重新挖出了那两具半烧焦的尸体，他们裹在灰色的毯子中。我们把德国卫兵叫来确认尸体身份，他们毫不迟疑地认定眼前的尸首正是希特勒和爱娃·布劳恩”。据苏联人说，掩埋尸体的土坑明显是由炸弹轰击形成的。在土坑中还发现了两只死去的小狗，但和尸体不同的是，它们保存完好。

在这段叙述中我们看到一个事实：这位苏联军官说，可能有人认为纳粹党人不希望希特勒的尸体被发现，可是这个临时坟墓却是因为那儿“露出了一双半裸的腿”而被发现的。

为了证实这次发现，苏联人写了如下证明：

柏林，部队，1945年5月5日。

我，帕那索夫中尉，阿列克谢·亚历山大维奇上尉，以及士兵楚拉科夫·伊万·德米特里耶维奇、奥列尼克·叶甫盖尼·斯捷潘诺维奇、谢洛乌赫·伊利耶·耶夫列莫维奇，在此发现和安置了两具烧焦的尸体。

发现尸体的位置在希特勒国会大厦区域，靠近戈培尔夫妇尸体被发现的地方。

尸体是一个男人和一个女人。

尸体已经被火烧焦了，在没有其他佐证的情况下，很难判断其身份。这两具尸体埋在一个炮坑中，离希特勒私人防空所入口三米左右的距离，上面覆盖着一层薄土。

尸体已交由第七十九防卫军的反间谍部门保管。

（签字：中尉帕那索夫、士兵楚拉科夫、士兵奥列尼克、士兵谢洛乌赫）

从这份原始文件中我们可以看出，它并没有暗示说尸体就是希特勒和爱娃·布劳恩，但是，盟军却基于这一发现编织出自杀的故事。

更加让人迷惑的是，据合众社5月5日的报道，苏联电台发布消息称，被苏军俘获的纳粹医生汉斯·弗里茨舍供认，希特勒的尸体被“藏在一个不可能被发现的地方”。

希特勒和亲信马丁·鲍曼

第五章 希特勒在哪儿？

我们尚未找到任何可以确认是希特勒的尸体的证据，因此我们不能对他的死亡发表任何声明。直到最后一刻，他仍然有可能乘坐飞机逃离德国。另外，希特勒的秘书马丁·鲍曼曾在柏林留守到最后，但现在也不知去向。可以肯定的是，在英国军队到达之前，有一艘容量巨大的潜艇搭载着几名乘客驶离了汉堡港，其中有一个女人。

——朱可夫元帅，柏林，1945年6月9日

最后的纳粹政府

5月2日，邓尼茨把他的总参谋部从普伦转移到了丹麦边境的弗伦斯堡。希姆莱也来到了这座城市，他被说服出任纳粹新政府的重要一员。他所做的第一件事就是确认和勃纳多特伯爵的谈判有效，他试图在德国政府和苏联以外的西方同盟国之间达成协议。

自从邓尼茨履职以来，各项事务都在加紧运行。英国陆军元帅蒙哥马利的部队已经到达了吕贝克，美国兵来到了慕尼黑。

帝国新统帅需要在西边停火，以争取时间使纳粹军队从东部撤退。他的具体想法是，让德国士兵从苏联人的控制中解脱出来，然后带领大量的部队向英国和美国投降。

5月3日，负责南部纳粹军队的凯塞林元帅告诉邓尼茨，德国军队在意大利投降。同时，邓尼茨派出两位代表去和蒙哥马利元帅谈判，他们是冯·弗里德堡上将和金策尔·岑萨尔将军。德国人的条件是北部军队投降，同时为了不被共产党人所控制，要让部队向西退守。蒙哥马利

基本同意了。同时签署的还有德国在荷兰、丹麦和挪威的投降书，那些地方大概还有五十万德国士兵。5月4日，冯·弗里德堡上将在蒙哥马利面前签署了德国西北部军队的投降书。

5月5日，邓尼茨召开内阁会议。在这次会议上，希姆莱陈述了自己有关纳粹新政府的计划，它将作为一个独立的新政府展示在世人面前。他还描述了和西方国家和平谈判的具体形式。在他的设想中，他是这一系列行动的领导者。大家静静地听着，可是这位满怀抱负和幻想的纳粹高官的命运已经注定了。第二天，邓尼茨就解除了他的一切职务。

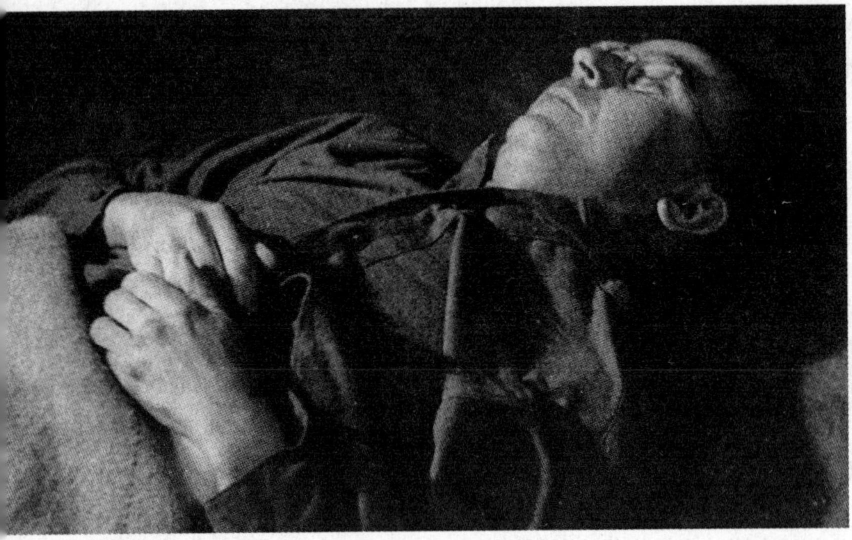

希姆莱服毒自杀

大概十五天之后，不知所措却别无选择的希姆莱决定逃走。他乔装打扮，穿上了士兵的军服，一只眼睛还贴上了眼罩。可是他还是被英国军队认了出来，并被俘获。没过多久，他服下毒药，结束了生命。

越来越多的尸体

5月6日，苏联《真理报》指出："用来掩盖纳粹帝国最后一幕罪行的遮羞布即将被掀开。科学的希特勒英雄主义神话将坍塌成碎片。"这些话似乎想暗示，希特勒并非如英雄般战死。之后在提到柏林被攻陷后留在地堡中的纳粹军官时，他们没有描述有关其身份的具体细节，只是说"其中几位已经不在人世，而其他人去了远方，但事实将很快揭晓"。

这时，两位邓尼茨的特使来到了布鲁塞尔，他们随后要去往位于兰斯的艾森豪威尔总参谋部。在那儿他们和艾森豪威尔将军的参谋长贝德尔·史密斯进行了谈判，后者要求德国全面投降。两位使者并没被授权作此决定，于是他们向邓尼茨作了汇报。这位德国总统立即委派约德尔将军去谈判。但是他被要求尽量拖延投降时间，以便为部队从东部撤离争取时间。

艾森豪威尔最终同意纳粹军队在没有盟军攻击的情况下继续退往西部，直至5月9日零点。但条件是，立刻签署无条件投降书。

5月7日凌晨，一场冷冰冰的仪式在艾森豪威尔的主持下进行，纳粹代表在美国人面前签署投降书。接下来要做的，只剩下当着所有胜利国的面，在柏林举行投降仪式了。为此，邓尼茨派遣了三名军官代表：陆军元帅凯特尔、海军上将弗雷德堡[1]和空军上将施通普夫[2]。三人乘坐飞机来到柏林，并被立即带往位于柏林郊区的卡尔斯霍尔斯特的苏军总参谋部。等在那儿的有苏联的朱可夫元帅、英国空军上将泰德、美国战略空军司令斯巴兹将军和法军总司令德·塔西尼。整个仪式大约持续了二十分钟。5月9日零点15分，文件签署完毕。德国终于投降了。

在德国投降的同时，邓尼茨命令所有潜艇终止行动。他向各船长发布命令："以我们现有的实力，继续战斗已经不可能了。各潜艇部队，你们经历了一场无与伦比的伟大战斗，现在请放下武器，这将丝毫无损于你们决绝的勇气。"

但是"放下武器"的命令并不能阻止一些潜艇继续前进。有些潜艇在此命令之前已经起锚出发了，并在接到邓尼茨命令的几个月之后依然在执行秘密任务。

谜团

5月7日，合众社从莫斯科发来消息："希特勒和戈培尔夫妇的尸首的下落，以及逃走的戈林、希姆莱和其他纳粹高官的行踪都依然成谜。"但是记者协会的记者斯达普尔得到了新的消息，并肯定苏联人已经找到了戈培尔的尸骨。斯达普尔从伦敦发出消息说："我从柏林城中得到消息，戈培尔夫妇及其孩子们的尸体已经在首都被发现。但是仍然没有找到希

1 弗雷德堡（1895~1945）：纳粹德国海军高级将领，重要的纳粹乙级战犯，第三帝国海军的末代掌门人。——编者注

2 施通普夫（1889~1968）：纳粹德国空军参谋长，一级上将。——编者注

特勒和戈林的遗骸。他俩可能跑了，也有可能尸体被严重烧焦而炭化，以致无法辨认。”

同一天，希特勒的私人医生之一、耳鼻喉专家埃德温·根森英向盟军确认希特勒的健康状况良好。2月15日，根森英曾为这位纳粹元首做过诊治，确认他很健康。这位医生回忆说，他的血压、脉搏正常，而相对于他的年龄来说，他的体能“出类拔萃”（希特勒在1944年7月受伤后也曾在根森英那儿看过病；这位医生肯定那次他只是两只鼓膜穿孔，而并非像传说中的那样是手臂受伤）。

根森英的证词强有力地驳斥了希特勒病重的传言。曾有纳粹高官说希特勒的身体每况愈下，急速苍老，情况堪忧。

希特勒的阴谋

5月8日，在德国投降的同时，地堡中发现希特勒尸体的消息在前线传开了。苏联《真理报》发布的照片造成了巨大的影响。但几小时后，苏联人发现自己上当了。几位被捕的纳粹党人说这不是希特勒，并推测说，这很可能是某个长着和希特勒相似胡须的替身，纳粹杀死他是为了制造混乱。

第二天，合众社的盟军记者约瑟夫·格里格斯肯定地说，已经找到了戈培尔及其家人的尸首，还有一些其他纳粹军官的遗骸。这位记者在他的办公室中宣布，直到那一天，希特勒的尸体还未被找到。同时，他说有四具“焦黑状炭化的尸体大致轮廓很像希特勒”，已经被抬出地堡接受进一步检查了。

另外，也是在这一天，BBC（英国广播公司）也对希特勒的命运表示了怀疑。BBC记者托马斯·卡德特从柏林发回报道说：“在地堡外发现了五个打了孔的油桶，它们被认为是用来给希特勒尸首浇上汽油并焚烧时用的。”这位记者还说，“在地堡出口外发现了戈培尔的尸体”，但没有希特勒的尸体。他还指出“在（地堡）台阶尽头，找到了一具长着黑头发和黑色小胡子的半烧毁的尸体，但检查后的结论指出，这只不过是又一个替身，而非真正的希特勒”。卡德特问起这位德国元首的尸体，一位苏联将军微笑着回答说：“至少有六具希特勒的尸体被德国人交给了红军，但是所有尸体都已经处在无法辨认的状态了。”纳粹党人分别向苏联部队呈上了不同的尸体，而且每次都肯定地说这是“真正的希特勒”。

卡尔·邓尼茨

被囚的邓尼茨

随着时间的推移，希特勒的下落不再那么受关注了。各大报纸头版的最重要标题都集中在盟军对日本的攻击上。日本那时还未投降，是轴心国中唯一坚持战斗的国家。超重型轰炸机每天都向日本本土投掷几千吨的常规炸弹。可这还只是灾难的前奏而已，几周之后，广岛和长崎分别被投下了原子弹。

另外，邓尼茨的政府依然运行着。当英美军队请求纳粹装备部帮助提供食物给平民，请求交通部清理重要路线上的障碍时，这位新总统的内阁成员们感到很振奋。一些邓尼茨的高官们认为，这些请求表明盟军已经承认了新政府的存在。德国政府于是鼓起勇气开始调查发生在集中营的大屠杀，以惩办凶手。而丘吉尔似乎用低沉的声音暗示，邓尼茨和他的人将继续行使职权。

可是对莫斯科而言，纳粹党人继续执掌政权却是真正的丑闻。斯大林希望在柏林建立起一个共产主义的德国政府，他也如此告知了杜鲁门。

美英政权无法再做偏袒了。1945 年 5 月 23 日，邓尼茨和他的部长们都被囚禁了起来。后希特勒时代的纳粹政府只持续了二十三天。

斯大林：希特勒跑了

那希特勒呢？如果这位元首确实和其他高官一样跑了，而且很可能逃往了南美洲，那么他是怎么做到的呢？又是如何穿越如此长距离的呢？

5 月，对此疑问有了以下的消息：“据可靠消息，在双方停战前不久，有几十艘德国潜艇从港口出发，之后再没出现，也很可能未被盟军发现。这也是唯一一批失去下落的德国海军装备。关于这批潜艇有好几种猜测，其中之一就是，它们被用作一些德国军官的逃跑工具，之后船员们就将其秘密销毁了。”（合众社，伦敦，1945 年 5 月 26 日）

那时，美国总统哈里·杜鲁门派出特使哈里·霍普金斯来到了莫斯科，以便组织之后要在柏林附近的波茨坦举行的同盟国领导人会晤。5 月 25 日，这位美国特使刚到达苏联首都，斯大林就来到了他下榻的宾馆，和他进行了第一次会面。双方就柏林投降后的局势交换了意见。在会谈中，霍普金斯提出，他相信“苏联军队一定能找到希特勒的尸体”。斯大林立刻反驳说，他认为希特勒没有死，而是藏在了某个地方。他还说，虽然几位苏联医生确认了戈培尔一家尸首的身份，但他本人对戈培尔一家的死也心怀疑虑。一切发生得太奇怪了，尤其是葬礼和墓地的疑点颇多。他说，他认为，鲍曼、戈培尔一家、希特勒（还可能有克雷布斯）都（乘潜艇）逃跑了，藏在了某处。而霍普金斯则说，他知道“德国人确实有一批数量可观的潜艇，但还没有发现它们的任何踪影”。他还说，不论希特勒身在何处，他都希望能够把他找出来。最后，“斯大林说自己可以肯定这些潜艇一直在德国和日本之间穿梭，从德国向日本输送黄金和其他商业资源。而且他认为，这得到了瑞士的默许。他说，苏联方面已经下达秘密任务，去调查这批潜艇，但直到此时依然毫无线索。他认为希特勒和他的军官们很可能乘坐潜艇去了日本。”谈话结束时，斯大林——掌握这一事件最丰富的信息的人对霍普金斯说：“我敢肯定希特勒还活着。”[1]

斯大林和霍普金斯之间的这次谈话在那时并未向外公布，过了一段时间，谈话内容才逐渐流传开来。斯大林和他的将军不止一次地公开表示，对于希特勒的死还缺乏足够的证据，所以这位纳粹元首很有可能已经逃走了。

需要指出的是，大概在 5 月末，苏联安全警察特派代表伊万·尼基京少校在德国首都发布消息说：“和众所周知的事实相反，希特勒既没

1 罗伯特·舍尔伍德：《一段内部历史》。

有在地堡中自杀，他的尸体也没有被火化。”[1]

差不多同时，苏联人公开指责西班牙和瑞士在纳粹出逃中提供了庇护，这两个国家在战争中一直保持中立。据合众社 5 月 29 日的消息称：“苏联评论员耶尔马绍夫在一篇国际时评中再次将攻击矛头指向佛朗哥和瑞士，因为他们很可能给纳粹罪犯提供了庇护。”

正式消息：希特勒跑了

6 月的第一周在美国人提供的各种自相矛盾的说法中过去了，其中一些说法信誓旦旦地称希特勒的尸体已经找到了。据称，希特勒的尸体由于苏联人的轰炸而被烧焦了。

苏军占领德国外交部大楼

针对这一被媒体广为宣传的说法，莫斯科方面立即给予了回应和澄清：“在位于威廉大街的外交部大楼和希特勒总理府内，确实找到了不少纳粹高官和军队首领的尸体，但都不是希特勒的。事实上，来源于盟国的有关希特勒和戈培尔死亡的消息还有待进一步确认，我们相信这两位领导人还活在德国的某个角落。”（路透社，莫斯科，1945 年 6 月 6 日）如果这则消息是正式发布的，那么就是说斯大林肯定希特勒已经逃跑了。很快就要发布正式公告了。

6 月 9 日，也就是在占领柏林六周之后，苏联人决定正式宣布希特勒逃跑了。斯大林的命令是无可争辩的，负责执行这项命令的是一位关键性的人物——朱可夫元帅。这一重磅消息的发布时机，选择在了苏联人在柏林为同盟国记者召开的新闻发布会上。记者们正是在战后第一次

1 弗莱德瑞克·宋德恩：《希特勒的最后时光》。

苏军轰炸之后的希特勒总理府

参观德国首都。

朱可夫元帅很严肃地宣布："我们尚未找到任何可以确认是希特勒的尸体的证据，因此我们不能对他的死亡发表任何声明。"但是这位苏联元帅并未就此打住，而是进一步表明希特勒可能逃跑了，"直到最后一刻，他仍然有可能乘坐飞机逃离德国。另外，希特勒的秘书马丁·鲍曼曾在柏林留守到最后，但现在也不知去向。"（合众社，柏林，1945 年 6 月 9 日）

记者们急切地想知道希特勒是否有可能已经逃离欧洲。面对记者们执着的提问，朱可夫回答道："可以肯定的是，在英国军队到达之前，有一艘容量巨大的潜艇搭载着几名乘客驶离了汉堡港，其中有一个女人。"

全世界都为希特勒逃跑的消息大为震惊。在那段时间，外国记者可以随意参观地堡，值得注意的是，苏联人没有把所谓的自杀现场保护起来。很明显，那段调查的结论是相反的。

这些事实表明苏联政府不再对这一地区给予关注，那不过是希特勒逃跑之前的栖身之所而已。当时的一篇新闻指出："对于苏联人所说的希特勒谜团，柏林人民也感到很迷惑。德国人坚持说，所有希特勒自杀的消息都是来源于柏林陷落前的英国广播电台。"（《新闻报》，布宜诺斯艾利斯，1945 年 6 月 10 日）

另外，苏联柏林城防司令伯扎林将军说，苏联方面从未发现希特勒最后的容身之所，同时表明"他可能藏在欧洲的某个地方，可能在西班牙"。

据合众社消息，伯扎林说，“发现好几具可能是希特勒的尸体，但是最终无法具体确认”。这位负责占领柏林的苏联将军曾承诺说，谁要是找到希特勒的尸首，就奖励一枚苏联英雄金星奖章。但是这枚奖章从未颁发。[1]

1 伯扎林将军后来公开确认说希特勒还活着，躲在国外。但一周后（1945 年 6 月 17 日）他死于车祸，而苏方一直没有公布相关细节。

希特勒和他的将军们在一起

第六章 希特勒之死

副官甘什发现希特勒头部中枪，爱娃心脏中枪。两人的身体都躺在沙发上。他使用的是一把七毫米口径的瓦尔特手枪。

——希特勒的司机凯姆普卡的口供，

合众社，巴黎，1945 年 6 月 20 日

官方调查

至少直到 1945 年 6 月，苏联掌握的公开资料依然表明希特勒已经逃跑了，因为没有确切证据可以证明他的死亡。纳粹编造他死亡的谎言是为了给他的逃跑设圈套，所有证词都来源于和希特勒最亲密的人，他们信誓旦旦地保证说希特勒已死。

随着时间的推移，苏联人开始把怀疑转向了英美军队。希特勒是在西方势力的保护下逃走的？共产党情报机构搜集到越来越多的消息表明，在纳粹和除苏联之外的同盟国之间确实存在一个秘密协议。于是这种怀疑越来越强烈了。

在当时的局势下，斯大林对这种可能性丝毫不感到惊讶。他的部队是有目的地占领德国的，尤其是为了得到德国最优秀的科学家和最先进的尖端技术（他们最感兴趣的是德国的核技术发展）。为了占有德国人最重要的资源，必须进行一场倒计时竞赛，对手是美国人和英国人。当苏联人开始对占领区进行搜索时，他们忽然意识到，所有有价值的东西——人、技术、外汇和档案都已经被悄悄撤走了：这一切并没有落入共产党人的手里。

斯大林很清楚，这样大规模的转移只可能在柏林和华盛顿的双方协

议下才能实现。如果这是真的，那么有什么理由把救出希特勒排除在这一协议之外呢?

当越来越多的怀疑变成证据呈现在眼前时，莫斯科毫不犹豫地认为，希特勒必定藏在某个被英美人庇护着的区域里。苏联人肯定希特勒还活着，而且明显不在共产党占领区。

在这场疑心战中，苏联人加大了赌注。1945 年 9 月，他们宣布希特勒和爱娃・布劳恩很可能还藏在德国，并在英国政府的庇护下藏在了英占区。这一大胆的推论是由苏联机关报《消息报》发布的。显然在这一爆炸性消息的背后，浮现于世人面前的是丑闻。

杀死希特勒

纽伦堡审判的日期日益临近。这是判决（战败方的）战犯们的一项国际司法程序，在人类历史上还是第一次。为了让希特勒不出席审判，这位纳粹元首的死就是必要的了。这对已经跑了的马丁·鲍曼也是同样的。换句话说，希特勒的“死”可以解决两个难题：

> 1. 希特勒不会被判决，他也不会被审判或定刑。这就意味着将来不会有对他的追踪逮捕令。
>
> 2. 这样可以消除一切怀疑，包括英国人藏匿了希特勒，或是华盛顿和伦敦成了纳粹党人的庇护伞。

这是一场弥漫着互不信任的阴谋游戏。面对苏联人的指控，西方同盟国必须出场了，他们必须对此做出回应，以证明自己并没有像莫斯科说的那样藏匿了希特勒。

那最好的办法，莫过于“证明”希特勒确实自杀了。对他死亡的确认是使英国和美国摆脱嫌疑的唯一办法。这其中最大的挑战就是要向公众舆论证明，希特勒真的已经惨死了，这样才可能终结这一话题。

为此，英国政府命令其情报局军情五处（MI5）少校休・特雷弗・罗珀就希特勒最后的结局做了相关调查。“在那段日子里，希特勒之死依然成谜。我的朋友迪克・怀特，当时担任秘密情报局局长。1945 年 9 月，他在巴特恩豪森产生了调查的想法，并派我去执行这一任务。”这位英国军官在提起调查的起因时这样回忆道。

这项工作进行得很快，大概只用了七周时间。调查主要基于人们的口供，包括4月底到5月2日待在地堡中的几乎所有纳粹党人的供述。特雷弗·罗珀几乎整个9月和10月都一直在和军人、平民交谈，希望重构起那段时间里地堡中发生的一切。

1945年10月底，特雷弗·罗珀的调查结束了。鉴于这一话题的复杂性，不到两个月的调查时间实在是短得微不足道。可是他的结果却于11月1日通过合众社的电波迅速向全世界发布：毫无疑问，证据确凿，希特勒和他的妻子爱娃·布劳恩已于1945年4月30日自杀身亡。[1]这项调查的结论形成了希特勒死亡的所有证据，而且随着时间的推移，演变成为官方历史流传至今。也是从此次对历史的错误描述出发，几千本书陆续面世，一再证明希特勒没有逃跑。这一错误一直持续了六十多年，特雷弗·罗珀的推测成了关于希特勒生命结局的唯一事实。

证据？

为了重塑这段历史，特雷弗·罗珀究竟在他的调查中获得了些什么关键性证据呢？照片还是录像？没有任何的影像可以证实希特勒和爱娃·布劳恩的死亡。

那所谓自杀现场的物证呢？也没有。当特雷弗·罗珀在事件发生几个月后进入地堡时，那儿早被扫荡一空了。

有关火化地点和埋葬地点的鉴定报告？也没有。来自医生的死亡鉴定证明？也没有。尸体解剖结果？还是没有。

对希特勒在那段日子里的遗嘱和手写公文的评估？依然没有。这些材料“出现”在了11月，而那时特雷弗·罗珀早已完成了他的调研报告。

对所有以上提到的这些相关地点的研究，包括所谓的自杀现场、焚烧地、埋葬地和解剖地，都是由苏联人负责完成。可是他们一直对此保持缄默，而且也并没有为调查提供便利。

1 调查结果于1946年在休·特雷弗·罗珀的著作《希特勒最后的日子》中公之于众。之后休·特雷弗·罗珀还写了两部关于第三帝国的作品——《希特勒的桌面谈话》（1953年）和《戈培尔日记》（1978年）。

特雷弗·罗珀承认，他的所有调查都来源于认为希特勒已经自杀的一批纳粹党人的口供。他们这些主要证人供认说，那是脑海中无法磨灭的记忆。可是如果事实确实如此，那他们的叙述就只有一个很明显的目的，即掩盖希特勒的下落。

我们不禁还要提醒一句，这些地堡中的人们为调查提供了所有的信息，可是他们当时的状态却是疯狂的，早就被苏联的攻打和对柏林心脏的炮轰吓破了胆。这种恐惧曾驱使他们在地堡中整天喝得酩酊大醉，不省人事。

证人

这段历史的关键阴谋就是“自杀说”，这完全是由参与这场骗局的纳粹党人编织的。那段叙述可以分为三个部分：

1. 想象中的希特勒和爱娃·布劳恩的自杀。
2. 尸体被发现，之后又被转移到外交部的花园中。
3. 尸体的焚烧和埋葬。

关于自杀，没有直接的目击证人。

没有任何人看见希特勒饮弹自尽，也没有人看见爱娃·布劳恩服毒自杀。

根据特雷弗·罗珀的叙述，关于尸体的发现和转移的目击证人如下：阿克斯曼、凯姆普卡、戈培尔、鲍曼、林格、甘什、拉登胡伯、鲍尔、布格多夫、斯达姆普菲格医生，还有几名未知的党卫军成员（很可能是军官林德洛夫和瑞瑟尔）。

其中几位证人不可能接受官方调查者的询问：

1. 戈培尔和布格多夫自杀了。
2. 斯达姆普菲格死在了逃跑途中。
3. 鲍曼失踪了，下落不明。
4. 林格、甘什和鲍尔被苏军抓获，此后数年一直被囚禁在

苏联的监狱中。

5. 调查中提到的党卫军成员，据说参与了尸体的转移和焚烧，在被猜测是希特勒火化之后的第二天，就永远消失了。

在以上所有这些所谓希特勒自杀的目击证人中，特雷弗·罗珀唯一能接触到的就是凯姆普卡了。在他的第一份报告中也没有阿克斯曼的口供，因为他逃走了，那会儿正躲在巴伐利亚阿尔卑斯山中，六个月之后他才向盟军投降。特雷弗·罗珀的第一份报告完成于1945年年底，在其中他构建了自杀理论，正式“证明”了希特勒的死亡。一年之后，他又综合其他搜集到的少量证据，写成了他的著作《希特勒最后的日子》。在这本书里，他加进了一些新的信息，尤其是苏联政府的指责和质问。

对于所谓的火化，除了上面提到的证人以外，他还加入了一些目击者疑窦丛生的叙述，包括党卫军士兵汉斯·霍夫贝克、赫尔曼·卡瑙、艾利赫·曼斯菲尔德和约翰·拉滕胡贝尔。

即使特雷弗·罗珀确实见到了几位战犯证人，但他显然不可能和最重要的战犯交谈，因为他们都在苏联监狱中。他采访过希特勒的司机艾利赫·凯姆普卡、希特勒的私人秘书葛达·克里斯蒂安和特劳德尔·琼格，以及鲍曼的私人秘书艾尔斯·克鲁格。他们供述，关于自杀的叙述都是通过甘什和林格的二次转述得知的。这位调查者也承认，除了克鲁格和琼格之外，其他几位“信息来源也是一样的”，暗示了共同的原始信息源（地堡中甘什和林格的讲述）。

直到几年后，这段官方历史才因加上了苏联人关押的纳粹党人的口供而得以丰富。他们在经受了种种酷刑之后，大约于二十世纪五十年代被释放。其中有些人再也没有回来，人们相信他们都死在了苏联的集中营中。

事实就是，这位英国调查者当时不可能得到关押在苏联的德国人的口供。特雷弗·罗珀也承认，在自己的工作中没有和苏联人合作，他说过“苏联人不能提供拉滕胡贝尔、鲍尔和林格的口供来丰富我们的信息”。

另外一个事实是，这位英国调查者最终忽视了这些证据。谈起这些被苏联关押的纳粹党人，他说：“显然他们不可能给我们提供什么新信息，除非拉滕胡贝尔还活着，他可能向我们指出希特勒和爱娃·布劳恩的埋葬地点。”在这些重要人证中，特雷弗·罗珀显然遗漏了甘什，他以为甘什早已自杀，而事实上他一直在苏联人的手中。

无论如何，时至今日这段历史现已广为人知。而这位受命还原历史的调查者，当时确实只搜集到了凯姆普卡漏洞百出的证词，而后者是他能接触到的有关希特勒死亡的唯一一位直接证人。

官方历史

如果说在本书的前几章里我们已经看到了部分官方历史的说法，那么接下来我们就从另一个角度来看一下其他更出彩的章节吧。从中可以看到，其中的证言错误百出，自相矛盾，大大降低了它的可信度。

根据特雷弗·罗珀的叙述，“希特勒认定柏林的命运已经注定，于是他想在4月20日乘坐飞机前往贝希特斯加登，准备在那儿指挥最后的抵抗。可是到了那天，他却决定延迟出发日期”。他又写道，从4月22日开始，“希特勒平静了许多，因为他已经作出了最终的决定”。根据这个英国人的说法，希特勒的最终决定就是自杀。就在希特勒于地堡中宣布自己准备自杀的决定当天，他命令所有的参谋部成员往南方转移。同时他批准地堡中的人可以逃走，因为在他的计划中只想留下最少数的证人，亦即留在地堡中的几位高级将领。

根据特雷弗·罗珀的猜测，自杀的决定让希特勒“平静了下来”。他保证说，在那天之后的八天内，尽管苏联人不断缩小在地堡周边的包围圈，但是直到最后的死亡时刻，希特勒只是表现得更加冷静。

根据官方报告，4月29日晚上，“希特勒和爱娃·布劳恩在地堡的小会议室举行了婚礼”。特雷弗·罗珀说：“庆祝婚礼很可能是爱娃·布劳恩自己的主意,而且她还利用自己的影响力成功说服希特勒留在首都。”

我们看见在这段叙述中，关于地堡中发生的一切，完全出于这位英国调查者的自由演绎，没有任何的证据，也并非根据任何证人的证词。在没有佐证的情况下，他把爱娃放到了整个事件的中心，认为是她说服了希特勒结婚并留在柏林。

继续来看接下来的叙述，“4月30日凌晨2点30分，希特勒把二十多人召集起来，向他们正式地握手告别”。那时，出口附近放置了一百八十升的汽油。当天下午2点30分，夫妇俩又在地堡的其他房间巡视了一遍，向众人致意。“接下来，希特勒和他的妻子就再次回到了他们的私人房间。之后，希特勒扣动了扳机，可能是对着嘴里，而爱娃·布劳恩则服下了致命的毒药。”

这位调查者用了“可能”这个词，那是因为在说起希特勒中枪的准确位置时，几位证人出现了分歧，导致特雷弗·罗珀最终也无法得到一个统一的结论。当纳粹党人打开房门进入时，“他们发现希特勒平躺在浸透了鲜血的沙发上。他的嘴里中枪了。爱娃·布劳恩也躺在沙发上，已经死去。在她的旁边有一把左轮手枪，但她并没有使用，而是选择了服毒。那是下午三点半”。

主要证人

在报告发布一年之后，特雷弗·罗珀据此写了一本书——《希特勒最后的日子》。他在其中提到的最重要的证人就是希特勒的管家海因茨·林格、希特勒的副官奥图·甘什和希特勒的司机艾利赫·凯姆普卡。这三位希特勒的心腹之所以被认定为核心证人，是因为和其他人不同的是，他们承认亲眼看到元首和他年轻的妻子自杀身亡。另外，他们还说自己参与了转移尸体和在外交部花园中焚烧尸体的任务。

之前已经说过，前两位证人和鲍尔及其他纳粹党人一样，一直在苏联关押着。林格和甘什先后于1945年5月被苏军俘虏。特雷弗·罗珀无法采访到他们，只能依据苏联人提供的证词。而后一位知名人物凯姆普卡则被盟军擒获。凯姆普卡供认说自己和马丁·鲍曼及其他几位纳粹党人一起逃离了地堡。据他说，“希特勒的影子”鲍曼死于苏联人的炸弹。

即便这些证人都证明希特勒自杀了，可是，在这些希特勒最亲密的人中，却出现了相互矛盾的叙述。而且，其他被关押的纳粹党人被完全忽略了，他们本应该也接受审问，可是他们却对此次调查一无所知。但恰恰是这些不准确之处撼动和摧毁了这段官方历史，以至于让其毫不足信。合理的解释是，他们奉上级的命令，学习了一段虚构的历史，并在此后讲述，以掩盖希特勒逃走的事实。

奥图・甘什

纳粹军官奥图・甘什于 1945 年 1 月被任命为希特勒的私人侍从。他回忆说，4 月 30 日希特勒命令他于下午一点来到他的办公室。在那儿他说自己和妻子准备自杀。他命令甘什确认二人自杀之后已经死去，如果有怀疑，则必须再次射杀他们。之后他还要负责焚烧尸体。

甘什保证说，希特勒夫妇 30 日在地堡中向众人告别时他就在场，之后，当夫妇俩进入元首的房间之后，他一直和管家林格守在门口。据他的叙述，下午 3 点 30 分他和鲍曼、林格一起打开了房门。他这样写道：

> 大约在下午 3 点 30 分，当鲍曼、林格和我打开元首私人房间的双重门时，我们看见阿道夫・希特勒坐在靠着左墙的长沙发旁边的扶手椅上，就在我们眼前。他的头歪着，右边的太阳穴不断涌出鲜血。那血已经在地毯和地板上积聚成了一摊，聚成了一个坑。可以看到他是用自己的瓦尔特 PPK 手枪向右太阳穴开枪的。1945 年 4 月 22 日晚上，在经历了参谋部一次混乱的会议之后，他就把它从桌子里取了出来，一直带在身上，放在安全的位置……过了一会儿我捡起了阿道夫・希特勒用来自杀的那把枪，我确认他就是用它开枪的……我不知道在开枪前，希特勒是否服毒了。但我认为这很有可能……不论是我关押在苏联时，还是 1956 年 5 月返回德国后，面对军情局专家们的审问，我的证词都是一样的。

分析这段供述之后，我们发现它和官方的原始叙述有一处细微的差别：甘什说枪击在右太阳穴，而特雷弗・罗珀在询问了几位证人之后得出的结论是，致命的枪伤“可能”是在嘴里。

甘什还说，当时希特勒躺在一把扶手椅上，而且在地毯上形成了一摊鲜血。那或许并非像其他证人所说的那样，希特勒夫妇死的时候，是躺在同一把扶手椅上。

艾利赫·凯姆普卡

司机艾利赫·凯姆普卡，当时是外交部车库的负责人，管辖着六十位司机和四十辆卡车。他后来写了一本情节详细的书——《我焚烧了希特勒》。

在这本书里，我们可以看到以下的对话：

——我需要你尽快给我弄到二百升汽油。（甘什说）

——干什么用的？（凯姆普卡问）

——我不能在电话里告诉你，但我马上就需要它们。（甘什说）

——我这儿一滴油都没有了，只能去挖藏在动物园那儿的储备汽油了。（凯姆普卡说）

——那你尽快去安排，但是一定要在夜里十二点前给我带来二百升汽油，然后你把它放在紧急出口前面。（甘什说）

外交部周围停着很多被炮击损坏的汽车。凯姆普卡说在这次通话后，他就开始从汽车油罐里一点点地收集汽油。这花了很长时间，费尽周折之后他终于在夜里十二点左右收集了大约一百八十升汽油。当他带着汽油到达地堡时，才得知希特勒已经自杀了。“我很热爱我的元首，他对我而言就像一位老朋友。”他写道。

凯姆普卡说，之后他来到了希特勒的房间，在那儿，阿克斯曼静静地待在尸体旁边。最后，关于自杀的景象，他这样写道：“副官甘什发现希特勒的枪伤在头部，而爱娃在心脏部位。两人都躺在一张沙发上。用的是一把口径七毫米的瓦尔特手枪。”（合众社，巴黎，1945 年 6 月 20 日）

在凯姆普卡的回忆中，希特勒夫妇是躺在同一张沙发上的。他的枪伤在头部，而她在胸部。而其他证人却没有说爱娃死于枪击，而是说她服毒自杀。

海因茨·林格

党卫军军官海因茨·林格，当时是外交部的人事主管。据他供述，4月30日，希特勒和爱娃进入了自己的房间，他们并不打算活着出来。回忆起这一时刻时,他肯定其他人都离开了那儿,只有他和甘什守在门口。他们奉希特勒之命，在他死后守住入口。

提起希特勒的自杀，他说："按照他的指示，我在那里放了两把上了膛的手枪。一把是瓦尔特 PPK，口径 7.65 毫米，是警察专用型号；另一把的口径小一些，是 6.35 毫米，是给爱娃用的，或者在希特勒愿意的时候用来替换第一把。突然我们听到了一声枪响，那大概是下午三点半，没有第二声枪响，过了一刻钟，当我比较肯定的时候，我进入了房间。元首坐在一张长沙发上，他在右太阳穴上开了一枪——并不是像别人说的，在嘴里。那把手枪掉在他的脚边，血流到了地毯上。在他的旁边，爱娃也一动不动地半躺在沙发上：她已经服毒了。"

林格解释说，为了把希特勒的尸体抬到地堡外面，他被裹在了一张毛毯中，盖住了他满是鲜血的脸。另外，林格还供认说，是希特勒自己要求收集大量的汽油，用来焚烧自己和爱娃的尸体。他还肯定地说，收集燃料的任务交给了艾利赫·凯姆普卡。

根据他的回忆，希特勒夫妇当时坐在同一张沙发上。希特勒右太阳穴中枪（在他的第一份供词中，林格说是左太阳穴），爱娃是服毒自杀，心脏并没有受伤。

证人的相互矛盾之处

为了不让读者感到那么无聊，我们不再分析休·特雷弗·罗珀采访的几十个证人的证词，因为我们已经列出了几位最主要的证人。这位英国调查者采访的大多数人都是在停战之前最后几天待在地堡中的人。但是他们其中不少人并没有出现在所谓的自杀现场，更没有出席遗体的火化仪式。也可以说这些人的叙述都来源于别人的转述，因此，其证词价值不大。接受采访的人包括军官、希特勒参谋部成员、警卫、其他地堡工作人员以及几位在当时出入地堡的纳粹党人。但是，其中向特雷弗·罗珀肯定自己亲眼看见希特勒和爱娃在地堡中自杀的只有凯姆普卡，另外两个关键性证人给苏联军队提供了口供，但他们几个人的口供在细节上有出入。

我们在这三位主要证人的证词中列举出了一些矛盾之处，虽然他们在某种情况下也曾改变过口供：

林格在被苏军抓住后，于1955年和鲍尔一起被释放。他供述说，希特勒和爱娃死的时候是在同一张沙发的两端。一开始他说，希特勒的枪伤在左太阳穴，但是后来他又改变口供说，实际上是在右太阳穴。而事实上，苏联人迄今为止保存了一块据说是希特勒的头骨，上面有一个枪眼，却是在颅骨的后半部分。也就是说，这颅骨属于一个往嘴部开枪的人。

甘什也被苏联人俘虏。他在前后相隔十年的两段供述中提供了两个完全不同的版本。在第一个版本中，他说，希特勒的尸体是在一把扶手椅上，爱娃是在沙发上。但是在之后的一个版本中，他又说两人是死在同一张沙发上。关于希特勒受枪击的位置，他肯定地说是在右太阳穴上。

凯姆普卡被西方同盟军俘虏。在他不知道林格和甘什已经供认时，他在第一份口供中说自杀发生在4月13日。后来，他又把时间更改为4月30日，这一改动使得他和那两位被苏联人俘虏的同伴供述的时间一致了。他说，希特勒夫妇死的时候，爱娃躺在沙发上，希特勒坐在同一张沙发上。另外，他还确认说，希特勒的枪伤在嘴里，爱娃的枪伤在胸口。一段时间之后，凯姆普卡又承认说，事实上当时他没法儿看清希特勒的脸，因为脸被毛毯盖住了，所以他看不清楚枪伤具体在何处。最后在1974年，他已经老了的时候，凯姆普卡在接受采访时承认说，希特勒自杀的时候，他并没有在地堡中，他是之后才赶到那个地方的。“1945年，为了保住我的生命，我对审问我的美国人和英国人说了他们想听的话。”这位希特勒的司机说。[1]

尸体呢？

直到现在为止，我们不难发现，关于自杀的场景，这些证人提供的

1 詹姆斯·欧·多内尔：《地堡》。

信息并不一致。而在说到搬运尸体、火化的具体位置以及火化的目的时，他们的证词又出现了大量的矛盾之处。

另外，在说到怎么具体火化和最后剩下哪部分遗骸时，也出现了很多不同的说法。带着已经炭化的皮肤的骨头？只剩下烧焦的骨头？烧得只剩骨灰了？

最后，在这些纳粹证人的口供中，关于怎么处理希特勒和爱娃的遗骸，也没有一致的说法。

这三位主要证人凯姆普卡、林格和甘什，他们都肯定地说，除了他们之外，进入自杀现场的还有戈培尔、鲍曼和阿克斯曼，他们看见了两具尸体。甘什说，那会儿他还叫来了路德维希·斯达姆普菲格医生。

凯姆普卡说，他看见林格和斯达姆普菲格医生用毯子把希特勒的尸体裹了起来。他还说，他们俩一起抬起了尸体，把它带了出去。根据凯姆普卡的叙述，鲍曼负责转移爱娃的尸体，她当时还穿着前一天婚礼上刚用过的黑色礼服和羊皮鞋。

他回忆说，林格和斯达姆普菲格把希特勒的尸体裹在毛毯里运了出去，鲍曼双臂抬着爱娃。

林格说："我慢慢地踏上了通往地堡出口的四十级台阶。"

凯姆普卡说，爱娃对鲍曼并没有什么好感，"可是那会儿却是他抬爱娃出去的"。随后，凯姆普卡阻止了鲍曼，然后对甘什说："你去照顾元首，我来负责爱娃。"鲍曼就把爱娃的尸体交给了他。当他抬起希特勒的女人时，凯姆普卡发现，"她的左半边身子全是湿的"。但是，这并不是我们一开始以为的血，而是水（水的源头是一个摔落的花瓶）。

走到台阶的一半，凯姆普卡已经没有力气而不得不停了下来，甘什就上来帮忙。短暂休息之后，他们就把希特勒和爱娃的尸体都抬到了外面。

根据这些证人的叙述，当他们到达花园时，那儿还在被持续炮轰。据官方历史记载，斯达姆普菲格和林格把希特勒的尸体放在距地堡出口三米处，然后退回到了出口处。

向上的台阶

在当时抬尸体到花园的人里面，可以采访到的是林格、凯姆普卡和甘什，其他人要么死了，要么失踪了。比如说，其中几位参与整个过程的党卫军士兵，直到今天为止，他们的名字还不为世人所知。

1945年，凯姆普卡供认说，他不能肯定抬到地堡台阶上的那具尸体一定是希特勒的。“那具尸体被毯子包裹着，我只能看见和希特勒日常所穿很相似的黑色裤子和皮鞋。”凯姆普卡说。

在第一次口供中，凯姆普卡说，爱娃穿着黑色的礼服，但是在第二次口供中，他又说，爱娃穿的是带白点的蓝色礼服。

另外，当林格和甘什被苏联人释放出来之后，他们也说，当时运尸体到地堡外的时候，他们并没有看见脸，因为都被盖住了。

同时，蒙克说，爱娃裹在毯子里，并没有穿鞋，但是凯姆普卡说她穿着鞋。

林格的口供说：“我们把希特勒的尸体放在离地堡不远处的花园里，然后甘什带着爱娃的尸体出现，并把它放在了希特勒的旁边。两具尸体紧挨着，脚指向地堡出口。”[1]

但甘什的说法正相反：“我把他们俩的头部对着地堡出口方向，从地堡出口看出去，爱娃躺在希特勒的右边。”

“希特勒的尸体被运到了花园中，用一条灰色的毛毯裹着。在他的旁边放着爱娃的尸体，埋在一个事先挖好的坑里。”凯姆普卡说，“当他们点火焚烧尸体时，我就离开了花园。我不知道后来发生了什么，但是我不相信希特勒和爱娃的尸体被烧得只剩骨灰了。”

火化仪式

斯达姆普菲格和林格把希特勒的尸体放在了外交部的花园里，林格说：“凯姆普卡把费了很大功夫弄到的汽油桶聚集到一起，然后他们一起把汽油浇在尸体上。当这件事情完成之后，我们肯定没办法点着火苗，因为外面都是苏联的炮弹引起的爆炸和冲击波。于是，我重新回到了地堡中，只有在门后面，我才能点燃一部分被油浸过的纸。”

林格说，他把纸团扔向尸体，大火立刻就着了，燃起的火焰足有两三米高。这时，鲍曼、戈培尔、斯达姆普菲格、林格、甘什和凯姆普卡

1 安顿·约什塔勒：《希特勒最后的日子》。

向尸体行了最后的纳粹礼。对甘什来说，这真是一生中最令人恐惧的时刻。这些希特勒的助手们还说，他们也不知道尸体燃烧了多长时间。

当我们分析这一火化过程时，我们可以推测，这些浇在希特勒夫妇身上的一百八十升汽油，大部分都流到了地上，地上有很多沙子，汽油被地面吸收了。由于大部分汽油渗入地面，能浸湿衣服的量其实很有限。

在最充分燃烧的情况下，汽油的燃烧温度能达到 1300 至 1500 华氏度，这一温度无论如何也不可能像有些证人说的那样，把骨头变成骨灰。关于这一点，需要说明的是，我们平常使用的火化炉因为有耐高温的外墙包裹，内部温度能够达到 1800 华氏度。在这一温度下，骨头才可能化成灰。尽管如此，为了要在仪式后将死者的骨灰装盒交给死者的亲人们，这些骨头还需要再进一步地碾磨成灰。

林格、凯姆普卡和甘什都说他们没有等到整个火化仪式结束就离开了。也就是说，他们并没有完成希特勒的遗愿。据官方说法，希特勒曾经请求他们一定要确保他的尸体不留下任何残骸。

另外，守护希特勒尸体的恩里克·曼斯菲尔说他从保卫塔的高处看到了尸体的火化过程。那个塔距离事发地点约二十米，是用来执行防卫任务的。他说，当时的风是往他的方向吹过来的，所以浓烟挡住了他的视线，而且他是透过一扇玻璃很脏的窗户看到的。所以在那种情况下，他不可能辨认出两位死者的身份。

赫尔曼·卡瑙

元首私人卫队军官赫尔曼·卡瑙说，他看见了希特勒夫妇的尸体在外交部花园中被焚烧的过程。1945 年时卡瑙三十二岁，他穿过了苏军控制的领域，向加拿大军队投降了。他后来接受了美国第二十一军团的审讯。他在证词中说“希特勒死于 5 月 1 日”，也就是说，比其他证人说的日期晚一天。

谈起往事，这位纳粹军官说：

“那天下午五点左右，我返回了地堡中，可是那儿几乎空无一人了。后来我在附近寻找，终于碰到了施德勒，他是希特勒参谋部的一员。他当时看上去痛苦万分，几乎哭喊着说：‘元首死了，正在被焚烧。’我离开地堡，发现希特勒和爱娃·布劳恩的尸体都躺在沙地上，距离紧急出口三米左右。希特勒背朝地躺着，膝盖微微弯曲。爱娃·布劳恩躺在他旁边，嘴巴张开着。两个人都快被烧焦了，但还认得出来。我认出了爱娃·布劳恩的黑色低跟鞋和深色裙子，还有希特勒的棕褐色的制服和他的脸，虽然他们被烧了快一半了。”（路透社，1945 年 6 月 20 日）

另外他还说，希特勒的“头破了”，因此面目“很狰狞”。卡瑙并没有像其他证人说的那样，看见他们躺在坑里，而且他坚持说他们俩“还是很容易辨认的”。

根据这份证词，尽管身体被烧焦了，但是爱娃·布劳恩的皮鞋和裙子，还有希特勒的衣服都没有被烧掉，他就是通过这些认出死者的。而事实上，衣服当然应该是首先着火的。

艾利赫·曼斯菲尔德

卫兵艾利赫·曼斯菲尔德说 4 月 30 日下午，他在外交部花园中出乎意料地碰到了一伙丧葬队，他们抬着尸体从地堡中出来。当时他在那儿散步，直到意识到这场仪式的重要性时，他还不知道发生了什么。

他肯定地说，那具所谓希特勒的尸体完全裹在毯子里，根本看不见他的脸。

曼斯菲尔德被凯姆普卡赶了出去，后者没想到会出现这个不速之客。之后他就从瞭望塔上往下看，但是就像他之前所说的那样，从那儿根本看不清死者是谁。他说，后来他又回到了那儿，那时其他人都已经走了。“当浓烟散去，便露出了两具烧焦的尸体”，同时他保证说，它们已经被烧得“支离破碎了”。

在夜晚埋葬?

根据特雷弗·罗珀的调查结论，关于尸体的焚烧，曼斯菲尔德和卡瑙的叙述“基本一致，只是时间不一样。他俩把日期搞错了”。

特雷弗·罗珀选择相信前者的叙述。他这样解释道：“曼斯菲尔德说的时间比较准确，且至少他比较肯定，而卡瑙说的就不那么准确了。

如果我们相信曼斯菲尔德的说法,尸体是在下午四点左右(这几乎很准确)开始焚烧的,六点半还在烧着。拉滕胡贝尔的命令是,葬礼要在'晚些时候,夜间举行',然后尸体是在晚上11点左右被掩埋的。"

另外，他还说，晚上10点30分拉滕胡贝尔进入警卫室，叫了几个心腹去“掩埋骨灰”。拉滕胡贝尔后来被苏联人俘虏了，在严刑拷打下他终于承认，他并没有看见希特勒的尸体，也没有出现在火化现场。他解释说，他是通过林格的讲述才知道希特勒自杀了。

根据曼斯菲尔德的说法，那时尸体烧得只剩下了骨灰，可是后来，直到今天，最重要的一段历史一直都在研究所谓希特勒的遗骨。

而当时在场的另一位卫兵汉斯·霍夫贝克说，他能看见葬礼的火光，但事实上无法辨认燃烧着的尸体的身份。霍夫贝克说晚上八点左右，就烧得只剩骨灰了。

同时，帝国保安队的哈里·梅格豪森说，他透过外交部的窗户，看到了希特勒和爱娃·布劳恩的尸体是怎么被焚烧的。但这份证词显然也是骗人的，因为两者之间的距离足有一百多米，所以就那么看一眼根本不可能判断出燃烧的尸体的身份。梅格豪森还说，是他挖了一个将近一米深的坑用来掩埋尸体。按照他的说法，那是两具尸体，而不是骨灰。

遗骸

凯姆普卡说两具尸体都埋在了花园里，正对着他的房间的墙。但是挖开之后，在那儿却什么都没找到。

拉滕胡贝尔说他并没有下令埋葬尸体。这和甘什的供词完全相反。甘什肯定地说，就是拉滕胡贝尔命令党卫军军官林德霍夫去花园给尸体下葬的。林德霍夫无法接受审问了，因为他在逃离柏林的途中被杀了。

1953年11月13日，卡瑙说，他是在1945年4月30日下午五点看见两具残骸的。第二年，也就是1954年6月30日，他又说：“我没有看见骨头，只找到一堆骨灰，我用手一碰它们就散开了……”

而电气工程师约翰内斯·亨舍尔则说，5月2日他在花园中只看见了被烧焦的戈培尔夫妇的尸体，并没有看见希特勒和爱娃·布劳恩的尸体。[1]

综上所述，可以看出有些证人坚持说尸体烧得只剩下了骨灰，而另一些人则说尸体还是完整的，只是烧焦了而已。

希特勒的秘书琼格供认，她听甘什说，希特勒的骨灰被装在一个盒子里交给了阿克斯曼，但后者却对此否认。而甘什却向苏联人保证，两具尸体都葬在了距离地堡出口一米远的一个弹坑中。

特雷弗·罗珀在他的报告中得出结论，可能“两具尸体被烧得面目全非，无法辨认，之后被分开并埋葬了”，但是这一说法其实不过是个推测而已。

而林格则告诉一位秘书说，尸体“已经按照希特勒的命令，被烧得什么也没有留下了”。

特雷弗·罗珀这样写道：

> 要实现完全的燃烧基本上不太可能。一百八十升汽油，在黏土上缓慢燃烧，可以把肌肉和衣服烧光，而骨头却能承受这一高温。但是遗骸一直没被找到，也许是被粉碎之后，和其他尸骨混在了一起。它们可能是和战死的保卫外交部的士兵，还有费格莱因一起被葬在了花园里。在那儿挖出来不少这样的尸骨。又或者，像甘什所说的那样，骨灰被装在盒子里运出了外交部大楼。也许所有的解释都不准确。最初的调查很有可能太漫不经心了……

这位英国少校并没有调查清楚尸体的下落，他只是在猜测，没有相关的任何确切证据。在经过了大量的调查之后，特雷弗·罗珀的最终思考听着像首诗，完全忽视了它的重要性：“希特勒已达到了最后的目的。就像阿拉里克一世[2]被葬在布森托河一样，这位现代文明的摧残者被葬在了一个不为人所知的地方。”

也就是说，这位英国情报局少校最终的结论是，不知道希特勒和爱

1 唐纳德·麦克凯尔：《希特勒，幸存的神话》。

2 阿拉里克是日耳曼语族的名字，意思为“所有人的统治者”。阿拉里克一世是西哥特人首领，贵族出身，在罗马帝国军队中服役。一般认为，他是西哥特王国的缔造者。公元395年被推举为首领，乘罗马帝国分裂之机率西哥特人起事。公元410年，他率领西哥特人攻陷了罗马并大举劫掠，回军途中病逝。——编者注

娃·布劳恩的尸体究竟发生了什么。

既没有火堆也没有炮坑

除了上述证人证词的相互矛盾之外，为了知道那里究竟发生了什么，我们必须打破关于自杀发生地的几个传说。

首先，外交部大楼是一幢占地超过两万平方米的建筑，它并没有被完全摧毁。它只有一个次要出口被五百公斤的炮弹炸过，留下了几个炮坑。从外观上看，外交部花园并没有遭到很大的破坏。所有的树都还耸立着，枝干也没有损坏，花园还保持着原来的设计。

在这儿，苏联人并没有在离地堡出口三十米处找到一个弹坑。

另外，根据苏联人的勘察，从外表上看，地面上并没有一个区域曾经存在燃烧几小时的火堆（戈培尔夫妇尸体火化的时间很短，因此他们的尸体只是被部分烧毁）。这也清楚地表明，那儿不曾举行过火化仪式。

有照片表明，在紧急出口和瞭望塔附近留下了很多木头，它们是用于外部建设的。但所有这些木头都没有烧焦或损毁，也就是说，它们并没有受到炮弹或火灾的影响。

另外，戈培尔夫妇的遗体除了烧焦的以外，还留下了被苏联炮火损坏的痕迹。

在那儿有一个呈“L”形的沟，约六十厘米深，这是为了建造紧急出口保护墙而挖的地基（也许戈培尔夫妇的尸体就是在那里被焚烧的）。

那儿还有一架混凝土搅拌机，是汽油动力的，油桶散落在花园中。地堡基本保持完整，只是一片狼藉。

汽油桶

许多年以来，在苏联人拍的照片和影像中，都能看见外交部花园里散落着一些空油桶，它们被作为希特勒夫妇火化的证据。据说，其中装的汽油是用来燃烧尸体用的。

但还有一种说法，一位曾经在那里工作过的泥瓦匠说，事实上这些桶里装的是搅拌机混合水泥用的增碳剂。另外，他还说，当苏联人的炮火越来越密集时，他和其他工匠们一起离开了那个工作的地方。他解释说，他们四散奔逃，于是那些油桶就被丢弃在了那里。[1]

在官方叙述中，也有很多不能自圆其说的细节。

比如说，凯姆普卡说，4 月 30 日他们向他要汽油，最后他只弄到了一百八十升（他们要求的是二百升）。这些汽油全都用来焚烧希特勒夫妇的尸体了。但是，如果没有更多的汽油可用了，那么第二天戈培尔夫妇的尸体又是如何焚烧的呢？又是用什么烧毁了希特勒的办公室呢？

最后，不得不说，1946 年 5 月苏联人的调查表明，在所谓火化希特勒夫妇尸体的地方，根本没有找到任何汽油的痕迹。

血迹

甘什说，在自杀现场，“鲜血是从椅子上流下去的，流向了地毯”。但是，也没有找到相关证据。根据信差莱曼的叙述，希特勒受枪击之后，“鲜血从太阳穴喷涌了出来，弄脏了嘴部，但没有溅到房间其他地方”。[2]

苏联侦探确认说，他们在希特勒的椅子上找到了一块血迹，另外，在红色的地毯上还有一块直径三十厘米的血迹，距离希特勒夫妇自杀的沙发约六十厘米。这块血迹不可能是从椅子上流下来的。这是两块不同的血迹，中间没有任何关联之处。没有人知道，这块血迹属于谁。

苏联调查者们并没有在希特勒自杀的地方找到任何毛发或脑部碎块。

酷刑

由于意义重大，我们不得不提起苏联方面囚禁的证人遭受了残酷的审讯。这表明，斯大林纠结于希特勒可能逃跑的事实。苏联情报部门逮捕了八百多名参与搜寻希特勒下落的人员。其中三十多位关键证人在莫斯科和柏林被残酷审讯，他们的证词足有上千页。

其中几位被指控为战犯并被关押了十几年。苏联人甚至还逮捕了希特勒的亲戚，想要获取更多的资料。比如说逮捕了希特勒的一个远房姐姐，

1 胡安·萨利纳斯·卡洛斯·德·拿玻利：《南部海外》。

2 阿敏·雷曼：《在希特勒的地堡中》。

她是一位奥地利农妇，最后一次见希特勒是在 1907 年，而且这位农妇的丈夫也被逮捕了。

海因茨·林格光着身子被绑起来鞭打，直到他冲着审讯者们叫起来："希特勒还活着！"甘什和林格在卢比扬卡监狱中受尽酷刑，最后他们终于承认,他们曾供认希特勒已经自杀,唯一的目的是掩盖希特勒的逃亡。但他们也不知道他究竟逃到了哪里。从在地堡中听来的只言片语推测，希特勒有可能在西班牙或阿根廷。[1]

后来，两人都说，他们这么说是为了不再受酷刑折磨。

飞行员鲍尔在 1955 年重获自由回到西方国家之后，他说他也有过同样的经历。

这些关押在共产党监狱中的纳粹证人都曾被要求用日记体形式写下在地堡中最后几天的经历。

苏联人甚至还根据每位证人提供的信息，用玩偶来再现当时的情景，安排几方对质，还要求证人们画出现场的草图，以此来发现证词中的一致或矛盾之处。

如果这些都是真的，而且持续了几年，那么很显然，这是因为苏联方面一直缺乏关于希特勒自杀的关键证据。

如果关于希特勒的死有一个一致的最终结论，那么以上所有的努力都是毫无意义的。

这些最重要的证人要么死在了苏联监狱中，要么在 1953 年斯大林去世之后的几年中被陆续释放。

记忆模糊?

和其他作者一样，特雷弗·罗珀在写到希特勒失踪时，试图给口供中日期的混乱下一个定论，说有可能是证人因为待在地下而弄不清时间。这一说法显然毫不可信，尤其是对于和希特勒最亲密的人来说。

这些希特勒的左膀右臂们，当他们接到明确的指令时，绝对会非常关注钟表和日历，尽管他们可能不见天日。也许这就是他们和大部分平民不一样的地方，因为他们还想着怎么弄到水和食物，怎么从柏林地堡

1 胡安·萨利纳斯·卡洛斯·德·拿坡利：《南部海外》。

中逃生。

另外，如果那些目睹希特勒死亡的人居然没能在脑海中铭记下那震撼人心的场景的细节，这实在令人难以置信。这不是一场战斗的场景，而是唯一的、印象深刻的、任何人都毕生难忘的一幕场景。尤其是那些观众都是希特勒身边最亲密的、最受信赖的人。纳粹元首的死亡现场造成的刺激和轰动足以使每一个细节都最深刻地印在他们的记忆中。因此，证词中如此多的分歧显然会让人感觉迷雾重重。

不完整的证据

"证据虽不完整，但却是客观存在并牢不可破的。"这是特雷弗·罗珀在报告中的最后一句话。在报告中，他肯定希特勒已经自杀。在只有"不完整"的证据而且没找到尸体的情况下，居然没有人反对如此宣布一个人的死亡，实在让人惊讶。从逻辑上来说，这是不可以接受的；从结论上来看，也存在疑点。

这位英国调查者后来又出人意料地肯定道："没有证据可以证实最近流传的消息——希特勒仍然活着。这些传闻都需要经过严密的调查才能得出结论，很显然它缺乏依据。"

但是，他指的是什么调查呢？谁也不知道。当这位英国调查者写下以上断言时，盟军的情报机构还在继续追踪希特勒的下落。有大量的官方文件可以证明这一点，不过这些文件在当时是保密的，而今天却已不知所踪。

在没有关于所谓自杀现场确切证据的情况下，特雷弗·罗珀在很短的时间内就得出了希特勒和爱娃已经死亡的结论。而苏联人只是在那儿找到了几块血迹而已，但是这毫无价值，因为无法证明血迹和希特勒或者其妻子有关系。另外，当这位英国少校去现场考察时，地堡里早已空无一物。在希特勒失踪几个月之后，那儿并没有因为要保护自杀现场的永久性证据而被封锁起来（因为根本就没有发生过自杀）。地堡对苏联游人开放，而他们把所有自己认为有价值或者有"纪念意义"的东西都拿走了。特雷弗·罗珀几年后也承认说，当他到达地堡时，"地堡已经被洗劫一空，水漫到了脚踝处，也没有电"。

在缺少证据的情况下，特雷弗·罗珀只凭几位纳粹党人的证词就写下了这份最终的报告，并于 1945 年 11 月 1 日对外发表。在文件中，这位英国人毫不怀疑地说，希特勒夫妇已经自杀了。

这并不是特雷弗·罗珀一生唯一的相关工作。1983 年，他又与其他专家（埃伯哈德·耶克尔和格哈特·温伯格）一起鉴定了一批文件，那是真的“希特勒日记”，然而，不久后这份日记就被证明是伪造的。特雷弗·罗珀不得不承认，他和同伴们犯了错。从那时起，他的竞争对手们就称他为“造假勋爵”（这是对他的调侃，从 1979 年开始他被称为戴克勋爵或格兰顿的戴克男爵）。专以讽刺见长的英国杂志《侦探》也给他取了个别号——“休止·哇雷·落屁”（意为“水准差到极致”）。

最后的证据

2005 年，所有人都以为那段历史已经尘封。这时，当年的党卫军士官、年老的罗胡斯·米施[1]却向媒体说起了半个世纪前他对苏联人的供述。他在柏林陷落时被苏军俘虏。希特勒自杀时，他在地堡的话务中心工作。

八十多岁的米施有了新的供词，他说，他看见“希特勒斜躺在一张桌子上”，鲜血从他头部的枪击处流出。他肯定地说，爱娃·布劳恩就躺在希特勒身边，已经服了氰化物。“爱娃躺在沙发上，膝盖朝上，头对着希特勒的方向。”米施在纪念战争结束六十周年的采访中回忆道。

这位前党卫军士官回忆说，他跑上楼梯去告诉他的长官这一消息，当他返回房间时，希特勒的尸体被放在了地面上的一张毯子上。“然后他们把他裹了起来，一边裹一边说：‘我们在干什么？’当他们把希特勒带走的时候，经过我身边，大约三四米的距离。我看见他的鞋从毯子下面露了出来。”但是他说他不记得是谁抬着尸体了。

那时，米施二十七岁，是党卫队阿道夫·希特勒卫队装甲师的成员，这原先是由希特勒的私人保镖组成的。

这位纳粹士兵在莫斯科和哈萨克斯坦附近的监狱被关了九年，在那儿，他被不断审问有关希特勒结局的情况。

1 罗胡斯·米施（1917~2013）：曾是希特勒的贴身保镖。1940 年至 1945 年期间，日夜守在希特勒身边，直到第三帝国的灭亡。他是最后几个离开地堡的德国军人之一。战后，他在苏联被关押了九年，释放回国后隐居一隅。——编者注可以看出，他的叙述又给我们呈现了希特勒尸体的另一番画面：躺在一张桌子上。这和甘什、林格及凯姆普卡等三位关键证人的口供不一样。

分歧

我们没必要在这儿分析有关希特勒自杀的所有纳粹党人的每份证词，当然我们已经看到了主要的证词。但不得不说的是，在这些证词中存在着极大的相互矛盾之处。

不仅不同的证人提供的证词不同，同一位证人也提供了前后几个不同版本的证词。主要的分歧在于：

1. 希特勒使用的武器摆放的位置。有三个版本：地面上、在他旁边、在他腿上。甘什说他看见枪在希特勒尸体旁边。但是事实上，这把手枪再没有出现过，或者找不到相关证据。爱娃·布劳恩那时用的枪也找不到了。

2. 希特勒死亡的方式。苏联历史学家说希特勒死于氰化物中毒。[1] 也有证词说，希特勒先服毒，然后用手枪自尽。[2] 还有一种说法，是甘什或林格对希特勒开枪的（这是苏联调查者列夫·别西缅斯基的一种设想），这一说法一直未得到证实。有几位证人说希特勒的枪伤在右太阳穴（甘什），有几位说在左太阳穴（林格在他对苏联人提供的第一份证词中），还有人说在嘴里（凯姆普卡和阿克斯曼）。此外，还有这样一些说法：希特勒死于脑溢血发作，或是死于苏联的炮轰，或是被注射致死。

3. 弹痕。在莫斯科保存着一块据说是属于希特勒的头骨碎片。这是头骨后半部，上面有一个洞，是嘴部中枪的痕迹。如果是这样的话，那么子弹击穿头骨之后，应该射向地板或墙面的某处。但是，苏联军队经过仔细勘察，并没有找到任何线索。在希特勒的房间里也没有找到弹片、弹壳或是爆炸的痕迹。

4. 尸体摆放的位置和方向。有几个不同版本：一起在沙发上；分别在沙发两端；坐在不同的沙发椅上。尸体是躺着，还

1 列夫·别西缅斯基：《阿道夫·希特勒之死——未知的苏联档案》。
2 希特勒的私人飞行员汉斯·鲍尔离开苏联监狱时的供词。

是坐着，互相抵靠着，还是都朝后或是都朝前，说法都不一样。

5. 包裹尸体的布料。用的是床单、毛毯，还是地毯？

6. 把尸体从地堡运到外交部花园的人。至少有三个版本：被甘什和凯姆普卡抱出去的，被鲍曼和林格抬出去的，还是被不知名的党卫军士兵用两个担架抬出去的。当时鲍曼、戈培尔和斯达姆普菲格在干什么，也说法不一。

7. 确切的埋葬地点。大家都说是葬在外交部花园里，但是对临时墓穴和地堡出口处的距离、坑的深度说法不一。帝国保安队的哈里·梅格豪森在被苏军释放之后说，坑是他挖的。他说坑有一米深，两具尸体被放在三块木板上下葬。其他证人说是埋在一个炮轰形成的弹坑中。而苏联的最后官方说法是，尸体几乎是在地面表层被找到的，甚至其中一具尸体的双腿都露出了地面。后来又有了新说法，苏联人找到了裹在地毯里的烧焦了的希特勒尸体。这一新信息是苏联元帅契科夫在 1964 年 2 月提供的，他参加了 1945 年 4 月对柏林的占领。在莫斯科认可的他的自传中，这位苏联军官说："我肯定，1945 年 5 月 2 日，当苏联第八防卫军团的士兵们冲进德国外交部大楼时，他们看见了一条毯子裹着的希特勒烧焦了的尸体。"[1]

8. 尸体的状况。有证人说尸体没被彻底损坏，还可以辨认；有人说由于烧焦了而无法辨认；还有人说烧得只剩下了骨灰，埋在了一个不知名的地方。而特雷弗·罗珀则说，残骸被分成了几部分，分别埋在了不同的地方。

9. 死亡日期。4 月 13 日（凯姆普卡的第一份证词）、4 月 30 日（几份证词）和 5 月 1 日（卡瑙），还有不同媒体公布的希特勒死亡日期，大约在 1945 年 4 月最后一周的不同日子。

没有判决

在此我们停留片刻，来关注一下这一谜团中的关键点：时间线。我

1 契科夫：《契科夫元帅回忆录》。

们从时间轴上来重新审视一下历史。为什么这位英国调查者要在如此短的时间内完成这件事情？是什么原因驱使他快速得出结论？紧急之处在哪儿？

这次调查的结果将作为官方意见载入历史，而这次调查如此仓促的原因却始终被忽视和回避，不曾公开分析过。那就是，当年 11 月纽伦堡审判就要开始了。这是历史上第一次为了审判战犯而举行的国际审判。

如前所示，如果在审判之前确认希特勒的死讯，他的名字就会被排除在法庭之外。事实上也确实这么发生了。就在针对纳粹党人的审判开始前十九天，特雷弗·罗珀给出了结论，确认了希特勒自杀的假设。

这种推论可信吗？能否出于某种利益“宣布”他的死亡？能否出于不可告人的目的巧妙地改写历史？

面对苏联人对英美两国帮助希特勒逃跑并为其提供庇护所的指责，确认希特勒已死显然就为他们自动洗清了嫌疑。

然而，如果承认希特勒跑了，那么这位纳粹元首就要接受缺席审判。法律程序允许在罪犯缺席的情况下，对其作出指责和审判。对马丁·鲍曼就是这样执行的，尽管他也同样是下落不明。有几位纳粹党人坚持说，他已经在逃跑时死于苏军的炮火，但也有人说他成功逃离了。由于对他是否活着依然表示怀疑，纽伦堡法庭最终缺席审判了鲍曼，并判处他死刑。[1] 希特勒却没有被审判，而这一情况早就在 5 月 2 日被杜鲁门总统预知了，他说他“确实死了”。而那时，所有人都不知道希特勒的下落，这位美国总统却在毫无证据的情况下，提前肯定地说这位纳粹元首已经死了，所以不会再被审判。

斯大林希望希特勒能被列入纽伦堡审判的名单中。尽管他一直坚持这一观点，但是由于特雷弗·罗珀快速结束了调查，并事先宣布了结果，他的要求就不可能实现了。

希特勒有可能在没有通缉令、没有判决的情况下继续活着。不可能对这位逃亡中的帝国元首发布逮捕令了。因为官方宣布，希特勒已经死了。

1 鲍曼被找了很久，但都没有找到。二十世纪七十年代有消息说在外交部大楼附近找到了一具遗骸，官方认定是鲍曼，并说他死于 1945 年。随后，这具遗骸被火化，骨灰被撒入大海。但直到今天对他的真正死因和死亡时间还有争议。有调查者指出，至少在二十世纪五十年代时鲍曼还生活在阿根廷。

1939 年 9 月 1 日，希特勒在国会宣布向波兰开战

第七章 尸体

那些真正知道而且能记起真相的人，他们不想记起来，或是故意遗漏了最重要的细节。这在甘什和林格的证词中十分明显。如果他们确实知道，那么肯定知道更多信息，可是直到他们被释放，他们也不曾提供更多信息去讲清事实……证词中的混乱和不一致毫无疑问地表明，逃出了地堡的希特勒的同谋们，企图掩盖真相。

——苏联军队原情报部门官员列夫·别西缅斯基

尸体

在上一章中，我们给各位读者分析和比较了关于希特勒和爱娃·布劳恩所谓自杀的各种证词的矛盾之处。有趣的是，随着时间的推移，同样的证人也曾提供不同的证词，尤其是在谈到死亡的细节时。另外，任何法院也不可能仅凭小部分纳粹党人的证词就判定希特勒已经死亡。这就像是在审判盗窃案的法庭上，我们只听取被告的证词，尽管他们有时随意叙述。要形成严肃的司法结论，希特勒死亡一案需要提供更多的证据：非纳粹党人的供词，有关尸体的文件、照片和录像以及物证，等等。可是什么都没有。

那么到了二十一世纪，在证人都已经陆续死去，又过去了这么多年，要发现事实的真相有什么行之有效的方法呢？答案是：对确定存在的希特勒部分遗骸进行研究。爱娃·布劳恩的遗骸已经没有了，因为苏联人说，她的尸骨已经被完全焚毁了。

对法医来说，“尸体是会说话的”，因为（即便在死后很多年）尸体可以提供可供研究的证据和特征。即便是那时候的专家们，也完全有

"一战"时的希特勒（最左侧）

能力对这疑窦丛生的死亡做出研究和分析。

或许对于所谓希特勒尸体的鉴定结果早就有了，首先，尸体是否真的是希特勒。身份确认后就可以判断出死因。这在1945年就可以实现，而且他们也确实这么做了。但是不仅没有搞清楚真相，而且对这具所谓希特勒遗骸的研究还给苏联人造成了巨大的困难。由于不能确认尸体的身份，斯大林在得知结果后大发雷霆，坚持认为这位德国元首已经跑了，而这是操纵苏联将军和情报部门的大骗局。被共产党最高领袖控制的苏联媒体一再说，希特勒在美国人的保护下藏在了西方某国。

这位苏联领袖直到去世那天（1953年3月5日）还一直坚信：他最大的敌人逃跑了。

在斯大林去世之后，一些被苏联关押的证人重获自由。他们坚称希特勒已经自杀了。之后出现了各种发现希特勒和爱娃·布劳恩的尸体的官方消息，而在此之前，这丝毫不为人所知。为了修改历史，在政府高层究竟发生了什么？是什么利益驱使他们将逃跑的事实变成了编造的自杀？

此外，我们也要注意到这些年来不为人所知的关于遗骸的调查。它是否已经查清，苏联人在1945年5月第一个星期找到的那两具尸骨是真的属于那对有名的夫妇，还是逃跑的纳粹党人把其他人的尸体留在了外交部花园中用来混淆视听？

鉴于上述事实的重要性，我们再来看一下现在流传的有关希特勒死亡的不同版本。

发现

在柏林战役中，斯大林曾命令苏联情报机构的精英分子进入该地区，以寻找情报机构需要的材料。在1945年5月2日到4日之间，情报机构的人员彻查了整个地堡。根据现有材料，他们在那儿发现了几具尸体。一进去，他们就看见克雷布斯将军和布格多夫将军已经死了。他们坐在地堡走廊上的一张大桌子前，桌上满是酒杯和酒瓶。他们饮弹自尽，其身份由于他们的委任状而得到了确认。

之后他们又在床上发现了戈培尔的孩子们的尸体。“看着孩子们的尸体真是令人恐怖。其中表现得最痛苦的好像是最大的孩子——海尔格。她碰伤了。而其他孩子虽然死去了，却只是平静地躺在那里。”苏联军官鲍里斯·波勒沃夫这样回忆道。医生们推测，可能在给她服毒时，海尔格醒了过来，并试图挣扎反抗，因此形成了血块。

根据苏联的说法，在同一个房间里还找到了自杀的戈培尔夫妇的尸体。或者说在花园里火化之后，有人把约瑟夫·戈培尔和马格达·戈培尔的尸体挪到了这里。

但苏联人不知道谁转移了尸体的位置。“尽管两具尸体都被火烧过，但约瑟夫·戈培尔的脸还能辨认。”鲍里斯·波勒沃夫说。之后他们又发现了两具尸体，一男一女，埋在一个炮弹坑里。在那个坑里还埋着两条狗。狗的尸体保存完好。据说这是希特勒的狗，他最喜欢的布隆迪。

苏联人立即开始对这些尸体展开调查：一男一女、克雷布斯将军、戈培尔夫妇和他们的孩子们，还有两条狗。其中几具尸体，也就是戈培尔夫妇和另一对夫妇的尸体已经被汽油烧过了，其他尸体则相对完整。对于那对烧焦了的不知名的尸体，在记录文件中并没有说它们属于希特勒和爱娃·布劳恩，只是这样记载：“那对尸体已经被烧得面目全非，在没有其他证据的情况下，无法辨认其身份。”所有尸体都被立即运到了位于柏林郊区的布赫，那儿有一群医生着手进行鉴定。

尸体解剖

苏联法医福斯特·什加拉夫斯基中校带领团队对以上十三具尸体进行了解剖。引人注意的是，上述解剖并不包括布格多夫将军的尸体，而根据苏联人的记录，他是和克雷布斯将军一起被发现的。此处遗漏了关于布格多夫将军的尸体的下落。

解剖于 1945 年 5 月 9 日完成，但直到 1993 年，俄罗斯政府才对外公布解剖报告，此外还有几位前克格勃成员的口供。根据苏联人的说法，唯一不能确认身份的就是那两具从弹坑中挖出来的尸体。

什加拉夫斯基医生给每具尸体都写了报告，一共十三份，包括两条狗的报告。5 号和 6 号报告分别属于约瑟夫·戈培尔和马格达·戈培尔。报告显示，两具尸体被部分烧毁，且半裸着，容貌还可以辨认，甚至还残留着部分衣服。

关于那对被烧成炭状的神秘夫妇，其解剖报告编号是“12”和“13”。这份文件首次提到希特勒和他的妻子，“推测可能是希特勒和爱娃·布劳恩的尸体”。

一般来说，最重要的人物应该被编号为“1”和“2”，但是不知什么原因没有这样做。难道那两份文件是后来加进去的吗?

面目全非的尸体

编号为“12”的这个人的文件表明，尸体被严重烧毁，尤其是右侧，估计那半边火烧得更加厉害。尸检报告显示，尸骨有几处缺失，比如两臂少了一些骨头，右臂破碎，前臂和手缺失；左臂部分缺失，也没有手。另外，右腿的股骨和胫骨都有骨折，左脚缺失。还少了几块头骨，尤其是没有留下弹孔的头骨。上颌骨破损，且松散，可以清楚地看到，嘴里有带着金牙冠的义齿托。在他的颌骨处发现了一些玻璃碎片，散发着苦杏仁味，这是他们服用的毒药氢氰酸[1]的气味。尸体的高度是 1.65 米，比希特勒矮，希特勒身高为 1.73 米。

尸检显示，一个睾丸缺失。这一结果未曾发表，因为希特勒的医生不曾为他的性器官状况作过类似的记录。因此，后来有一种说法说希特勒是性无能。

根据法医的鉴定，编号为“13”的女性尸骨已经和编号“12”的尸骨一样，被烧得炭化了，因此几乎无法辨认她的外貌。这具尸体高 1.50 米，而爱娃身高为 1.63 米。有证据显示，尸体受过重创，是机枪扫射所致，在体内还找到了一些子弹碎片。最主要的内伤在心脏和肺部。同样在她的嘴里也有一个金色的义齿托和带着氢氰酸气味的玻璃碎片。

需要指出的是，所有十三具尸体，包括两条狗的尸体在内，都有玻璃碎片，这可能是他们服用毒药时咬碎瓶子留下的。

在谈到所谓希特勒和爱娃的尸体情况时，医生们说根据嗅觉观察所知，他们都是服毒而死。于是我们不得不据此联想到，这两具尸体是因为服毒而死之后就被焚烧了，所以留下了氢氰酸的气味。

1942 年 7 月，希特勒和爱娃在牵着狗散步

另一个需要注意的资料是，两条狗的尸体与编号为“12”、“13”的那对夫妇的尸体不一样，它们保存完好，没有骨折的痕迹，甚至还保留了皮毛。

苏联人认为，其中一条狗就是希特勒的爱犬布隆迪，但是，那条在坑里找到的很像希特勒宠物的狗却和真正的布隆迪颜色不同。而且除了布隆迪之外，在 4 月的最后一周，至少还有两条狗

1 氢氰酸是无色的剧毒物质，是现在所知的最烈性和最快速致死的毒药，一微克就足以致命。——编者注

留在地堡的狗圈里。一条属于希特勒的私人秘书克里斯蒂安，它被卡瑙灌了毒药。

没被辨认

苏联人一方面有两具尸体，另一方面还关押着很多纳粹证人。海因茨·林格和奥图·甘什都曾在希特勒自杀后见过尸体，而且把尸体移到了外交部花园中进行火化。那么，至少应该把他们叫来辨认尸体，这才符合逻辑，但是这并没有发生。

“先不说法医的鉴定，只说既然苏联政府有希特勒的尸体，但却不曾让被关押了十年之久的林格、甘什和地堡中的其他证人进行指认，这实在是很奇怪。而他们却不管证词的统一与否，只是在无数不人道的审讯中坚持说希特勒还活着。甚至在 1946 年还把他们重新带到了柏林，以重现地堡中的场景，目的是确认希特勒已经自杀。林格说，他被审问了无数次，问希特勒究竟是死是活，是否已经逃离柏林，是否有替身代替了他。当林格问审讯者是否找到了希特勒的尸体时，他们回答说他们找到了很多尸体，但不知道希特勒的尸体是否就在其中。”[1]

根据牙齿确认身份？

牙齿是辨认身份的最重要信息之一。人类的牙齿是人体中最坚固的部分，比其他任何部分都不易腐败，用来补牙的材料也是最坚固、最抗腐蚀的。牙齿的缺失、排列和假牙等各种信息的总和，可以构成身份鉴定的唯一依据。

近一段时间，俄罗斯政府说对希特勒尸体的身份鉴定已经可以实现了，因为他们找到了希特勒牙医工作室里的牙齿 X 光片，还有他的牙医记录以及一个备用的金义齿托。他们还把后者同从尸体嘴里找到的假牙进行了对比。

在法医进行秘密鉴定二十多年之后，在此期间始终对鉴定结果秘而不宣，现在他们居然想向公众公布希特勒的义齿托的奇怪故事。

1 伊恩·柯肖：《希特勒（1936~1945）》。

1918年10月，摄于军区医院，后排右二为希特勒

这次解释是由俄罗斯人叶莲娜·勒热夫斯卡娅讲述的。1945年，她参加了占领柏林的苏联军队。她是一位金发碧眼的漂亮姑娘，爱说话。因为能说流利的德语，当时她被命令检查在地堡中发现的所有秘密文件。那时，各种流言蜚语都在说希特勒逃出了柏林，她的任务就是从秘密文件中找出证据证明希特勒已经死了。

叶莲娜·勒热夫斯卡娅说，她是第一批进入希特勒地堡的人，在那里她看到了戈培尔六个孩子的尸体。“看着那些孩子真是让人受不了，他们的两颊还是那么红润，好像他们只是睡着了一样。我们把他们带到了地堡旁的小花园里，用白色床单将他们盖上。戈培尔的尸体被烧了，但是还能认得出来。”在提到发现纳粹的宣传部部长时，她这样回忆道。这位苏联军官说，当时她在地堡中被通知，发现了希特勒和爱娃的尸体。“看到他们的尸体真是让我身上起了一层鸡皮疙瘩。那么多人因为他的过错而死去……成千上万的人啊！而他正躺在我的面前。”但她又说，她没有去观察尸体的细节。然而，和她的证词相反，苏联的技术人员一开始并没有确定那就是希特勒的尸体。

不过，法医还是记录下了那具尸体的牙齿特征。只需要和希特勒的牙齿记录作比对就可以确认了。

那时，叶莲娜和瓦西里·戈尔布申上校接到命令在柏林寻找希特勒的牙医。他们找到了克特亨。她是希特勒的私人牙医布拉施克教授的一名助手。她于5月7日被捕。苏联人认为她可以确认那几颗假牙是否属于希特勒。

另外，共产党人还找到并逮捕了牙医弗里茨·艾希特曼，他也曾为希特勒提供过牙齿护理服务。艾希特曼被带到了离柏林四十八公里处的菲诺市。在那儿的一栋楼里，他们要求他根据记忆画出希特勒的牙齿图，于是他就画了一幅牙齿的素描图。带着这份笔记，苏联医生们去了另一个房间，回来时，他们说“正好吻合”。然后他们就展示了带着假牙的尸体下颌骨，他们似乎把它带到了那里。

也就是说，不论是艾希特曼，还是克特亨都认为遗骸上的假牙和金牙冠是希特勒的。根据这个版本，他们还把希特勒的牙齿资料都交给了苏联人，以便他们得出结论。根据莫斯科的说法，那两位牙医还提供了更多的东西：一副假牙的复制品。

构建证据

我们不应该这么天真。纳粹党人在制造迷雾以掩盖真相方面并非小学生，他们是真正的专家。他们可以精巧地用各种证据来编造一个希特勒自杀的故事。从这个角度出发我们知道，为了掩盖逃跑的细节，他们已经下令销毁了所有纳粹高官的X光片、医疗记录和牙齿信息，目的就是为了避免被鉴定身份。

在逃跑之前，1945年4月20日，金发女郎克特亨在位于库尔费尔斯滕丹大街213号的牙科诊所里接到了一个电话，这是她的老板、纳粹党人的牙医雨果·布拉施克教授打来的，他正准备离开。几天之前，布拉施克教授曾叫克特亨把所有的资料、X光片以及模型打包，这样他可以把它们运送到南方去。布拉施克说，他希望外交部大楼里的成员可以“在一天之内转移到其他地方去，而我们将跟他们一起”，这明显是暗指地堡中的纳粹元首。[1]于是，所有纳粹高官的牙科档案都被密封起来以免落入苏联调查者之手。

这一命令得到迅速执行，包括牙齿结构在内的所有档案信息都失踪

1 科纳利乌斯·瑞恩：《最后的战役》。

了，当然大部分被销毁的材料都是关于希特勒的……不过，他们可以制造一些新的假证来迷惑苏联人。我们可以想象，事实是德国人给苏联人留下了一些容易获取和找到的资料，但是显然其中的信息都是错误的。这里我们指的是德国牙医们交出的有关希特勒的牙科资料、手绘的牙齿素描图和假牙复制品。

这完全是一个圈套，让苏联人在不知不觉中吞下了诱饵，而猎人就把他们引向了想让他们去的方向。纳粹党人的目的很明显：证明希特勒的自杀。

根据叶莲娜 1965 年的回忆，事实上德国牙医们交给她的材料是证明那具尸体身份的最有力证据。这个女人把从烧焦的遗骸上取出的所谓的希特勒的下颌和牙齿装在一个里面带有红绸子的箱子里，然后运到了莫斯科。[1] 只有她、斯大林以及她的两位上司知道这件事情。之前在德国被克特亨和艾希特曼确认过的证据很轻易地被运走了。

在监狱

这些证据被运到了莫斯科，同时，这两位德国牙医则被关进了苏联的监狱中。他们在那儿被多次审讯，并被要求凭记忆画出希特勒的牙齿结构。艾希特曼在莫斯科的卢比扬卡监狱被关押了九年。重获自由时他说，他已经上交了“一幅素描图，还有对爱娃·布劳恩和阿道夫·希特勒的牙齿的书面描述，以便于重造他的假牙模型”。[2]

得益于他的帮助，苏联人最终成功造出了一副和希特勒的假牙类似的模型，或者说是第三副假牙。三副假牙？是的。我们来回忆一下：一副在尸体上，一副是纳粹牙医交给苏联人的“备用件”，还有一副就是莫斯科制造的假牙。

克特亨当时被关押在莫斯科的布蒂尔卡监狱。这副新的金假牙和其他假牙一起展示在她面前，让她确认哪副是希特勒的假牙。这就像是一个猜谜游戏，用来验证苏联牙医制造假牙的水平。克特亨在一盒子假牙中把它挑了出来，说这很像是希特勒用过的那副假牙。这是和克特亨关

1 叶莲娜：《希特勒的结局》。
2 皮尔·伯宁：《爱娃·布劳恩和阿道夫·希特勒》。

在同一个监狱中的德国人莉泽洛特·施巴尔克讲述的。和二十世纪五十年代释放的艾希特曼不一样，没有人知道克特亨后来的命运，据说她死在了监狱中。

1945 年 7 月，这位被苏联人逮捕了的德国牙医提供的证据流传了出去。也就是说，大家都知道克特亨提供了希特勒死亡的“关键性证据”，暗示了那具尸体上的下颌和牙齿确实是希特勒的。

为了寻找证据，美国人和苏联人做了同样的事情，他们追捕了为希特勒服务过的牙医。他们很幸运，找到了牙医雨果·布拉施克教授，他于 1945 年被盟军抓获。从 1934 年到希特勒死之前不久，布拉施克一直都是他的牙医。调查者们要求他凭记忆画出希特勒的牙齿图。那时美国人宣称他们有一张希特勒 1944 年拍的头部 X 光片。在这张片子上只能看见一片阴影，那是假牙所在的位置，可是无法具体观察假牙的形状。于是美国人把 X 光片和布拉施克的图作了对比，但结果并不明确。虽然大致特征吻合，却也发现了重要的差别。一个显著的差异在于，在 X 光片中可以看见一个用钩子固定住的活动装置，但是在布拉施克的牙齿还原图中却没有发现。

“牙齿掉了出来”

回顾这段历史，我们发现有一个很重要的材料一直被忽略了。那就是苏联将军特尔措夫斯基的证词，他在发掘现场看见了所谓希特勒的尸体。

他是这样描述那具尸体的：“烧毁得很严重，但除了枪击造成的碎片以外，头颅还是完整的。牙齿已经掉了出来，被放在了头旁边。”[1]

这位高级将领的描述中有两个和官方历史“不一样的地方”。第一，墓里的头颅是完整的，但是官方版本说，那儿少了一块头骨，直到一年之后才在此处又被苏联士兵发现了。第二，有人把“牙齿”放到了头骨旁。如果这位军官说牙齿“已经掉了出来”，那么他显然指的是希特勒那著名的假牙。但是，没有任何证人（甘什、凯姆普卡或林格）说过希特勒的牙掉了出来，也没有人说谁把假牙放在了尸体头骨旁。

1 科纳利乌斯·瑞恩：《最后的战役》。

那么事实到底是什么呢？有人把希特勒的假牙复制品放到了尸体头骨旁，是为了让他被认作希特勒吗？

来自小说的片段

根据苏联人提供的资料，我们一起来重述一下这部苏联间谍小说：

1. 在对所谓希特勒尸体的解剖中，发现了假牙，并精确地记录了牙齿的特征。但是却没人提到，假牙是放在尸体嘴巴外面的。

2. 克特亨和艾希特曼被逮捕，并确切地说假牙是希特勒的。不仅如此，他们还提供了一副希特勒的备用假牙和牙科记录，以便苏联人作比对。于是我们至少有了两副同样的假牙了。或者说，纳粹党人有多副假牙（至少一副），可以用来放在任何一具尸体旁。

3. 叶莲娜·勒热夫斯卡娅负责把假牙运到莫斯科保存。

4. 克特亨和艾希特曼被送到了监狱中，并在那儿继续接受盘问以证实希特勒的死亡。

由于他们的配合，苏联人得以制造出了一副新假牙。

在尸体解剖之后，那具既没有颌骨又缺少部分头骨的所谓的希特勒尸体，于1946年被秘密运送到了苏联第三集团军驻地——德国东部的马格德堡。而尸体的其他部件则被运到了莫斯科，据官方说，并被一直保存在那儿。

更多疑问

两具尸体完全烧焦了，有服毒的痕迹，旁边的两条狗保存完好。对尸体的这些描述实在让人起疑。第一个不相信这对夫妇就是希特勒的人是斯大林。

很奇怪的是，这样两具最重要的尸体被苏联人发现时几乎就埋在地面表层。这和纳粹证人的口供有很大出入，他们说希特勒的尸体被埋在地下两米深，以保证不被苏联人找到。

尸体解剖过程被录像了。但是在这些影像中，丝毫看不清尸体的细节。至少值得注意的是没有用高质量的影像和照片，以至于呈现效果很差，让人无法辨认尸体。尽管苏联人说他们的照片质量很好，但是如果这些影像公布的话，现代高科技足以戳穿整个自杀骗局。苏联人展示了某木箱的一些照片，并肯定地说其中装的是希特勒的尸体，但是照片很模糊，根本看不清尸体的任何细节。

而且苏联法医提供的资料十分有趣，和官方确认的不一样，我们可以看见那两具尸骸根本不像是希特勒和爱娃的。尤其是，那两具尸体受伤严重，并且完全不符合希特勒和爱娃的特征。

官方历史说，希特勒和妻子在自杀身亡之后，被整个烧毁并掩埋了。而这两具尸体却受伤严重。关键是，虽然这两具尸体的伤势很重，但是所有参加尸体搬运和焚烧的证人都不曾提到过这一点。据说，其中一具尸体的骨头像是受到了炸弹袭击，而另一具则像是被机枪扫射过。难道这只是一个被机枪射死的女人和一位被炸死的士兵吗？在当时的情况下，这样的尸体实在是太多了……

尸体炭化

至于那对无名夫妇的尸体的烧毁情况，应该不会超过火堆焚烧的尸体的破坏程度。那样的尸体会被局部烧焦，就像戈培尔夫妇的情况一样，但肯定不可能烧至完全炭化。

就像前面说过的那样，人的尸体要完全烧掉需要超过 1000 摄氏度的高温。这只能在焚尸炉中或密闭的空间中完成，而在露天绝不可能，因为那样的热能无法聚集，会散失到大气中。

而苏联人找到的那两具完全炭化的尸体，倒是很符合在燃烧的坦克中发现的死者状况。这时的坦克已完全变成了一个金属锅炉，其中的温度能烧到最高。这也像是被燃烧弹击中的死者，完全被烧死。

苏联法医描述的这两具残骸，一部分骨头破损，一部分缺失，他们和地堡中的纳粹证人所讲述的希特勒夫妇的尸体有什么关系呢？

不准确的证据

1945年，斯大林不得不面对德国人的说法：希特勒已经自杀。德国方面说，由他们自己人确认过的尸骸可以大致证明那就是希特勒和爱娃·布劳恩，但是他们对此并没有任何保证。斯大林凭直觉感到这是德国人的一个阴谋。他要求更准确地验证尸体的真实性，他不想留下疑问。于是，他把克格勃头目拉夫连季·巴夫洛维奇·贝利亚派到柏林，去调查、重检尸体解剖结果。

没过多久，斯大林得到消息，“贝利亚确认那不是希特勒的尸体”。当时的档案显示，这位践踏了《苏德互不侵犯条约》的敌人就像流水一样，从紧合的手指间流了出去。这次逃跑是精心策划的，就在重重包围了柏林城的苏军眼皮底下发生。希特勒在准备抓捕他的敌人的包围圈中活了下来。

识破这个骗局之后，依然有几位苏联将领坚持说，出于国家名誉的考虑，应该宣布希特勒已经死了，而不能承认他在苏联人的眼皮子底下逃跑了。但是苏联领袖斯大林却认为应该向全世界公布，他已经跑了，同时盟军情报部门正试图追查他的下落。

斯大林又派总检察长安德烈·维辛斯基去柏林，他的任务是把调查结果交给朱可夫，并命令他召开记者招待会，向全世界宣布希特勒已经逃跑。新闻发布会于1945年6月召开。

安德烈·维辛斯基又陪朱可夫来到了法兰克福，他们在那里就苏联方面对于希特勒命运的结论正式通知艾森豪威尔将军。

通过这种方式，苏联正式通知美国，希特勒逃跑了。

可以看出，在莫斯科有所谓的希特勒的假牙、牙科记录，还有被逮捕的牙医口供以及当时在地堡中的证人的口供。斯大林决定深入调查尸体，1945年12月，他正式批准成立一个科学调查小组，由犯罪学专家彼得·谢曼诺夫斯基主持，幕后则是贝利亚在控制。这个小组详细地分析了由什加拉夫斯基进行的尸体解剖。

在重新检查了所有证据之后，调查小组认为，如果苏联人手中的遗骸是希特勒，那么“这也是一个不确切的结论”。

由此可以看出，苏联人对两具尸骨进行了解剖，一男一女，但是尚没有任何确切证据可以证明他们就是希特勒和爱娃的尸体。

历史的回声

1953年斯大林逝世之后，苏联政府开始散布各种信息诋毁斯大林，包括他对希特勒逃亡的结论（也是这一年，苏联政府以叛国罪枪决了贝利亚）。另外，他们还释放了关押在柏林的纳粹证人。脱离了苏联人的控制之后，这些纳粹证人都对西方国家说，希特勒确实在地堡中自杀了。二十世纪六十年代，当时的苏联政府发表声明说，希特勒已死。这一说法再一次甚嚣尘上。

从逃跑到自杀，当时的国际背景中又发生了什么样的利益转变呢？是什么促使国际政治局势要“杀死”希特勒？国际高等政治阶层是怎么转变了战略目标？几大世界强国又是如何交换利益的呢（包括在希特勒死亡的官方说法上）？

斯大林死后两年，德国宣布了希特勒和爱娃·布劳恩已死。这一宣布的依据是“死亡推测”法，但并没有关于死亡的任何证据。这一文件，标志着官方宣布了希特勒的死亡。

十年之后，政府才跟外界说明自杀的过程。二十世纪六十年代的这一解释和之前的说法存在着很大差异。

六十年代的版本

1963年，在当时的国际环境下，原法国新闻官米歇尔·博肯发现了一个奇怪的证据，并写了一本书——《4月30日的失踪者》。在书中他写道，1946年1月苏联军官召集同盟国成员召开新闻发布会，宣布他们正在寻找希特勒和爱娃·布劳恩的尸体。这则通告显得很奇怪。

而事实上，被邀请的美国人和英国人都没有参加17日在德国外交部大楼附近举行的发布会。他们不参加也许是因为他们早就知道这不过是个骗局，因为西方盟军的情报部门也参与了希特勒的逃亡。相反，只有法国联络官亨利·马特瑙出席了发布会。他被东道主苏联人带到了地堡出口附近。

大概12点30分，他到达了那里，由苏联少校斯特拉果夫接待，同时他还在等着其他同盟国的代表出现，想邀请他们一同见证希特勒和爱娃·布劳恩尸体的“发现”。可是，英国人和美国人都久等不来，于是，斯特拉果夫就邀请亨利·马特瑙去地堡出口附近观看发掘现场。

亨利·马特瑙到了距离现场十米左右就被拦住。他看见有几位犯人正在那里挖土，下午四点左右他们已经挖了一米多深了。这时有了新发现，他看见从坑里挖出了两具尸体。根据这位法国军官的叙述，其中一具尸体“缩成一团，可能是被汽油烧焦了”。另一具尸体“不是蹲着，而是躺着的”。尸体“看上去都不完整了，能清楚地看见黄色的骨头”，亨利·马特瑙记载道。最后他们给尸体拍了几张照片，又进行了一些人体测量。

这位令人吃惊的关键性证人还说，“负责发掘工作的李可夫中校通过翻译对我们说，毫无疑问，我们看到的正是希特勒的尸体”。亨利·马特瑙是在1963年叙述这段历史的，当时法国政府和其他同盟国一样，不曾对这次奇怪的发掘发表过任何评论。如果希特勒的尸体是在1945年5月被发现的，也在同月进行了尸体解剖，确认了身份，那么，这次所谓的新发现意味着什么呢？直到今天，这仍是一个无解的谜团。

在一个湿毯子里

1964年2月，苏联出版了契科夫元帅的回忆录，其中他肯定地说，当苏联军队到达德国外交部花园时，找到了一具包裹在“湿毯子里的烧焦了的希特勒尸体”。1965年，当时负责搜查地堡的伊万·克里蒙克中校说，事实上希特勒的尸体是在5月4日被发现的，当时它被半埋在外交部花园中。同一年，苏联军队原情报部门官员列夫·别西缅斯基上尉出版了《阿道夫·希特勒之死》一书。当时苏联的出版界并不自由，因此，这位军官身份的作者提供的版本显然通过了苏联当局的批准，于是被认为是新的苏联官方说法。在这部文学作品中，关于希特勒和爱娃尸体的发掘，这位军官和克里蒙克的描述是一致的，但他加入了新的材料，如希特勒是如何死的——他说希特勒先是服了毒药，然后一位部下再对着他的额头开了一枪。

别西缅斯基的书里还有十九张照片，其中一张里面有两个木箱，说是装着希特勒和爱娃的尸体。但是，这些照片都很模糊，看不清细节，而且所有照片都没有展示尸体的细节。

但是，并不是所有的尸体照片都是这样的，比如在被父母杀死的戈培尔的女儿海尔格·戈培尔的照片上，她的外貌就看得很清楚。

关于推测中的自杀，别西缅斯基这样写道："那些真正知道而且能记起真相的人，他们不想记起来，或是故意遗漏了最重要的细节。这在奥图·甘什和林格的证词中十分明显。如果他们确实知道，那么肯定知道更多信息，可是直到他们被释放，他们也不曾提供更多信息去讲清事实……证词中的混乱和不一致毫无疑问地表明，逃出了地堡的希特勒的同谋们，企图掩盖真相。"[1]

由于找不到答案，这位苏联调查者这样写道："为什么斯大林在波茨坦问候杜鲁门总统时，不顾对方的万分惊讶，说希特勒依然活着，而且很可能藏在阿根廷或者西班牙？"

这本书还承认，苏联调查者们不断地向被关押的纳粹党人问两个问题："第一，希特勒有多大可能逃离柏林；第二，有关希特勒自杀的材料有多少可信度，如何证明它的可信度。"归纳之后，结果如下：

"第一，直到 4 月 28 日，希特勒仍有条件通过空中通道离开柏林。第二，大部分留在地堡中的人都极力劝说希特勒应该离开柏林。"

根据别西缅斯基的说法，希特勒和爱娃自杀了，而"两具尸体的结局一样：他们被彻底火化之后，骨灰被撒掉"[2]。

图书出版几年之后，人们得知，别西缅斯基还有一部私人日记，其中有一些未被记录在案的信息。在日记中，这位苏联军官说，在这位纳粹元首的柏林中央办公室中，他发现了正准备"转移"的希特勒的私人财物。他和另外两位苏联军官一起在走过几道钢门之后发现了几个装满希特勒私人财物的箱子，根据别西缅斯基的叙述，这些箱子都被仔细地编了号，目的地是位于巴伐利亚地区贝希特斯加登的希特勒的山区避难所。

但是在继续上述分析之前，我们有必要回顾一下以上的线索。别西缅斯基说，那两具所谓希特勒和爱娃的尸体是于 1945 年火化的。这肯定吗？

---

1 列夫·别西缅斯基：《阿道夫·希特勒之死——未知的苏联档案》。
2 列夫·别西缅斯基：《阿道夫·希特勒之死——未知的苏联档案》。

不，这不是事实。为此，别西缅斯基在1992年写了一篇文章，在这篇文章中他写道，发现希特勒的尸体的时候他并没有被焚烧，因为这位苏联军官的纠正，苏联又对希特勒尸体的下落统一了最后的说法。

"神话"行动

同一年，莫斯科对所谓希特勒的尸体有了最后的定论。在德国《明星》杂志的一篇报道中，上校伊万·特列钦科和士官伊万·布拉费克说，当两人的尸体在外交部花园被发现时，正是他们俩负责运送尸体。在采访中，他们说他们将遗骸从地堡运到了马格德堡市的一个苏军驻地。之后，他们又数次在菲诺、拉特诺、施滕达尔等城市中埋藏和挖掘。他们曾在多个场合中说，二十五年来，这两具尸体都安息在东德境内的某个地方，直到1970年他们被转移到了莫斯科某个不知名的地方。

这段故事的起源地是二者的尸体被埋在马格德堡的军事基地，距离柏林西边一百一十公里。因此，当年的3月13日，克格勃首脑尤里·安德罗波夫向时任苏共中央第一书记的列昂尼德·勃列日涅夫递交了一份编号为"655-A"的报告。在报告中，他指出："1946年2月，克格勃将希特勒、爱娃·布劳恩、戈培尔夫妇和他们的孩子的尸体葬在了马格德堡的苏军基地中，总共有十具尸体被埋葬。"

这份报告还说，为了避免以后被其他人发现，有必要对尸体作一些处理："由于现场还有一些转移工作在进行，因此有可能被别人发现是尸体，所以我认为有必要先把尸体转移并焚烧。这一行动将由在德国境内的苏联第三集团军、克格勃特殊部门执行，这有必要被记录下来。"安德罗波夫的建议曾在当时的德国《明镜》杂志上发表，而且也被下列人士所证实：苏共中央第一书记勃列日涅夫、苏联部长会议主席阿列克谢·柯西金、苏联最高苏维埃主席团主席尼古拉·波德戈尔内。这项行动被命名为"神话"。那么希特勒的逃跑只是一个传说吗？或者说，那两具尸体是希特勒和爱娃·布劳恩只是传说？

在得到最高苏维埃授权之后，1970年4月4日晚上，苏联士兵实施了一项秘密行动，他们从密封的水泥地下挖出了两具棺材，那儿曾有一队官兵把守。它们被抬上一辆卡车，运往马格德堡的军事基地，途中棺材没有被打开过。1970 年 4 月 5 日，那些所谓戈培尔家族成员的尸体以及另外一男一女两具尸体，在那里被火化了。据说，骨灰都被撒入了易北河或是城市下水道中（直到最后一刻还有两个版本）。

苏联中校弗拉基米尔·古曼纽克说，是他负责“撒掉”骨灰的，但他拒绝透露具体地点。“现在有很多新纳粹分子。他们可能会去朝圣、祭拜，甚至建纪念碑。”这位苏联军官解释道。他服务于苏联第三集团军的某个特殊部门，基地在马格德堡。古曼纽克肯定地说，是他负责挖掘棺材、点火、收集骨灰装到包里、撒掉骨灰，但他不能透露地点。“我把骨灰撒了。之后过了几秒钟，一片小乌云也散开了。”（法新社，莫斯科，2001 年 5 月 8 日）

另外，苏联特工谢尔盖·康德拉舍夫讲述了更多的细节，他在冷战期间负责东柏林地区的苏联间谍组织。他肯定地说，骨灰都撒在了当时还属于东德的马格德堡市的下水道中。

似乎之后很多年，希特勒的下颌骨都保存在 SMERSH[1]，苏联内务人民委员会负责保存部分希特勒头骨。这些残骸至今还保存在莫斯科的俄罗斯联邦国家安全局（克格勃的替代机构）中央档案馆中，甚至还于 2000 年展出过。

这个“神话”行动与别西缅斯基的说法相矛盾，后者说希特勒和爱娃的尸体在 1945 年被火化，之后他不得不更正了自己的说法。

头骨，第一部影片

1995 年，电影《苏联战争》开始拍摄第九部分，这是俄罗斯官方拍摄的电影《大雪上的血迹》，由纪录片导演尤迪特·德·保罗执导，片中第一次向外界展示了希特勒的遗骸，其中还特别展示了带着枪眼的头骨碎片。“他们裹在报纸中，我们看了一个小时。”导演尤迪特·德·保罗在提到那些遗骸时说道。（德新社，华盛顿，1997 年 7 月 11 日）

这位导演拍摄了一部分发白的略微弯曲的头骨，上面有一个枪眼，以及发黑的牙齿。这部影片引起了许多疑问，比如说，亚伦·布莱特巴

1 SMERSH 是 Smert Shpionam（间谍死神）的缩写，即锄奸团组织，隶属于苏联红军部队的反情报组织。——编者注

特——西蒙·维森塔尔中心[1]的成员认为："没有人能够肯定苏联是否真的拥有希特勒的头骨。地球上也没有任何方式可以证实这一点。但是有价值的并不是他们拥有尸骨，而是在他活着的同时，有人制造了这一切。"（德新社，华盛顿，1997年7月11日）

如前所说，在外交部大楼花园里找到的男性尸体，很明显缺失了部分头骨，尤其是头部中枪部位。在整个调查中缺失这关键的一块儿，实在是很奇怪。这一缺失永远是一个巨大的谜团，是无法解释的空白。它引起了无数疑问，在我们得知更多有关遗骸的细节之前，半个多世纪已经过去了。

2000年，在纪念战胜纳粹五十五周年大会上，俄罗斯政府举办了一个展览，俄罗斯联邦国家档案馆展出了被认为是希特勒的一块头骨和下颌部分的照片。这一展览包括照片、档案和其他实物，名字叫"第三帝国的末日"。展览还展出了一件希特勒的制服、他画的一些山区风景画以及其他一些有趣的纪念品，在柏林战役中苏联战地记者拍摄的一些未曾发表过的照片也进行了展出。另外还有戈培尔的日记和地堡的平面图。还有四个希特勒的牙齿，其中一部分镶着金牙。此外，还有希特勒自杀时躺着的沙发，上面还有一些被认为是属于希特勒的血迹。

展览中还有一处奇怪的展示，人们能看见下颌骨上有一个假牙套，很像是希特勒的金牙，用来替代他下颌骨的三颗牙齿，当然这些是被当作实物展出的。"下颌骨是主要证据。"俄罗斯联邦安全局档案部负责人雅可夫·波戈尼十分严肃地说。他还表示出于这个原因，原件不能向公众展示。"主要证据应该妥善保存。"他强调说。

互相矛盾的假牙

许多人都就希特勒的金假牙写过论文，事实上它是两块相似的部分，分别在上下颌上。但是，论文的结论却互相矛盾，研究还在继续进行，结论也层出不穷。不过，科学家们认为，就目前所掌握的证据来看，研究必然走向死胡同，因为调查只可能接近真相。

---

1 一个国际犹太人权组织，1977年成立于洛杉矶，以奥地利犹太人西蒙·维森塔尔命名，专门追捕纳粹战犯。此外，他们还通过社区参与教育拓展和社会行动。——编者注

1972年，加利福尼亚大学的法医莱纳德·格奈斯发表论文说，苏联人手上的假牙和下颌确实是希特勒的，这项研究成果是在爱丁堡举行的第六届国际法医科学会议上公布的。他是在比较了希特勒头骨的X光片和苏联人手上的金牙冠和下颌骨之后得出这一结论的。

而路易斯安那大学的牙科研究者米歇尔·派雷尔在《法医杂志》上也发表了一篇类似的文章，他比较了X光片、影像以及苏联人手上的下颌骨。

加利福尼亚大学牙科系的赖德·沙格奈却得出了相反的结论：苏联人保存的假牙和希特勒完全没有关系。[1] 另外，他还说，希特勒和其他纳粹高官真正的牙科记录因不可知的目的被转移出了柏林。他说，希特勒牙齿的重塑都是凭记忆所画的素描，是希特勒的牙科医生布拉施克教授和他的助手克特亨完成的。

二十世纪八十年代，加拿大法医牙科专家罗伯特·多利安也得出了同样的结论。他比较了上千幅希特勒的照片，观察照片中希特勒的牙齿，并和苏联人手中的假牙进行对比。他认为，后者绝不属于希特勒，在经过了对比之后，他观察到一个细节——“牙齿的缝隙距离不同”。另外，他还说：“希特勒有一颗牙齿的牙根上有凹槽，还有一颗瓷牙，而这些在苏联人的假牙上都没有出现。而假牙上的下牙槽组织则和希特勒的完全不同。”

当然，关于希特勒牙齿的争辩还将持续下去，但是我们需要运用逻辑来分析一下：除了众位专家的分歧，事实上那颗金假牙只是一个模型而已，不能作为真正的证据。尤其是并没有完整的下颌骨，也无法证实牙齿是和它相连。此外，这些都是可以被仿制的。

另外还要说明的是，即便一个人的假牙真的被发现了，那也不能证明他的死亡。没有人会因为不再使用一副假牙就活不下去了。即便苏联人手上的假牙是希特勒的，它也可能是德国人故意留下来以制造希特勒死亡的假象。而更简单的方法，则是在尸体嘴里留下一副和真牙相似的假牙，它们可以被用来制造一出骗局。它也不能如波戈尼所说的那样，因为要被作为主要证据而不能展出。

从这个意义上来说，苏联人手上保存的所谓希特勒的头骨碎片更有

1 这一结论于1974年9月17日在加拿大广播公司的《偶然》节目中播出。

价值，因为它可以用来作 DNA 测试。

头骨

在展示了下颌骨照片的展览上，同时展出的还有一块头骨，大概一个手掌大小，它被认为是希特勒的头骨碎片。但奇怪的是，这块头骨正是 1945 年 5 月进行尸体解剖时缺失的那一块，就是带有枪眼的那块头骨。这块头骨第一次作为希特勒自杀的铁证而展出。这块头骨的来源很蹊跷，因为当年解剖时，它还没有被发现。

俄罗斯国家档案馆馆长谢尔盖·米罗年科说，事实上这块头骨是在 1946 年对外交部花园进行第二次挖掘时发现的，也就是差不多发现所谓希特勒的尸体一年之后。那时，由于有关希特勒逃亡的消息甚嚣尘上，所以苏联秘密警察为此进行了一项调查。就是在那次调查中，这块头骨被发现了。根据谢尔盖·米罗年科的说法，这块带枪眼的头骨是在当年发现尸体的“同一个地方”找到的。尽管苏联人肯定说那块头骨是“真的”，确实是希特勒的，但是，相关的解释直到 1993 年才由俄罗斯方面公布，这引发了很多疑问。

米罗年科保证说，这块头骨绝对属于希特勒，“这不是随便一块头骨，这是在当年埋葬希特勒的同一个坑里找到的”。

但不得不说，至少当年第一批挖掘尸体的人并没有找到这块头骨，而按照常理，它应该和其他头骨连在一起。究竟发生了什么？难道第一批挖掘者真的如此粗心大意，以至于把它落下了，而且正好是那块带枪眼的关键头骨？

展览的负责人阿列克谢·利特文解释说，希特勒是用一把冲击力极小的瓦尔特手枪自杀的，这种手枪在当时的德国普遍被认为是“女士武器”。而头骨上的弹痕差不多和一根最细的香烟的直径类似。阿列克谢·利特文说，在烧焦的希特勒和爱娃的尸体旁边就放着两把手枪，但如前所说，所有的供词都没有说在地堡中找到了相关的武器。

“希特勒确实服用了氰化物，但是还没有致死。”这位展览的负责人肯定地说。这一展览是由克格勃、国防部和军队档案馆共同提供展品举办的，这在历史上尚属首次。这位官员没有透露相关的法医证据。根据专家的描述，如果希特勒确实吞食了氢氰酸药丸，致他死亡的药效会非常快，不可能给他留下扣动扳机饮弹自尽的时间。

关于尸体的争论

苏联内卫军就希特勒、爱娃·布劳恩、戈培尔夫妇及其六个孩子，还有两条德国牧羊犬的尸体争论了很多年。“他们被掩埋和挖掘过很多次。苏联内务部和内卫军为其所有权争夺多年，甚至还互相偷盗，直到最后不得不奉苏共中央政治局的命令将尸体秘密火化，才解决了这样的争夺。”阿列克谢·利特文说。最近在国家地理频道播出的节目《死者之谜》中，著名法医马克·贝内克从华盛顿来到莫斯科，以调查确认希特勒的死因。他在那儿拍摄了俄罗斯政府拥有的那块著名头骨。“子弹是从头部下方穿进去的，大概是从下巴或嘴部射击的。”贝内克一边说，一边展示那块头骨的后半部分。

这位专家说，受害者的嘴部遭到了射击，而苏联人保留的那块骨头上的枪眼在后颈部。

那么关于头骨的官方结论就是，子弹从嘴部射入，但是这就和大部分证人的口供不符了，他们说希特勒是对着太阳穴开枪的。大部分纳粹党人的供述都是这么说的，其中包括奥图·甘什和海因茨·林格。他们不可能弄错这个细节，也没必要只在这一点上撒谎（因为子弹是从嘴里还是从太阳穴射入的并不重要）。也就是说，如果他们确实在这一点上撒谎了，那么很有可能他们所说的一切都是假的。这就意味着所有证人的供词都是假的。

如果要证明希特勒夫妇的确自杀了，那么我们用常识推断，那就应该有不可辩驳的证据：清晰的尸体照片和录像、尸体解剖细节图，还有完整的希特勒和爱娃·布劳恩的尸体。

再多想一些，为什么苏联人不把整个希特勒的头骨作为“战利品”保存下来呢？为什么没有完整的头骨，而只保留了最有名的带有枪眼的骨头碎片呢？

也许这块带枪眼的骨头并不是在希特勒的遗骸上找到的。也许这些头骨有其他来源。

如果有完整的头骨，就可以和希特勒头骨的 X 光片及其照片作比对了。也许有人不希望这么做……于是完整的头骨就消失了。

目前，一些细心的调查者们，比如认为希特勒自杀了的伊恩·克肖，认为俄罗斯人手上的遗骸是否属于希特勒值得怀疑："如果我们认为苏联人并没有拿到希特勒的尸体，那么显然，冷战后他们披露说他的尸体已经被销毁就是不能接受的了。那具被埋在马格德堡后被挖掘出来焚烧的尸体就不可能是希特勒的了。"[1]

那么，我们能相信希特勒已经自杀了，但是那不是他的尸体吗？自杀和焚毁尸体，这两个故事都有同样的起因：证人的口供。有什么理由使我们相信一部分证词（希特勒自杀了），而不接受另一部分证词呢（尸体被焚烧，并埋在了外交部花园中，后来被苏联人发现了）？

还需要指出的是，1994 年，四位法国医生曾对希特勒的尸检报告做了仔细的分析，并得出结论，那不是希特勒的尸体。这支法国团队认为，苏联人解剖的那具尸体和真正的希特勒有很多不同之处。而且他们还暗示说，那些苏联医生可能被囚禁了起来，并被要求更改其研究结论。[2]

这是有可能的。没必要在此绕圈子了。苏联人做的事情太明显了：他们破坏了证据。而销毁证据就表明他们曾篡改了事实。

我们不知道苏联究竟发生了什么，导致如此大的转变。刚开始斯大林对希特勒之死表示严重怀疑，并且指责同盟国藏匿了希特勒，而后来整个官方立场都变了，他们保证说希特勒在柏林地堡中自杀了。

DNA

最后要说的是，苏联人还彻底否决了对他们保存的希特勒头骨进行 DNA 测试的可能。曾有媒体人士建议当局做这项检测，这样就能得出结论。但是，答复却是因缺少预算无法进行检测。"这是 1945 年……你们怎么能说起基因测试呢？就我们目前的财政状况来说，我认为没有理由。"俄罗斯联邦安全局中央档案馆负责人尼古拉·米亚金在回答记者提问时说。在今天，DNA 测试可以将苏联人保存的唯一一块据说是希特

1 伊恩·柯肖：《希特勒（1936~1945）》。
2 厄·劳里艾尔等：《希特勒牙齿的医学分析报告》，1994 年发表于某医学杂志。

勒的骨头和他的其他亲属的尸体进行比对，比如说希特勒的妹妹保拉·希特勒[1]。另外，还可以和自杀现场沙发上的血迹进行比对。

所有的相关历史都让人匪夷所思。如果希特勒确实自杀了，那么，就应该有一个统一的叙述，而不会有如此多的版本。而恰恰相反，关于希特勒自杀的故事以及之后其尸体的下落始终混乱、互相矛盾、细节晦涩，直到今天仍留下许多无解的疑问，尤其是缺少关键性证据。这是为什么呢?

当笔者 2009 年写这本书的时候，已经有一些传闻被科学的手段得到证实——希特勒的尸体是个骗局。

美国历史频道的《谜案追踪》节目组曾派一位专家来到莫斯科，他可以拿在地堡中发现的希特勒的血迹，以及希特勒的头骨碎片来做 DNA 测试（2008 年，节目制作方向俄罗斯政府正式申请对这些证据进行研究调查，试图揭开真相）。

最后，专家们拿到了头骨的 DNA，但却无法和希特勒的远亲进行比对，因为他们不愿意配合调查。

这个科学小组最后得出了一个更令人震惊的结论：他们在进行了相关调查之后，认为俄罗斯国家档案馆中保存的头骨碎片事实上属于一个年轻女人，而绝不可能是希特勒这个在 1945 年就已经五十六岁的男人。“我们知道这块头骨的主人是一位二十岁到四十岁之间的女人。”康涅狄格大学的考古学家尼克·贝朗特尼声称，“骨头的骨质非常细腻，而男人的骨头更加结实。而且头骨的骨缝表明，年龄不超过四十岁。”（英国《每日邮报》，2009 年 9 月 27 日）

各种版本

随着时间的流逝，关于希特勒的失踪已经出现了多个版本，写了上万页的书，拍了几十个小时的电影。这些版本分别是：

---

1 保拉·希特勒（1896~1960）：希特勒同父同母的妹妹，比希特勒小七岁。她一生中大部分时间生活在维也纳，1952 年悄悄地搬到贝希特斯加登，后来搬到汉堡。她一生没有结婚，也没有子女。她于 1960 年 6 月 1 日去世。她是希特勒的直系亲属中唯一一个在墓碑上用真名的人。——编者注

1. 服了毒然后用手枪自杀。
2. 服了毒但没有开枪自杀。
3. 开枪自杀但没有服毒。
4. 开枪自杀之后又被射击了一次。
5. 其中一位替身被杀死，为了制造假象方便希特勒的逃跑。
6. 某人杀死了希特勒。

这些版本为满足各种人的不同兴趣提供了不同的结局，包括：

1. 他死了，然后尸体被苏联人发现了。
2. 他死了，但尸体一直没有被发现。
3. 他被苏联人俘虏后送到了苏联，并在那里死去。
4. 逃跑了。

已经到了揭开真相的时刻了，我们回顾一下之前所述，然后一起继续探寻。

1939 年 10 月 5 日，希特勒在华沙踌躇满志地挥着胜利的手势

第八章 一场大骗局

元首的替身们被训练成“希特勒”，在战场上他们像英雄一样无畏地死去，而真正的希特勒则被颂扬成不死的英雄。

——《纽约时报》，1945年4月19日

冒牌希特勒

前面几章已经详细描述了在战争最后的日子里柏林被攻陷前，希特勒藏匿的地堡中发生的事情。根据对当时情况的描述，包括对官方提供的数字进行的分析，都表明曾经有一场重要的由数架飞机执行的撤离计划，直到战争最后阶段在德国首都被攻陷前，这些飞机都还在希特勒藏匿的地区飞进飞出。在菩提树下大街有无数的飞机起降，距离纳粹元首躲藏的地下避难所很近。

苏联军队的大炮轮番的轰炸并没有对希特勒藏匿的地堡构成任何威胁，因为他们根本不知道这个防御点究竟在什么地方。

根据所有的历史记录，我们推断希特勒可以在任何时候逃跑，因为他不缺少这样的机会。但是，按照德国纳粹分子提供的历史记录，元首本人拒绝乘坐从那里起飞的飞机进行撤离。

希特勒自杀的说法表明德国元首抑制住了人类的逃生本能，当盟军的炸弹落下的时候，他决定与爱娃·布劳恩结婚，甚至他们还举行了一场婚礼，然后他与他的新婚妻子一起自杀。

在硝烟、鲜血和战火中，他在最后的时刻是“无愧于第三帝国尊严的”，也是令人震撼的。当战争的火焰把柏林变成了一片硝烟，德国人为了永远无法实现的梦想战斗到了最后一刻。第三帝国元首用结束生命的行为毫无悬念地“捍卫了他的荣誉”。

希特勒死后，尸首被放在弹坑中，由他最信任的人点燃并火化，一切按照维京人的礼仪举行。与此同时，柏林也被苏联军队彻底摧毁了。当希特勒的尸体和仅仅当了几个小时的德国纳粹女王爱娃·布劳恩的尸体一起被焚烧时，元首的追随者们举起了右臂，高喊着最后的“嗨，希特勒”！

流传的说法

“或者占领全世界，或者彻底毁灭！”在希特勒提到战争结束那一天的时候曾用预言式的口气说了这句话。

在地堡里见证了一些奇怪的事情之后，屈指可数的几位纳粹高官才得知希特勒已经自杀，而所谓的元首本人的尸体残骸被发现时也只是掩埋在浮土之下。

苏联人只搜寻了很短的时间，就发现了全世界最邪恶的男人的尸首，他们通过对头骨的辨认确认了是希特勒本人。最关键的身份辨认是发现死者的牙齿与纳粹元首以前治疗牙病的记录完全吻合。

就这样，一代人又一代人，不断流传着一段全世界都熟知的历史，一段从没有人提出反驳或质疑的历史。这段历史从未有人质疑，而那些大国，或者说是利益集团，宁愿选择忘掉这段历史。

难以置信的是这样一段科幻小说般的历史竟然流传了半个世纪，没有一个人质疑它的内容。更不可思议的是，即使到现在，还没有任何证据可以支持纳粹元首自杀的说法，却仍有人把它当成真实的历史。特别是这样一个处处都是漏洞根本站不住脚的故事，让人觉得疑点远远多于事实，甚至连完整的尸体都没有，要知道尸体才恰恰是可以证实希特勒死亡的无可替代的证据。

事实是希特勒逃跑了。他的逃跑是在一个有组织的逃亡撤离计划内的，其中不仅涉及他，还包括其他纳粹高官，当然也有钱财、金银、重要文件、大量的艺术品、先进的技术和其他有价值的东西。但是他们让全世界相信的却是与事实相反的假象，他们做到的已经远远超过预期，仿佛对全世界使用了催眠术一般。

那么，如果纳粹元首没有自杀，他又是如何并在何时逃跑的呢？

在追查希特勒逃亡的过程中，我们了解到，在对大半个世纪前发生的事情进行调查时，一直有重重困难和各种障碍阻止着人们接近那个年代的官方文件，特别是苏联人手中掌握的资料，这些资料可以使整个调查变得更加明朗。可以肯定的是，这些大量的可能会牵扯或连累别人的卷宗已经被销毁了。另外，很多见证者已经过世。假设我们能找到他们，他们还必须具有清晰的思想意识，并有讲出事实的意愿，他们要讲出那些从未被揭露的事实，那些他们曾经发誓至死也不会说出来的事实。

如今调查希特勒逃跑的律师们发现了很多与他的逃跑方式和逃跑时间巧合的事实。在本书的后几章中将会讲到这些事实，那时我们将会了解希特勒是如何逃跑的。

如果真实的历史是纳粹元首根本不在地堡中，甚至都不在柏林城里，大家的疑问将会接踵而来：如何在全世界的注意下创造出了希特勒没有逃亡的假象呢？又是如何创造出了希特勒自杀的假象呢？纳粹分子们设置了什么样的陷阱蒙蔽了全世界呢？这场骗局究竟是怎么回事？总之，希特勒究竟是如何使全世界相信他已经自杀，并突破重重包围逃出去的呢？

神秘的外科诊所

希特勒有正式的替身。在战争爆发前，他的替身的存在已经是公开的秘密。比如，在1939年3月13日《新闻周刊》发表的一篇题为《阿道夫·希特勒的替身》的文章中就涉及了这个话题。尽管有人估计他大概有六个替身，但事实究竟有多少个却从未被证实过。这些替身都经过严格的训练，不仅可以模仿元首本人特有的一些小动作和表情，还可以模仿元首的声音和他平时走路的样子。希特勒在第一次世界大战期间脊椎曾经遭受过严重的骨折，因此所有替身的脊椎都按照他本人遭受过的创伤进行过处理。另外，替身的牙齿也经过改造，为了让他们的齿纹与元首的完全一致，他们的牙齿被注入了填充物，还有一些身体上的细微特点也通过手术进行过细致的改造。

在关于替身的这件事情上，纳粹高级情报官马格达·泽特菲德讲述过的故事非常有意思。马格达·泽特菲德服役于德国情报局，从1944年开始为盟军提供情报。马格达的父亲泽特菲德博士拥有全柏林最大的外科整容诊所，他也是利用特殊硅制品进行面部塑形的开创者。泽特菲德博士是纳粹集团的忠实拥护者，因此具有坚实的资金基础和强大的幕后支持。一些纳粹分子为了追求完美的体格不惜任何代价，而且毫不吝啬地利用科学手段以达到目的。马格达和她哥哥曾在柏林医学院学习，实际上他们一家都是医生。根据马格达·泽特菲德的描述，她父亲的诊所曾经接收了一些第三帝国的头目们以及希特勒的替身，为他们改头换面，使他们在逃跑时不会被认出来。按照马格达本人的描述，在她的间谍生涯中，曾经接触过一份涉及改造四个希特勒替身的计划文件，这些替身就是在整容诊所中被改造出来的。

早在1943年的秋天，曾经有三个纳粹头目进到外科整容诊所中进行手术。在医院逗留期间，他们的脸一直被绷带包扎着以防身份被识别，因此他们的真实来路一直没被泄露。只有一些参与过手术的医生和护士们看到过这些人的长相。另外，诊所也采取了严格措施以防任何有关这些特殊病人的证据或医疗记录被留存下来。马格达的父亲和哥哥辛苦地进行一次又一次的手术就是为了把这些人的每一张面孔都改造得焕然一新。他们给每一个要接受手术的人分别设计三张不同的面孔，三个人一共九张，作为整容的备选方案。按照马格达的说法，这些人选择了比较接近犹太人的脸型轮廓，并通过手术改变了他们的真实面孔。

整形手术结束后两周，三个人离开诊所并从此消失，外科整形诊所被洗劫一空。所有工作人员都被残忍杀害，包括马格达的父亲和哥哥。事后，马格达觉察是党卫军计划了这场残酷的罪行，他们想销毁在外科整形诊所里的所有手术记录并清除一切证据。

发生的一切使马格达感到愤怒，从那时起她决定不再为第三帝国效忠，因为她掌握确凿的证据，一切证据都显示就是那些在诊所接受过整形手术的纳粹分子策划并参与了谋杀她父亲和哥哥的计划。尽管马格达继续扮演德国间谍的角色，但从那时起她已经变成了双面间谍并开始为盟军提供情报。

战争结束以后，她投身美国军方并继续和战争的胜利方合作。她将情报提供给美国陆军上校凯文·斯特普福特，该人是美国海外情报处（原特殊情报处）在德国的负责人，马格达向他说出了有关外科整形诊所的秘密，包括在那里有一些纳粹头目进行整容的事情，以及希特勒的替身就是在那里被改造成与希特勒本人真假难辨的事情。马格达和斯特普福特上校很快陷入了爱河并结为夫妻。婚后他们移居到美国。战争结束后，她坚持认为一些纳粹头目们带着他们经过整容的面孔逃出了欧洲，其中包括阿道夫·希特勒，他利用伪造的“克雷斯比神父”的身份逃跑了。

不仅仅是一个传闻

希特勒使用替身的话题一直被当作一个传闻，直到一些媒体开始谈论希特勒替身的存在，这个传闻才被当成了一个公开的事实。比如，1944 年 11 月 23 日出版的《华盛顿时代先锋报》提到美国联邦调查局曾经发现了希特勒替身的存在。在拿一张被认为是希特勒的照片，和另外一张真正的第三帝国元首的照片做了对比以后，美国联邦调查局终于有了这个发现。那篇文章的题目是《联邦调查局在进行了耳廓对比后确认希特勒有一个替身》，在提到希特勒与替身的耳朵的时候，对比后显示出的区别足以使人们得到一个无可争议的结论。文章中提到“拿希特勒最后一段时期内的照片与第三帝国元首以前的照片对比，一位非常权威的整形专家分析，在 1944 年 7 月 20 日发生了企图刺杀希特勒的事件后，他开始使用替身来扮演自己”。

最早刊登关于希特勒替身的文章可以追溯到《每日快报》。这份报纸曾经口气强硬地指出通过耳廓对比可以证实希特勒的骗局，在文章中耳廓对比被描述为美国联邦调查局用来辨别罪犯的方法，“根据一位医生的判断，照片中显示出的主要区别是耳朵的长度，真正的希特勒的耳朵又肉又短，但在元首最后时间里照的相片中他的耳朵都比较长”。

这篇文章确信无疑地给出了结论，那就是纳粹分子们使用了一个“假希特勒”来参加不同场合的活动，比如，在散布真正的元首“生病了，受了重伤，病危，甚至可能去世了”的谣言后，元首参加了军队检阅。

元首有一两个替身的传言也在纳粹高级头目中盛传。在这件事情上，元首的情人爱娃·布劳恩在慕尼黑与她最亲近的朋友谈话时，提到过希特勒替身的身高，她说她认识的那个替身必须要垫高鞋跟才能达到和元首一样的身高，因为他比元首矮一些。

费迪纳德·贝塞尔是希特勒诸多替身中的一员，他是纳粹党冲锋队成员，尽管比元首年轻不少，外形却与元首非常相近。贝塞尔曾经被盖世太保以亵渎帝国元首的罪名逮捕，因为他在一家酒吧里做过模仿希特勒的举动。这件事情引起了纳粹头目马丁·鲍曼的关注，他亲眼见到模仿者后彻底震惊了。很快，贝塞尔被挑选为元首的替身。

贝塞尔比希特勒稍微高一点儿，在烦琐而无聊的军队视察或已知的不需要进行公开演讲的场合中扮演元首。关于这位模仿者的私生活知之甚少。曾经有人认为在地堡中发现的几具尸体中有贝塞尔的，他头部中枪，最初也是他的尸体一度被苏联人误以为是希特勒的，因此那时他的尸体被拍摄了很多张照片。

其他替身包括古斯塔夫·韦伯（或韦勒）和演员安德雷亚斯·科隆斯泰德，根据苏联军方情报记载，后者替代元首献出了自己的生命。

还有一个替身，对于此人我们更是几乎一无所知，只知道他的名字是迈克尔·鲍尔。1945 年 7 月 15 日他被盟军抓获，没人知道他被带走后发生了什么，更不知道他对审讯者都说了些什么。

值得一提的是，海因里希· 缪勒曾经说过他在 1941 年发现了一个希特勒的替身，此人生活在奥地利的瓦尔德维尔特尔小城，被斯里普一家人抚养大并使用了他们的姓氏。实际上他是希特勒的一个远房亲戚，单身，在布雷斯劳工作。他也是纳粹党冲锋队队员。战争结束后，在苏联人的牢房里，盖世太保的警卫说，希特勒的私人飞行员鲍尔曾经亲口告诉他“这个来自布雷斯劳的家伙曾经被视为与希特勒极为相似的人”。在提到那个叫斯里普的家伙的时候，缪勒说：“他不是很聪明，和他一起工作非常简单，他与元首的相像之处非常惊人。”此人曾经两次与希特勒近距离接触过，那是为了让他能够更好地模仿元首。[1]

这段历史展示的是一个确凿的证据：希特勒有非常好的替身，而且他们被投入使用。但是由于这是帝国的机密，他们都被非常严密地藏匿起来，所以对于这些被纳粹打造出的模仿希特勒的演员们我们了解得非常有限。但可以肯定的是他们存在过，并完成了他们的角色，尽管直到今天，我们仍然无法知道究竟这些替身有多少人，也不知道他们都是些

1 罗恩·汉辛：《希特勒的逃亡》。

什么人。还有一个谜团就是他们的结局都是什么样的。另外，我们难免会猜测，不仅希特勒本人使用替身，第三帝国的其他纳粹高层人物也会有他们的替身。

面对一面镜子

可以肯定的是，希特勒第一次见到他的头号替身时自己也大吃一惊，那种感觉就像站在一面镜子前。吃惊过后，他和自己的替身进行了几句简单的言语交流，他想知道那个替身的过去，想知道他在什么地方出生，曾经做过什么工作，还有就是如何被招募过来的。另外，希特勒也想知道他的替身都接受过何种训练以保证和他本人越来越像。

从 1944 年 7 月起，在陆军上校克劳斯·冯·施道芬贝格策划刺杀希特勒的行动失败以后，与希特勒最像的头号替身开始频繁地扮演希特勒本人。

就像前面提到的，在那些已知没有公开演讲的活动和场合中，会首选使用希特勒的替身。这样既可以帮他逃过一些刺杀阴谋，又可以帮他节省时间和精力，还可以用这样的假象欺骗盟军，因为各种情报已经探

希特勒从克朗马戏团出来，刚结束一场成功的演讲

明盟军有刺杀希特勒的计划。

那个与希特勒本人最相似的替身比希特勒矮五厘米，为此他穿特制的可以增加身高的鞋，以弥补他和希特勒在个头儿上的差别。唯一美中不足的是他抽烟，这是希特勒本人从没有过的坏习惯，为此那个替身被迫戒烟。离开香烟后他胖了不少，他又不得不开始辛苦地节食减肥。

当他在公众视线中短暂现身时，可以发现他的耳朵与希特勒的不同，但这个小问题一直都没有被人们觉察。还有他的口音也和元首不同，为此他被迫没日没夜地模仿希特勒的语调，直到最后他终于做到了。他常常需要几个小时不间断地听元首本人演讲的录音，看记录元首各种演讲的电影。

和其他至少五个替身一样，头号替身接受了非常严格的训练。他们会使用希特勒最常用的口头禅，还会模仿他的各种举止和表情，几乎和本人一模一样，比如希特勒在笑的时候习惯抬手挡嘴不让人看见他的牙齿，因为他的牙齿太小了。

所有的替身都明白，在任何一次最高级别的行动中，他们都有可能被刺杀，任何一次任务都可能成为他们献给元首的最后一次演出，这就像是悬挂在他们头顶的达摩克利斯之剑，随时提醒着他们无时无刻不面临着危险。

接近战争尾声的时候，人们才逐渐了解，希特勒有替身。那些替身经过严格的训练，都可以扮演希特勒。那些替身会在战场上像英雄一样死去，而希特勒本人则“被颂扬成不死的英雄”。（《纽约时报》，1945 年 4 月 19 日）

胜利的王牌

纳粹分子企图掩盖第三帝国元首逃跑的计划被扩散，直到 1945 年 4 月 26 日柏林之战迫使这项计划必须要全面实施才被公布于众。但由于众人的视线都落在苏联人发起的强烈攻势和纳粹分子顽固的抵抗上，这个计划没被众人觉察。根据 1945 年 4 月 26 日美联社记者罗伯特·斯德文特的一篇报道，“德国自由新闻社”是反对希特勒的德国人在海外建立的一个组织，曾经发表过一篇文章，称“一个曾经接受过严格训练的商人，外表与希特勒极为相似，已经被秘密运送到德国，他将代替真正的希特勒战死在街垒中，给全世界制造一个希特勒已经在战斗中死亡的假象”。

文章称希特勒的替身叫奥古斯特·威廉·巴托尔迪，是普劳恩市的一名商人，曾经接受过特殊训练，在贝希特斯加登的“鹰巢”里他和希特勒长时间地相处过，因此与希特勒本人的说话方式极为相似。另外，文章里提到“巴托尔迪就是希特勒的一张胜利的王牌，在元首已经默默消失的时候，他可以创造一个元首已经战死的神话”。文章还预言：“在未来的几天里，巴托尔迪将会在柏林之战即将结束之时在德军坚守的最后几个街垒中出现，他会在希特勒专人摄影师的镜头前光荣地战斗至死，那个奋不顾身的摄影师叫霍夫曼，希特勒相信他能够完成这项拍摄任务。”

德国自由新闻社还猜测纳粹分子们很有可能还会用这个替身拍摄一部希特勒死于柏林的电影，而现实中的希特勒已经逃之夭夭了。

关于巴托尔迪我们都知道些什么呢？也许由于媒体已经把纳粹分子们布置的这个陷阱曝光，所以这个计划被众人看穿，他并没有完成纳粹分子们给他布置的任务。

在，或不在

战争的最后阶段，希特勒藏匿在地堡中是一个秘密，外界都猜测德国元首藏在巴伐利亚阿尔卑斯山上层层山峦中的堡垒“全国最后阵地”里。也就是说，他躲在地堡里的时候，盟军根本不知道在什么地方可以找到他。盟军甚至都未掌握任何有关地堡存在的信息，更不要提它的具体位置了。

但是，当准备执行希特勒的逃跑计划的时候，纳粹分子们才知道元首还在柏林。是戈培尔通过德国广播电台公布了这个重要消息，就在4月23日当希特勒已经逃跑或者即将逃跑的时候。

首先要让全世界相信元首还坚守在柏林，因为这对日后编造一个元首自杀的骗局是非常必要的，然后开始散布各种关于元首已经阵亡的消息。总之，这些纳粹分子们在全世界面前制造了一团迷雾。

这样的局面，对于公众而言是一个巨大的打击，也是掩盖希特勒已经逃跑的真相的一个烟幕弹。

当谣言开始四处传播的时候，隐瞒元首下落的计划开始执行，就像在本书中已经提到的，第三帝国的元首在 1945 年 4 月 30 日以前就已经死去了。这样的版本是从海因里希·希姆莱在国外讲过的几句话中演变而来的，希姆莱曾经试图和盟军达成一个和平协议。

尽管 4 月最后一周里有关希特勒已经死去的消息被证实是不属实的，元首却再也没出现在公众的视线中，这个事实给媒体在之后几天中做出的各种猜测起了推波助澜的作用。但是，有关纳粹元首逃跑的调查，必须要留意那些文章中提到的日期，因为从另一个角度来说，把时间继续往后推移，就能看到在地堡中最后几个小时里究竟发生了什么。我们一定要意识到，的确有一些纳粹分子试图把希特勒死亡的消息搞得更复杂。

关键的变化

希特勒最好的替身偷偷潜入地堡的事情应该成为他逃亡计划中最大的秘密，这样思考有助于我们发现真相。一个注定要死的人，一直以来就被灌输要时刻准备着为元首献出自己的生命。那个神奇的逃跑计划，就仿佛是好莱坞电影里经典的故事场景，如果没有主人公混淆观众视线的表演，那么经典将不是经典，也正是如此，就连那些对这场骗局不太了解的大部分的纳粹分子们也被骗了。首先，应该指出的是第三帝国的元首希特勒，从 1945 年 4 月 22 日起往后的任何一天，都可能已经偷偷地离开了地堡，因为直到 4 月 22 日那一天还有证据表明那时的元首是真正的希特勒，然而之后就不再是了。

可以说希特勒的出逃几乎恰好发生在他的替身潜入地堡的同一时间，也可能还有一点儿小小的时间差。那段时间里，元首的其他替身，尽管我们不知道究竟具体有多少个，为了制造更大的混乱可能也悄悄抵达了地堡。

要特别注意的是，纳粹分子们没有利用这些替身制造希特勒在欧洲其他地方的假象，而是计划着把所有的替身们都集中在同一个地方，以设计一出大的骗局并给元首的逃跑创造机会，这就好像是一次在全世界面前进行的魔术表演。就像那些伟大的魔术师在公众面前进行的魔术表演一样，让世人无法觉察掩藏在魔术后面的却又实实在在发生在观众面前的真相。就这样，在全世界面前，现实被改写了。

缪勒的揭秘

希特勒逃跑的背后所隐藏的巨大秘密究竟是什么？让我们用今天已知的那些因素来重构一下这个提前很久就开始准备的、非同一般的、拯救希特勒的逃跑计划是怎样具体实施的。

关于此事，不得不提到格里高利·道格拉斯[1]。此人在获得了一些历史资料和独家证据后，于近期公布了一些有关希特勒逃跑的细节，实际上这些细节与德国投降之前的最后几天里从地堡中传来的谣言吻合。道格拉斯说他认识海因里希·缪勒本人，就是缪勒告诉他希特勒是如何逃跑的，因为缪勒参与了逃跑计划的制订过程。

党卫队地区总队长海因里希·缪勒

道格拉斯公布的有关这段历史的四卷书中，有三卷都是基于缪勒与一位美国特工人员（詹姆斯·科伦塞尔）在1945年于瑞士进行的谈话而完成的。第四卷的主要部分则是可能出自缪勒的日记，这位德国纳粹高官从欧洲出逃后一直居住在美国。

道格拉斯说他是在1963年认识缪勒的。缪勒把故事讲给道格拉斯，并和道格拉斯一直有密切往来，他们的联系一直持续到1983年缪勒去世。

缪勒和其他纳粹分子一样，很有可能在战争结束后，一直生活在

1《盖世太保头目》和《1948年对海因里希·缪勒的审判》两书的作者。这位用“道格拉斯”作为笔名的作者非常肯定地说，海因里希·缪勒在1945年逃到了瑞士，在那里美国情报人员把他招募了过去。

美国人的保护之下，甚至有猜测说缪勒曾经为美国中央情报局工作。著名历史学家乔治·查律曾为美国国家档案馆工作了二十八年之久，他在2001年对外讲述，美国军队的情报档案中记录着缪勒。为了区别于名单中成百上千的缪勒们，他被称为“盖世太保缪勒”，于1945年被美国士兵抓获。对于之后发生的事情，乔治·查律说“这是一个可以悬赏百万美元的问题”。同年，一家德国电视台播放了一个关于美国国家档案馆档案内容的节目，节目中坚称美国军队抓获了缪勒，但不知什么原因又释放了他。但是节目没有澄清有关美国情报机构人员与他达成协议的事情。

生日之后

让我们继续道格拉斯的故事。缪勒曾说过，1945年3月，他和希特勒在总理府的花园中散步时进行了一次长时间的谈话。纳粹头目们清楚地知道他们已经无法阻挡苏联人进攻的脚步了，所以要预见结局已经不是难事了。

在这次谈话中，希特勒的语调非常平静、放松。他问缪勒，如果缪勒是他，在柏林沦陷后，他将会怎么做，然后他给了缪勒三个选择作为可以挑选的回答：逃跑并在阿尔卑斯山中继续战斗；投降并向敌人交出自己；自杀。缪勒回答，最好的结果就是逃跑。最初纳粹最高头目说可以逃到瑞士去，但是他忠心的下属缪勒改变了他的想法。缪勒警告希特勒说，瑞士人会把他交给敌人，最好还是逃到西班牙去。

缪勒向希特勒建议乘坐一架飞机逃到德国的南部去，然后从那里躲到西班牙的巴塞罗那。他认为从巴塞罗那的港口出发，非常有机会通过海路逃到南美洲去。

关于这个选择缪勒提出了一些很具体的建议，还指定赫赫有名的飞行员维尔纳·鲍姆巴赫[1]驾驶希特勒乘坐的飞机执行逃跑计划。

就是从那时起，开始冒出了用希特勒替身来混淆大众的主意，也包括要瞒住纳粹分子们。缪勒说，为了使计划能够成功执行，让所有人都

1 维尔纳·鲍姆巴赫（1916~1953）：纳粹德国航空兵上将。第二次世界大战爆发后，成为纳粹空军名噪一时的轰炸机飞行员。战败后成为盟军俘虏，1946年获得释放后移居阿根廷充当试飞员，1953年因在试飞时飞机坠毁身亡。——编者注

相信德国元首已经死了是非常重要的。

缪勒的建议就是在 4 月 20 日庆祝希特勒生日以后，把所有的纳粹军队都派遣出柏林。从那天起，在地堡中，除了戈培尔只留下一些无关紧要的人，而戈培尔曾表示过，如果柏林被攻破，他将毫不犹豫地结束自己的生命。如果苏联军队遇到真正的戈培尔的尸体，那么余下的历史都会变成可信的了，包括希特勒的自杀。[1]

记得我们提过在 4 月 21 日，在地堡中希特勒拍了最后几张照片。如果就像在历史文件中所记载的那样，希特勒一直在地堡中又待了很多日子，出于什么原因这位德国元首在之后的日子里没再留下任何照片呢？

那些天里，在总理府的地堡中，希特勒询问他的贴身秘书特劳德尔·琼格有关她和与她来自同一国家的弗莱伍德之间的关系，弗莱伍德一直和阿根廷南部巴塔哥尼亚的胡安·庇隆将军[2]保持着联系。[3]

极好的状态

直到逃跑的那一天，真正的希特勒仍然处于良好的健康状态。关于这一点可以把海军总司令沃尔特·路德·纽拉特对元首健康状况的描述拿出来证实，路德·纽拉特在 4 月 20 日于地堡中参加了一次军事会议，第三帝国元首容光焕发的样子让他印象深刻。这位军人在他的日记中写道："希特勒的演讲和他的眼睛一样，总是那么善于表达，他精神头儿十足，根本没有精神错乱。"

另外，21 日，当希特勒和德国陆军元帅费迪南德·舍尔纳在地堡中召开会议的时候，拍下了最后一张照片。

这张照片中的希特勒看上去很健康，看不出任何身体变化，哪怕一丁点儿的衰老都没有，这与那些见证了地堡中所发生的事情的证人们向盟军所坦白的证词内容一致。

从那时起，就再也没有为希特勒拍下的照片了，有关他下落的那些记录也是混乱的。后来在展示的那些照片里有一个被推测为是希特勒的

1 罗恩·汉辛：《希特勒的逃亡》。

2 胡安·庇隆（1895~1974）：阿根廷民粹主义政治家，1946 年至 1955 年、1973 年至 1974 年期间两次出任阿根廷总统，常常被视为最伟大的阿根廷总统。——编者注

3 马里阿诺·雅诺：《希特勒和纳粹们在巴拉圭》。

人，和希特勒的助理奥托·京舍站在一起，视察被苏联炸弹轰炸过的总理府的那些碎石瓦砾。这张照片可能是在21日以后拍摄下来的，拍摄地点与相片里的人有一定的距离，因此元首的面孔看不太清。

然而，从晚上到早晨这么短的时间，一切就变了。就在海军总司令路德·纽拉特与希特勒会晤后把元首的饱满的健康精神状况大写特写之后仅仅两天，有关元首的描述就一下变成完全相反的了——就像经过了多年的打击而一下子变老了……

“我们再也见不到他了”

按照本书第一章和第二章中我们所读到的官方描述的历史，我们来重温一下在地堡中发生的事情，不过有一些细微的变化。为了拉开幕帘接近在那些日子里真正发生的事情，这些变化是非常必要的。

有关那段历史的官方版本已经被核实，在4月22日，大概晚上九点钟，开始了一场大规模的撤离行动，由十几架飞机参与，行动内容是从德国柏林逃往奥地利萨尔斯堡。那次紧急的空中撤离，一共持续了三天，大概总共飞行了二十多个航次来运送人员和物品。在那些飞机中有一架用来运送希特勒的重要文件和他的侍从，不幸爆炸并燃烧。在这次事故中爱娃·布劳恩的一些珠宝也丢失了。关于这次事故有非常确凿的描写：“一架飞机在距离萨克森的伯纳斯多夫很近的地方爆炸了，上面乘坐着威廉·阿尔恩特，他是元首随从中的一位，还有希特勒与爱娃·布劳恩的一些私人物品。”[1]

希特勒的那些个人物品是要被运往何处？我们永远也不会知道这个答案了吗？如果他已经决定要自杀了，又是出于什么原因下令把他的私人物品转移走？

在最后的紧急关头实施的空中撤离计划被命名为“后宫行动”，是由希特勒的私人飞行员汉斯·鲍尔协助完成的。

不要忘了，22日，希特勒第一次承认“战争已经输掉了”。他还说：“现在不再需要战斗了，因为我们已经没有理由再战斗了，现在需要的

1 伊恩·柯肖：《希特勒（1936~1945）》。

是谈判，赫尔曼·戈林可以把一切完成得比我更好。”[1]

按照速记员格哈特·海尔格瑟勒的说法，在那一天希特勒承认：“全都输掉了。我留在柏林。我要死在总理府中。”海尔格瑟勒在一切结束前逃离了地堡并在之后承认他不知道希特勒最后怎样了。

真实的情况是，希特勒在说了上述那些话之后，便开始着手设计他的假自杀计划。与此同时，他开始命令那些留在地堡中的纳粹头目们和其他人离开地堡前往德国南部。那些在这段时间里离开地堡的人对即将上演的这场骗局还无从得知。

就在同一天，马丁·鲍曼给海军元帅邓尼茨发了一封电报，电文里写道：“想要拯救柏林和重新从西部开辟一条通道已经是无望的事情了。我建议通过波茨坦抵达温克将军驻地，这条路可以成为元首飞往南部的航线。”[2]

在那几个小时里，元首命令德国空军待命，用战斗机保卫好柏林的领空，以保证有一条安全航线可以畅通无阻，让那些担任撤离计划的飞机都能够安全地起飞并安全地飞离。

按照缪勒的讲述，4 月 22 日希特勒和他的两个秘书以及他的副手阿波切特、阿德米拉尔·冯·帕特卡默、阿尔伯特·鲍曼道别。

晚上 8 点 30 分，缪勒看见希特勒和他的德国牧羊犬布隆迪一起在花园里散步。缪勒还和希特勒说了一会儿话。希特勒的管家林格和警卫队队长拉登胡伯也都在场。在整个故事的这个节骨眼上，还要补充一句，就是希特勒在地堡中的居所位于地堡中最低的地方，那里有一条通往外面的紧急通道。

那时，希特勒从花园后面的一条小径走了出去，很快林格就回来了，一边走一边说：“元首走了，我再也见不到他了。”拉登胡伯也出现了并对缪勒说：“元首走了，但现在我们有了一位新元首。”他是在暗指希特勒的替身。根据缪勒所说，第二个希特勒带着一只和元首的德国牧羊犬非常像的狗出现了，他在拉登胡伯的陪伴下走进了地堡。在元首逃跑之前，人们看到的就是很多架运输机从菩提树下大街排列着起飞运送纳粹头目们和他们的行李进行撤离。

---

1 休·特雷弗·罗珀：《希特勒最后的日子》。
2 伊恩·柯肖：《希特勒（1936~1945）》。

逃亡开始了

脚步坚定，没有朝后方看上一眼，笼罩在阴影之中的德国纳粹元首准备放弃柏林了。远方的隆隆的炸弹声和炮火声时时传来。苏联人的进攻已经打到柏林郊外，街头巷尾的战斗是惨烈的，但是苏联共产党的包围圈还没将第三帝国的首都彻底封锁。

那天晚上希特勒去了哪里？柏林已经开始被敌人的军队包围了，他是怎么从柏林出去的？他和谁一起走的？他是沿着小路步行到哈弗尔河边然后登上飞机的？那架飞机是在菩提树下大街等他，还是在其他地方？

希特勒偷偷地逃走了，但他的出逃不是冒冒失失的，也不是绝望的。就像以往一样，在加足燃料的飞机上，一切都是提前预知的：时间、参加行动的人员和最终的目的地。当然，他们提前就已经挑选了一条最好的风险最小的航线。只有很少的人知道真正发生了什么，因为在准备这场出逃计划的时候纳粹分子们小心谨慎地垄断了一切消息。执行一部分计划的人不知道这个计划其他部分的具体内容。这样，那些在这项计划中为了让长官们能够安全出逃而执行某个角色的纳粹分子，根本不需要知道整个计划的目的。所以，很多为第三帝国头目们提供出逃的文职人员和军人根本不承认他们的元首已经出逃了。

当希特勒出逃的时候，苏联军队对柏林的包围圈还不像几天之后那样坚不可摧，那时候苏联军队距离地堡还没那么近。因此，还有机会进行低风险的逃跑。然而仅仅几个小时以后，当真正的希特勒已经远离柏林时，再想不面对任何风险地逃离死亡几乎已经是不可能的了。

在那样一个形势紧迫的日子里，纳粹分子们不仅仅开始把元首的秘密流亡具体化，而且在纳粹情报部门策划的庞大行动框架下，开始了一个几乎完美的可以让全世界的目光被吸引走并骗过所有人的表演。

当纳粹最高长官已经安全离开柏林的时候，在同一时间一场戏剧化的表演开始上演：主要演员就是希特勒最好的替身。按照计划，全世界的眼睛都会聚焦在这个假的主人公身上，这样真正的希特勒就可以在不知不觉中撤离出柏林，而事实最后也是这样发生的。

那位替身非常清楚，一旦他走进了地堡，当真正的元首撤离以后或者哪怕是开始撤离，地堡就开始变成一个舞台，在那里将会上演一出压力巨大的悲剧。那个替身早就接受过训练，可以表演出元首“壮烈、充满荣耀”的死亡。人们告诉他，可以成为完成这项任务的第一人选是他的骄傲，他可以拯救元首的生命。

带着这种被灌输了几个月带有一些虚荣的民族感和社会感的骄傲，替身的责任感愈加强烈。然而，当残酷的现实降临的时候，也就是致命的演出即将开始时，他求生的本能将会让他表现得与被指定的角色相悖。因此,人们给他服用了大麻和镇定剂,以使他能够度过最恐怖的紧要关头。

在大幕的后面——地堡的走廊和房间里，有一群人正尽量让事情不会出现突发情况，并能够让这场演出顺利进行，这将会让全世界的观众激动不已。

柏林的战火和硝烟就像是演出的舞台背景，爆炸声和扫射声就像是交响曲，苏联军队的炮弹演绎出了一场死亡交响曲。

这场演出的主人公知道这将是他的最后一场演出，因为这一次，与以往在公众面前扮演希特勒的表演结束后的场景将是不一样的，他将再也听不到人群的欢呼声与喝彩声。

在这场悲剧的结尾，死后的尸体是真实的。那个可怜的替身知道，在他扮演完成了“英雄”元首的角色后，他将不会看到大幕落下，因为他是真的死去了。

1940 年 6 月，德军占领法国后，得意的希特勒在巴黎埃菲尔铁塔前留影

第九章 另一个希特勒

希特勒看上去老了很多，仿佛日历上每翻过一年他就老五岁，看着更像是七十多岁而不是五十六岁。

——党卫军上尉米特尔·哈特曼

候补的演出

虽然不能精准地指认出发生变化的确切时间，调查人员们对此也从未达成过一致意见，但可以肯定的是当希特勒逃离的时候，他的替身在地堡中已经开始扮演他了。也正因如此，那些曾经在地堡里暂时生活过的人们开始意识到，扮演元首的替身和真正的希特勒之间有一些差别。

有关这件事情，必须指出的是并非地堡中所有的人都亲眼见过德国纳粹元首本人。在柏林被攻陷前几周里，军队中进行了指挥官们的变更，一些新任的军官们，从没近距离地接触过希特勒。但无论如何，那些细微的差别让地堡中的一部分人开始产生了怀疑。

那个扮演德国元首的人，从他开始表演起，就固定在每天的八点半准时吃早饭，但是真正的希特勒，总是在凌晨躺下，一直睡到白天很晚的时候。还有那些德军指挥部的所有人都必须要参加的军事会议，渐渐地开始变得越来越短，并且都被安排在下午的时候召开，而真正的希特勒更习惯在深夜召开这些会议并且每次会议都耗时很长。

另外，那些军事命令，在希特勒开始变得不同之前，都是由他本人亲自发布并直接传达给每位将军，内容具体而详细。希特勒在每一个环节上都谨慎细致，而且在布置每一项任务前都会从各个不同方面进行不止一次的分析和研究。但是之后，那些军事命令都是由戈培尔和鲍曼以希特勒的名义下达给每个人。当他的替身直接传达布置军事命令的时候，内容一般都显得比较笼统而且没有具体的细节。

直到4月22日那一天，希特勒仍然是一个毫不松懈时刻保持警觉的人。每天他会在花园里散步一个半小时，他能够毫不吃力地踏着地堡的四十八级台阶走上来，他总是穿着一尘不染的军装，和爱娃津津有味地享受每一顿美食，并严格地保持着一直以来近乎洁癖的习惯，每次餐后都要认真地刷牙。[1]

但是之后，那些在地堡中的证人都证实说希特勒看着仿佛衰老了，他表现得像吸食了毒品或半睡半醒的样子，目光涣散，说的话语也模糊不清。他每登几个台阶就变得摇摇晃晃，一般也从不走出地堡，他的衣服也穿得与一般人没什么两样儿了，卫生状况更是让人无法想象。另外，他不再和他的情人爱娃·布劳恩一起用餐。他的眼睛布满了血丝，走路时也不是虎虎生威的样子，移动的时候速度很慢，是拖着步子走路。[2]

有关那时希特勒的描述让人印象深刻，在他的最后几天里他就是一个"大部分时间都萎靡地窝在书房中那个简陋而狭小的沙发里"的人。从前总是一尘不染的近乎完美的军装如今布满褶子，还带着食物的残渣，在他的嘴边还蹭着牙膏。他狼吞虎咽地大嚼巧克力饼，还和他宠爱的布隆迪生下的四只小狗崽子玩耍。

被选中的人

进入地堡以后，可能是在4月22日的下午，只有几个被选中的人可以看到崭新的希特勒。缪勒将军说，林格、拉登胡伯和戈培尔都对元首的替身有一些了解，但鲍曼却不太清楚。另外，威廉·蒙克将军也可能卷入了这场阴谋。

那么，既然知道希特勒已经逃跑了，戈培尔为什么还要自杀并派人把他的孩子们也毒死呢？为了回答这个疑问，我们大胆地进行猜测，在那段悲剧性的时间里，关于地堡里究竟发生了什么我们的信息完全是空白的。戈培尔确实信誓旦旦地保证，如果柏林沦陷了他将会自杀，与希

1 罗恩·汉辛：《希特勒的逃亡》。
2 罗恩·汉辛：《希特勒的逃亡》。

特勒能否逃跑无关。因此，元首在战争即将结束的最后几周里，多次和戈培尔谈话，试图让他打消原有的念头，元首对最忠实于自己的宣传部部长和他的家人有着特殊的感情，戈培尔的孩子们亲切地称希特勒为“阿道夫叔叔”。另外，尽管戈培尔从未改变自杀的想法，但希特勒确实在他的政治遗嘱中任命戈培尔为新政府的总理，并且位居海军元帅邓尼茨之上。也就是说，按照这些资料的记载，希特勒希望戈培尔不要自杀。我们以此推断，他希望戈培尔能够在他之后也从地堡中逃出去，这样戈培尔就可以一直监控事态的发展，直到元首假死骗局的最后一刻。让我们来推想一下与戈培尔一家惨剧发生有关的可能性，除非出现了其他证据或资料，否则事实就是这位纳粹头目有可能失去了和家人一起逃跑的机会，他是在预先计划好的最后一天被迫放弃逃跑计划的。5 月 1 日，由于第三帝国的敌人对那些飞机、直升机以及菩提树下大街上的飞机跑道造成的毁坏，他不得不选择那样的结果。

在柏林市中心菩提树下大街上的临时飞机跑道

也许戈培尔在野心的驱动下所期望得到的比希特勒承诺给他的更多。由于对于这段历史我们只有一个官方说法，所以我们无法排除另外的可能性，比如被谋杀，也许是一次与其他纳粹高官发生激烈内讧后的结果。

4 月 22 日半夜，阿尔伯特 · 斯佩尔在离开地堡前，试图再次与希特勒进行谈话，但是别人告诉他元首在睡觉，这是很不寻常的，因为真正的希特勒很难在凌晨三点钟以前上床休息。[1] 官方所描述的历史是“希特勒”在那个钟点从床上起身与斯佩尔告别。

根据希特勒的秘书葛达·克里斯蒂安的描述，戈培尔和希特勒进行了多次闭门谈话。魏德林将军证实在那些日子里，“希特勒是一个病入膏肓的患者，几乎难以站直或走路，完全由戈培尔控制了”。

当帝国元帅戈林意识到柏林城内权力已经被架空时，他在 4 月 23 日发出了一封著名的电报。就像众所周知的那样，他用电报向希特勒发出了最后通牒，让他于夜里十点前答复。这是他为了探知元首是否还在地堡中的办法。如果元首不答复，戈林就要取代他。但是与戈林针锋相对的鲍曼，立刻抓住这个机会把戈林革职了，并且 “以希特勒的名义”命令党卫军逮捕了戈林。那份电报，尽管如此重要，却没有元首的亲笔签名。那份军事命令由鲍曼亲手书写，在战争中存留了下来。

在之后的日子里，希特勒逃跑以后，戈培尔和鲍曼成为了掌握权力的人。各种决定都由他们作出。因此，从 4 月 22 日以后就再没有希特勒亲笔签名的军事命令了。

希特勒的衰老

在地堡中的证人都证实希特勒看上去比实际更老，就像以前说过的，他看上去就是一副吸食了毒品的瘾君子的样子，目光涣散。他一个人和自己说话，嘀嘀咕咕地说一些别人都听不懂的话。

在他生命的最后几天里，希特勒替身的样子几乎与一个幽灵无异。在那些日子里，“希特勒就是个幽灵。他蓝色的眼睛充满了血丝并呆滞无神，他褐色的头发变得花白，他矫健的步伐也变成拖着腿走路的样子”。

24 日，魏德林将军被叫到希特勒的房间。他是这样描述元首当时的状态的：“第三帝国的元首坐在一张堆满了地图的桌子后面。当我走进去的时候，他转回头。我看见一张浮肿的脸和紧张不安的双眼。当他试图站起来的时候，我惊恐地发现他的手脚都在抖动着。他和我握了握手，但是笑容扭曲，然后他用低沉的嗓音问我我们是否曾经见过面。”魏德

1 罗恩·汉辛：《希特勒的逃亡》。

林回答他说，一年前元首给他颁发战争勋章的时候他们曾经见过面。希特勒对他说："我记得你的名字，但不记得你的脸。"当希特勒坐下后，魏德林发现，他坐着的时候，"不停地抖动着他的左腿，膝盖像钟摆一样不停地摇摆，仿佛非常急促的样子"。[1]

魏德林充满了疑惑，但非常肯定："当我见到元首的时候他的面孔使我彻底震惊了，那是一个废人的脸。他的头不停地摇着，两只手不停地抖着，他的声音含糊不清，让人难以听懂……"那时候质疑的声音此起彼伏，有很多传言说希特勒已经不是希特勒了，是他的替身。[2]

另一段描述来自陆军上尉米特尔·哈特曼，他是一名年轻的党卫军护卫队成员。按照他的回忆，在地堡中的最后几天里，希特勒"仿佛是日历每翻过一年他就老了五岁一般，看上去好像一个七十多岁的老人而不是只有五十六岁"。

2005 年英国《卫报》报道关于希特勒的护士埃尔娜·弗雷格的消息的时候她已经九十三岁高龄，她也提供了类似的描述。弗雷格一直在地堡中坚守到最后时刻，她记得："希特勒不需要特殊照顾。我在那里只是为那些伤员服务。在战争中的最后几天里他快速地变老，长出了很多白发，看上去就像一个比实际年龄老上十五岁甚至二十岁的老人。"当柏林被攻陷的时候，她为盟军提供了上述证词。

申克医生于 4 月 29 日第一次认识了希特勒本人，他说："我见到的那个悲伤的男人，与之前公众所了解的具有催眠能力的偶像希特勒很不一样。"

那些证人们都认为希特勒变老了很多。面对他们提供的那些描述，以及其他类似的片段，我们难免又会提出同样的疑问：那是真正的希特勒吗？希特勒的替身那时候已经开始登台表演了吗？

白天的会议

由于苏联军队的不断进攻，战争的形势对德国人而言变得越来越严峻，以希特勒为首召开的夜间军事会议也变得越来越紧张，所有人都期

1 科纳利乌斯·瑞恩：《最后的战役》。
2 罗恩·汉辛：《希特勒的逃亡》。

希特勒亲自指挥战事

盼着他们的元首能够解决当前的不利战局。在夜晚的会议上，电话和电报从各处络绎不绝地传来，汇报各处的战况，各级军官进进出出传达元首的作战部署，展开的地图上标满了战场最前线的战斗情况。就像我们之前提到的，希特勒在每天就寝休息前习惯于参加这些召开到深夜的各种会议。在地堡中，一天中最忙的时间就是在夜晚，那时第三帝国的元首被他最信任的人众星捧月般簇拥着。他和他的将军们围绕战况讨论战略计划，安排战局部署，将军们会对当前的形势提出各种建议，希特勒认真分析每一个细节并作出最后的决定。但是我们看得出，随着元首身上发生的变化，形势也在改变，希特勒的替身习惯于将所有的安排提前，深夜里再没有军事会议，只有寥寥可数的几个人在地堡中徘徊。对于地堡里那些暂住者的行为变化所进行的"社会学"分析至关重要，这些分析为解读希特勒的逃跑提供了一些间接的证据。

帕金森？

真正的纳粹元首患有帕金森病，他的左臂会出现偶发性的颤抖。为此，希特勒的私人医生布兰特教授与哈塞尔巴赫教授已经提前警告他服药后可能会出现偶发性震颤的副作用。官方的历史记载是希特勒患有帕金森病，因此他的行动能力在不断缩小，也正因为此病，他的一条胳膊会不停抖动。

很多文章提到过，很多人也说过，由于患上了帕金森病，元首的思考能力受到了损伤，也正因如此，他才犯了一些可怕的战术错误，并加速了第三帝国的陨落。虽然没有任何证据，也没有任何正式的病历记录，但大家一直传言说，从 1944 年起德国元首就开始遭受帕金森病的折磨。看上去，大概是从 1944 年发生了针对希特勒的刺杀事件之后，他的左臂开始出现偶发性的颤抖。但是这样的颤抖对于他的替身来说是非常容易模仿的。

一个不明智的元首

4 月 26 日，被授予一级铁十字勋章的女飞行员汉娜·赖奇和一级上将里特尔·冯·格莱姆执行秘密飞行计划并在菩提树下大街安全着陆。当他们抵达地堡的时候，元首的身体状况让他们印象深刻。关于这件事，赖奇回忆说："从飞机上一下来，我们就赶到了地堡中元首房间门口的走廊里。阿道夫·希特勒的面孔让我印象深刻。他畏缩着，有些驼背，身体略略前倾，他的两个胳膊不停地抖动着，目光涣散。他用几乎听不到的声音问候我们。"她还提到她在地堡里的第二天，也就是 28 日，希特勒把她和冯·格莱姆叫了过去，"那一次他的面孔比我们从飞机下来后看到的更加糟糕，更加苍白，驼着的背使他看上去更老了，虽然只过去几个小时，但仿佛对他而言过去了几年…… 我想，尽管他最后的救命稻草——沃尔特·温克将军的援军已经赶到柏林，但希特勒的军队在那个关口上是无法抵御敌军继续战斗下去的。"[1]

"希特勒"的身体看上去真的有这么差？当他可以逃跑的时候他的军队真的已经无法抵御敌军继续战斗下去吗？

蒙克将军在 4 月 29 日参加军事会议时见到希特勒，他说："希特勒在夜晚的军事会议上作的报告非常简短，内容零散，而且没有什么实际内容。"蒙克将军还说，"在会议上自始至终我都坐在希特勒旁边，离他只有三四步的距离，他只是茫然地看着墙壁或者地面。"[2]

申克医生在提到那一天的时候，与哈瑟医生谈到了希特勒："他有点儿颤抖…… 衣服很邋遢，还被食物弄脏了，整个人沉默不语，完全沉

1 汉娜·赖奇：《飞行，我的天堂》。
2 詹姆斯·奥唐奈：《地堡》。

浸在自己的世界中，看上去仿佛连迈出腿走两步都很艰难。尽管他的双眼直视着我，却什么都没对我说，不仅目光涣散，而且两只眼睛还充满了血丝。他与我握手的时候软弱无力。元首只有五十六岁，但那么苍老，身体都垮掉了，他的脸上布满了皱纹，仿佛戴着一副黄暗土灰的面具。”[1]在柏林战斗的最后几天里，哈瑟医生和申克医生在总理府大楼临时搭建的医院里救助了成百上千的生命。直到苏联红军把他们俘获前，两人一直在那里照顾病伤员。5月6日，哈瑟医生辨认了约瑟夫·戈培尔的尸体，一同辨认的还有戈培尔的妻子和六个孩子的尸体。1950年11月哈瑟死于狱中，可能是苏联莫斯科的布提拉尔军事监狱。申克医生的运气要好一些，在苏联的监狱中被关押了十年，之后被释放并返回了西德。

左撇子医生路德维希·斯达姆普菲格

西奥多·莫雷尔一直是希特勒的主要私人医生，1945年4月22日他被希特勒从柏林的地堡中送走，希特勒亲口表示再也不需要他了。从那时起，路德维希·斯达姆普菲格出现在了舞台上。

斯达姆普菲格医生是什么人呢？他是党卫军上校，1944年被任命为希特勒的私人医生之一。

截止到1944年，这位纳粹出身的医生已经在拉文斯布吕克集中营里进行过多次人体实验。他的医学实验专长是骨髓移植、X光放射和人体麻醉，他对集中营里的实验对象尝试过各种毒品和麻醉剂的混合物。

人们所知道的是，斯达姆普菲格医生在戈培尔的孩子们被毒死的事情上扮演了一个重要角色，而且在地堡中他一直陪伴在“元首”的身边，直到最后一刻。假使最后被焚烧的尸体是希特勒和爱娃·布劳恩，那么这位医生也参加了焚烧仪式。

值得注意的是，4月22日希特勒在地堡中告别了莫雷尔医生，他说他已经不再需要医生伴其左右了。然而，随后出现的斯达姆普菲格医生几乎在之后的时间里一直陪伴着他。

这位医生擅长进行一种外科干预性手术，他自己将这种方式命名为

1 罗恩·汉辛：《希特勒的逃亡》。

“丝线手术”。在拉文斯布吕克集中营里他对相当一部分犯人实施过这种外科手术，所有经他手的犯人都被弄瘫痪了。然后，通过第二次手术，他又把这些瘫痪的犯人治愈回正常状态。他做过大量的实验，都取得了成功，其中甚至包括他对一些人实施了使大脑部分瘫痪的手术，然后又试图治愈他们，使这些人的心理和身体机能全部恢复正常。

了解了前面提到的这些事实之后，更大的疑问随之而来：为什么莫雷尔医生被斯达姆普菲格医生取而代之？如果希特勒已经想到了要自杀，并且下定决心要将自己的尸体焚烧掉，为什么他又需要斯达姆普菲格这样的外科医生呢？

缪勒说，所有的替身都服用了毒品，这有可能是哈瑟医生所为。哈瑟医生于 1945 年 4 月期间，在第三帝国总理府地堡中的战地医院工作，也是负责希特勒健康的医生之一。1945 年 5 月 3 日，哈瑟医生被苏联士兵抓获，但他的证词从未被公开。

德国外交部驻统帅部联络官瓦尔特·哈维尔那时也在地堡中，他同样怀疑所谓的希特勒一直处于毒品和麻醉药的药效中。有人告诉这位特殊的外交官，哈瑟医生在给希特勒的替身注射一种镇定剂。也就是从那时起，德国元首开始在最后的日子里表现得更加沉默和温顺。

有关斯达姆普菲格医生的第一份调查报道是由莱斯利·兰德尔写的，他是英国《伦敦晚报》的首席记者，在 1945 年 9 月 11 日发表了这份调查报道。

这位记者想揭开为什么直到最后时刻斯达姆普菲格医生还一直在地堡中陪伴希特勒。斯达姆普菲格在德国不是知名的医生，事实上，他只是著名的德国纳粹医生卡尔·盖伯哈特的助手。卡尔·盖伯哈特是党卫军陆军上将，也是拉文斯布吕克集中营的头目。作为医生，他在集中营里对很多犯人进行过人体实验。

在德国投降以后，莱斯利·兰德尔跋山涉水，走遍了德国、荷兰、比利时和法国，采访了很多不同的证人。

兰德尔了解到，这位邪恶的纳粹医生在 1945 年 3 月底离开了拉文斯布吕克集中营前往首都柏林，随身携带了全套的医疗器械以便随时实施他所擅长的外科手术。就像我们所知道的，他到了地堡以后就一直陪伴在希特勒身边，直到最后时刻也没有离开。

按照兰德尔的讲述，“这位神秘的医生研究了多种形式的瘫痪方式”，“他在总理府的地堡里把全套的手术设施都准备好了”。为了让希特勒的替身们彻底丧失自身的行动主动性，这位医生对他们实施所谓的“丝线手术”了吗？要不就是希特勒的替身们仅仅是服用了毒品？

所有这些疑问都无法从斯达姆普菲格医生的口中打听出来，因为自从所谓的元首自杀以后，他也彻底失踪了。1945 年 5 月 2 日凌晨，斯达姆普菲格医生随着一支突击队逃出了地堡，并和马丁 · 鲍曼的军队会合。官方资料记录的是，斯达姆普菲格和鲍曼都死在了逃跑途中。证人们也没有提到斯达姆普菲格医生在地堡中的最后日子里所从事过的活动。兰德尔所得出的结论是斯达姆普菲格对希特勒的一个替身实施过所谓的“丝线手术”，而这一切正是为 4 月 30 日举行的“告别演出”所准备的，同时还组织了一部分人，让他们见证了一切，并可以在之后做证说就在那一天，在元首自杀的几个小时之前，他们曾亲眼看到了活着的元首本人。（路透社，伦敦，1945 年 9 月 11 日）

是谁在告别？

30 日，希特勒在地堡餐厅的走廊中和他的下属们一一告别。凌晨两点半，二十个人凝望着德国元首。特雷弗 · 罗珀对当时的情景是这样描写的：“当大家都聚集到一起的时候，希特勒从他在地堡中的私人房间里走出来，鲍曼陪伴在他的身边。他的注意力不是很集中，目光呆滞，眼睛上仿佛蒙上了一层雾气，就像汉娜 · 赖奇所回忆的。那个时间里见过他的人中很多都提过他大概是服用了一些毒品。德国元首穿过静静的走廊，与在场的所有女士握手。有一些人试图和元首说话，但他或沉默着没有回答，或是自言自语，说了一些别人根本听不清的话。”[1]

另外一段有关这场告别的描述是兰德尔按照他所做的调查内容写下的，大意如下：凌晨两点半，那些服侍希特勒的女士们被叫醒，因为元首本人想和她们一一告别。所有的女士们都非常惊诧，毕竟有很多天她们都没看到希特勒，所以认为他已经离开了地堡。在通往元首私人房间的走廊里她们排成一排。有人喊了一声“元首”。实际上，一个看上去

1 休 · 特雷弗 · 罗珀：《希特勒最后的日子》。

已经半瘫痪的人出现了，由身着白色外科医生制服的斯达姆普菲格扶着。希特勒伸出他苍白无力的手和每一位女士握手，然后就回到了他的房间。在这个奇怪的场景中，最让人解释不清的就是他一言未发，即使在那些女士和他说话的时候他也没有回答。见证了那场告别仪式的一位女士对兰德尔说："我敢肯定那是元首本人，但他变了很多。毫无疑问，他们给元首注射了毒品。他的眼睛模糊不清，他的视线根本无法集中。他的思维仿佛离他本人很远。当他和我们在一起的时候心却根本不在，但他就是希特勒本人。"

兰德尔拒绝公布那位给他提供证词的证人的身份："我不能把向我描述这个场景的女士的名字公开。在她向我提供证词之前我向她保证过不公开她的身份，她现在居住在苏联人掌控的地界里，她担心会为此而被捕并接受永无止境的审讯。"这位记者是这样描写的，"如果那个在走廊里与每个人告别的人是假的希特勒，那么戈培尔的妻子一定也参与了这场骗局，难以想象其他的那些女士们都没有参与这项秘密行动。如果是假的希特勒，那么显而易见，这场告别仪式纯粹是为了让那些在场的女士们日后能够提供证词来证明元首自杀的新闻。"记者兰德尔得出了上述结论。（路透社，伦敦，1945 年 9 月 11 日）

根据所有有关那次场景的证词，可以看出"没有任何事情可以改变那些女士们的想法，她们坚信就是真正的德国元首希特勒本人与她们握了手，并在几个小时之后结束了自己的生命。她们也承认举行那场告别仪式时光线暗淡，在元首现身的短暂时间里难以看清他的面孔，但她们坚信那就是元首本人，而且在她们的内心深处都为成为希特勒自杀前见到他的最后几个人而深感骄傲。那场告别仪式也标志着德国战败了"。[1]关于这场告别仪式最重要的是，希特勒本人想把所有人聚集到一起向她们告别，他却没有准备向她们说些什么，哪怕是一句话或几个词。更奇怪的是，这些被聚集起来的女士中有人面对面地冲着元首说了几句话，而元首默不作声并不予回答。比如有一位女士对他说："我敬爱的元首，我们仍然相信一切都会好起来，我们德国会打赢这场战争的。"但这位纳粹元首继续慢慢地朝前走去，同她握了握手，却一个字也没说。[2]

1 拉蒂斯劳·萨博：《希特勒还活着》。
2 拉蒂斯劳·萨博：《希特勒还活着》。

4月30日凌晨，在希特勒向众人第一次告别后，又组织了另外一场类似的仪式。在讲述最后几个小时中发生的事情的时候，特雷弗·罗珀证实，“下午两点半，希特勒和爱娃·布劳恩再次出现了，他们将地堡中所有房间巡视了一遍，并结束了告别”。证人们提供的证词说：“元首从他的房间走了出来，爱娃·布劳恩陪伴在他身边。他穿着和以往一样的衣服：黑色的裤子、军装上衣和白色的衬衫。爱娃穿着蓝色的衣服，戴着白色的装饰。在安静的气氛中，他们从一间屋子走到另一间屋子，和每个人握手。希特勒自言自语，说着一些其他人根本听不清的话，在每个人身边经过时都那样自言自语。他的背驼得比其他任何时候都厉害，脸色是一种像死人一样的透着暗黄的苍白。”[1]很多人参加了这场告别仪式——马丁·鲍曼和他的秘书艾尔斯、戈培尔夫妇、布格多夫和克雷布斯、拉登胡伯、琼格和林格。几分钟以后，他们二人又走回了自己的房间准备自杀。

一切都算计好了

希特勒的确不再需要医生了，就像他辞退他的私人医生莫雷尔后亲口说的。那个需要一个医生的人是他的替身。必须为那个替身的死亡做准备，他的死亡要毫无意外地演变成元首希特勒的自杀，虽然对替身本人而言这是一场谋杀。

最主要的替身知道他会为了元首死去。尽管他为此接受了训练，但成为被选中的人并在几个小时内就去执行这一自杀任务，对他来说也是艰巨的。

按照所有人对最后时刻的描述，结论显而易见，那时在地堡中的人不是希特勒本人。没人知道“丝线手术”究竟是什么，也没人知道是不是希特勒的替身被实施了这项外科手术。直到今天也没有任何证据表明这种手术被实施过，它可能是对人的脊髓进行一些干预。尽管如此，关于“丝线手术”的传闻也无法完全辟谣。但可以确定的是，斯达姆普菲格医生掌握毒品麻醉技术，曾经在很多病人身上进行过临床实验。如果真的在希特勒的替身身上用过这种毒品，那受害者一定会变得很温和、

1 阿敏·雷曼：《在希特勒的地堡中》。

很平静，而且会丧失一些身体功能，麻醉的剂量可能让他无法做出任何回应。因此，在告别仪式上没人明白“希特勒”都说了些什么，那些话让人无法理解，而且听起来就像窃窃私语。

替身的行动速度很慢，需要别人帮助，而且他的眼神迟钝而呆滞。斯达姆普菲格医生让他做什么他就做什么。他会服从命令，因为他已经不是真正的希特勒了。希特勒的替身被形势所迫有可能在情绪失控的时候说出了真相，反正他也没有什么后顾之忧了，而纳粹分子们却不准备去冒这样的风险。

变了，全变了

必须要强调的是，真正的希特勒出逃以后，在地堡中发生了一些变化，让我们来看看都是什么：

1. 烟酒再也不是地堡中的禁品了。在希特勒的眼皮底下这是不可能发生的，因为他严格戒酒并从不吸烟。

2. 将军们已经不再服从希特勒替身发出的各种命令，而是按照自己的战略计划进行部署：如果真正的纳粹元首还在场，这样的情况绝对不可能发生。直到逃跑的那一刻，一切就像往常的惯例一样，所有的军事命令都要经过希特勒的批准。4 月 28 日，元首出逃以后，魏德林将军提出请求，希望他的部队进行一次战略转移以突破苏联红军的包围，并为后边的德国部队杀出一条生路。戈培尔未经请示希特勒，直接拒绝了魏德林将军的请求。在真正的德国元首面前，这样的事情是不可能发生的。

3. 为了保护元首的个人安全曾经实施了一些措施，这些措施在使用替身以后被撤销了。比如希特勒的私人医生申克，他肯定地说在地堡中，4 月 29 日深夜，“喝了几杯酒后我打算去洗手间，但是地堡上面的洗手间门被封住了，我只好去下面的洗手间，那个洗手间的旁边就是元首居住的地方。”出乎意料的是，“以往在门口的两个看守都被撤走了”，他在没有任何人阻止的条件下就走进了希特勒经常出现的房间里。那时他看到了所谓的希特勒正在与哈瑟医生交谈。[1]

非常有意思的是，按照这个故事，希特勒身边的警卫员们都已经离开了他（实际上，那些警卫员们已经与真正的元首一起出逃了）。在最关键的时刻，当危险不断出现的时候，对元首本人的保护措施反而减少了，因为一切都与人们所知事实相反。

另外，眼光敏锐的申克医生发现那时候“希特勒”戴的眼镜是钢制镜架，而真正的元首所戴的眼镜应该是镍制的镜架。

一些事情改变了，但很少有人意识到这些变化。只有寥寥几个人凭直觉感觉到了。这场死亡的骗局可能已经扩大了范围，除了希特勒和爱娃·布劳恩，其他藏匿在地堡中的人的尸体从未被发现，他们的死亡也从未被证实。

遗嘱

按照官方所讲述的故事，德国元首在 4 月 29 日按照他的最后意愿签署了一份私人遗嘱和一份政治遗嘱。如果他在这个日子之前就已经出逃了，那么是谁签的遗嘱？那些遗嘱以及结婚文件，很可能是希特勒在出逃前预先签署好的。

琼格是希特勒身边最年轻的秘书，后来她做证说“希特勒”向她口述遗嘱的时候使用了一份事先已经草拟好的稿子，并添加了一些似乎是他口述的段落。因此，实际上琼格所写下的遗嘱是从一份速记稿上照抄下来的，而速记稿又是由假定的希特勒所提供的，是从零散的笔记中整理出来的。这样的做法不符合传统的方式，因为真正的德国元首在口述信件或文件的时候，总是不慌不忙，这样他的秘书才能把他口述的内容完整地用打字机打出来。另外，像琼格所提到的那种零星记录的“记忆帮助”法，元首本人从来没使用过。

撰写政治遗嘱的时候，琼格说是戈培尔和鲍曼让她在零散的纸上写下了各位新任部长的名字。这样的事情在真正的德国元首面前是永远不

1 罗恩·汉辛：《希特勒的逃亡》。

可能发生的，因为他不会允许有人干预他的政务。

另外，值得注意的是，在遗嘱的最后两段——大概七十个字的文字中，出现了至少六处明显的拼写错误和语法错误。希特勒的秘书都是从全德国最优秀的人中挑选出来的，经验丰富，是不可能犯这类错误的。这些都可以说明希特勒的私人遗嘱是由其他人写下来的。有可能用同样的内容撰写了两个版本的遗嘱。一份是由希特勒提前签署好的，带着文字错误，还有一份是由琼格在地堡中写好的。

第一份，有希特勒的亲笔签名，由一个未知身份的人用打字机打出来，而这一份也是公布于世的那份，不是秘书琼格在最后时刻写下来的那份。同一台打印机被再次使用，以防骗局被发现。

按照政治遗嘱的内容，希特勒指定戈培尔为新任总理。在琼格还没用打字机将遗嘱打印出来前，就存在了一份已经打印出的任命文件。这说明在遗嘱被写出来之前，戈培尔还没有接受以自杀为结局的解决方案。

飞行员鲍姆巴赫在 4 月曾经在地堡中见过元首，但他不记得具体日期了。他被元首“身体上的变化彻底震惊了”。他非常肯定地说，“希特勒的双臂和双手颤抖得非常厉害”，以至于他根本无法写字，因此，他必须用一个“橡皮章”来印下他的签名。[1] 但是在遗嘱上元首的签名却是本人写下的，字母很小，却很清晰，与其他文件上签署的名字一模一样。那么，就像那时候所有见过希特勒的证人们所描述的，一个孱弱的、带着严重的健康问题的、萎靡不振的、浑身颤抖不停的希特勒，能够在 4 月 29 日凌晨四点亲自口述并签署那些重要文件吗？答案肯定是，不能。

继任者

在遗嘱准备好以后，邓尼茨将成为德国元首的继任者，然而通知邓尼茨的步骤还没有正式履行。这一步必不可少，第三帝国未来的元首需要这份正式的通告，此事非同小可。

从几年前开始，当希特勒远离政务时就有几位纳粹头目渴望成为希特勒的继任者。在令人沮丧的战况出现之前，希特勒远离政务和选定继任者的消息是极为重要的。在那样的特殊情况下，逻辑思维告诉我们希

1 维尔纳·鲍姆巴赫：《帝国空军的生与死》。

特勒本人肯定要把他远离权力的决定通告给继任者，让其知道他将继承元首的衣钵。但是这样的事情没有发生。马丁·鲍曼代替希特勒在1945年4月30日向邓尼茨发送了一封电报，电报写道："元首决定任命将军您成为他的继任者，而非戈林。您已被授权行使各种权力以应对随时突发的战局。"

战争最后几天从地堡里发出的所有电报都有一个特点：没有一份电报上签署着元首本人的名字。

结婚文件

结婚文件所设下的骗局与遗嘱的骗局相似：在出逃之前，希特勒把结婚文件签署好了。说到这儿，不得不提到一个鲜为人知的事情：三十七岁的沃尔特·瓦格纳 一直为戈培尔工作，负责主持了希特勒的婚礼，后来被纳粹分子枪杀，一颗子弹打在了他的头上，一切都发生在他完成了那个不平凡的任务之后，也就是在地堡中给"希特勒"主持婚礼之后。

最后我们还要讲讲那场婚礼，婚礼上的"希特勒"喝了很多香槟，尽管真正的希特勒从不沾酒精。关于婚礼的庆祝仪式，海因里希·缪勒描述为"希特勒和爱娃·布劳恩在柏林地堡中举行的婚礼，在1945年4月28日或29日，就是一场地道的戏剧表演"。[1]

我们可以看到，在举行了婚礼那场闹剧以后，爱娃·布劳恩的身份就变成了可以继承希特勒财产的继承人。作为希特勒最重要的家庭亲属，她可以掌管元首本人的私人账户，特别是可以掌握他在瑞士的秘密账户。这是希特勒要结婚的动机吗？也是他急于扩散结婚消息的原因吗？

到现在为止，还没有任何有关爱娃·布劳恩接触过希特勒在瑞士的银行账户的证据，但是随着时间的流逝我们得到了一些信息，特别是在那些机密文件的保密级别降低以后，我们就更不能否认爱娃掌握德国元首瑞士账户的可能性。即使她人不在瑞士，她也可以熟练地管理德国独裁者的那些账户。

1 罗恩·汉辛：《希特勒的逃亡》。

最后的考虑

除了上述提到的遗嘱，希特勒在地堡中的最后几周里很有可能还起草了其他文件。1976 年，与德国纳粹元首保持着长期的友谊的绍姆堡－利珀王子克里斯蒂安公布了一篇难辨真伪的元首撰写的文章，名为《最后的考虑》。[1] 在这篇明确标明“写于 1945 年柏林元首指挥部”的文章里，希特勒面对一场不确定的败仗分析了第三帝国的历史。

对于这篇没有发表的文章，绍姆堡－利珀王子说：“阿道夫·希特勒的坦白让我印象深刻，从 1936 年我认识希特勒起，那次坦白都让我觉得他是在向我交代他将永远离开的结局。”值得一提的是，这位撒克逊王子在这段话中使用的动词是“离开”，这意味着不一定就是死亡。柏林被攻陷以后，希特勒确实已经永远地离开了欧洲。

在那篇文章中，纳粹元首仿佛已经给德国预见到了一个悲剧式的结局，他指出：“如果在这场战争中我们必须投降，那这将是一场对我们意味着彻底失败的战争。”他还补充写道，“世界犹太主义、布尔什维克主义以及所有追随他们脚步的狗腿子们，在把我们伟大的德国民族社会主义国家摧毁、围剿和彻底瓦解前，是不会放下手里的武器的。”

然而，尽管他已经作出了这样的预言，但他还是写道：“即使这么恐怖的局面真的发生了，也无法消减我对德意志人民伟大未来的坚不可摧的信心。我们承受越多的灾难，我们不朽的第三帝国将越早重生。”希特勒在结束这段话的时候还指出，“无论发生什么，德国人永远不应该忘记最重要的就是要扫除所有与我们不一致的敌人，并为了伟大的第三帝国的团结奋斗不息！”

一个非常有意思的信息是，克里斯蒂安家族从二十世纪初起，就是阿根廷的巴塔哥尼亚圣拉蒙庄园的主人，圣拉蒙庄园面积有十几万公顷，距离巴里洛切的圣卡洛斯城只有几公里的路程。而阿根廷巴塔哥尼亚在希特勒逃跑的最初几年里是他的第一目的地。[2]

---

1 弗莱德里希·克里斯蒂安·德·绍姆堡－利珀：《希特勒是独裁者吗？》。
2 阿贝尔·巴斯蒂：《希特勒在阿根廷》。

1944 年 7 月 15 日，希特勒与凯尔特会晤

第十章 流亡之旅

很多传言都把我最后一次飞行任务讲述得像神话一样。难道希特勒就不能藏在什么地方吗？…… 也许吧。这个疑点重重的秘密会找到最终答案吗？

——纳粹女飞行员汉娜·赖奇

昨天我非常认真地查遍了世界地图，想看看我们可以朝哪个地方飞。我的飞机和水上飞机已经随时准备着飞往世界任何一个地方去。飞机上的机组成员都是可以信任的。我已经下了命令，没有我的允许任何一架飞机都不能起飞。

——维尔纳·鲍姆巴赫，1945 年 4 月

逃往何处？

1945 年 4 月初，一些纳粹头目和重要文件开始从柏林撤离。以此为目的，鲍曼命令党卫军的突击大队长乔治·贝茨草拟了一份包括德国政府所有重要成员的名单，名单上的所有人将被带到位于阿尔卑斯山巴伐利亚地区的"阿尔卑斯堡垒"。带着这样的目的，希特勒的飞行员汉斯·鲍尔在滕佩尔霍夫机场准备了十架飞机。在执行被命名为"后宫行动"的计划时，九架飞机从柏林起飞，在飞行中没有遇到任何阻碍。第十架飞机在 1945 年 4 月 21 日引擎出现机械故障，从天上急速坠落并摔得粉碎。

在那种危急时刻，希特勒要想活下去就必须离开欧洲。这项出逃计划的目的地是哪里？德国元首要藏到什么地方才能保证绝对的安全？出逃行动是否涉及了各种各样的计划？逃跑的路线里预先设计了中途停留

吗?

希特勒和他的随从们在1945年4月开始执行逃跑计划，他的那些随从里包括一些纳粹头目，都是在官方的历史记录中注明已死或失踪的人。和希特勒一起出逃的还有爱娃·布劳恩，但对他们出逃的确切时间和如何突破苏军的封锁仍是疑问重重。

有关这些疑问半个世纪以来一直没有找到答案，但一定是有答案的，这样才能澄清历史并让人们了解真实发生的事情。

首先，为了判断希特勒的出逃是否可行，应该认真分析，从1945年4月20日起，也就是真正的希特勒还在地堡中的日子起，从纳粹德国首都逃出去是否有可能。

我们已经了解纳粹军队在战火中一直坚守着一条狭窄地道，这条地道能够使一小拨队伍突出重围抵达哈弗尔河。在这条河上德国军队的水上飞机可以停泊。夜间规模比较小的水上航行也是不会被发现的，这样就可以远离柏林市中心了。

就像我们提到的，这条狭窄的地道不仅一直保持畅通无阻，而且有无可辩驳的证据表明，直到柏林投降的那一天，还有人从地堡中通过这条地道逃了出去。

当然，很难有人相信德国元首会冒着那么大的风险从地道中逃出去。另外，即使在炸弹已经开始落向德国首都心脏地带的时候，希特勒也不会像任何一个逃兵一样匆匆忙忙地从地道中跑出去。

德国元首的出逃路线只能从空中进行规划，因为他非常喜欢飞行。另外，他也清楚他拥有全世界最好的飞机和最优秀的飞行员。但是，那时苏联军队已经包围了柏林，而且炮弹密集轰炸，夜晚如白昼一般明亮，黑夜变成了白天。德军地对空的炮弹也一刻不停地发射着。在这样恶劣的条件下，飞机还有可能从外界抵达并在菩提树下大街上起飞吗？答案是肯定的。

尽管那时候战势逆转，已经非常不利于德国军队，但直到战争的最后几天，德国飞机还在执行着大量的从地堡中往外运送物品的飞行任务。

关于这个事实，连官方的历史记录都承认，在1945年4月的最后几周里，从柏林进出了很多飞机，这些飞机都在菩提树下大街上进行着陆，没人知道究竟有多少架飞机在那时飞出柏林，也没有人知道有多少人坐在那些飞机上逃出柏林。出逃计划被制订得非常周密，所有证据都表明出逃计划是由一小拨人周密计划的，而希特勒是从空中逃走的。

斯佩尔的飞行

一些官方记录的飞行表明，有一些重要人物特地飞到柏林，而他们飞去的目的非常可疑，让人捉摸不透。

比如，在纽伦堡审判过程中，斯佩尔在解释为什么他在 4 月 20 日离开又在 4 月 23 日飞回柏林的地堡时，证词明显少得解释不清，对他而言那时候飞行是冒着极大风险的，而在 24 日的凌晨他又离开了地堡。（上面提到的这几个日期都是真实的吗？或者斯佩尔飞行的真正日期与上面提到的日子有差别？）

他承认，那时候飞回柏林只是为了与希特勒告别，而在苏联的枪林弹雨中飞行是冒着很大危险的。按照他自己的说法，他与希特勒的告别仪式非常正式。

这位纳粹分子在提到他与帝国元首的最后一次会面中都谈到了哪些话题的时候，表达得非常简单直白。那么他们都说了些什么？他们谈到的话题是方方面面呢，还是仅限于逃亡计划的细节？尽管有地对空的防御来掩护，但他飞行到柏林的地堡仍是冒了极大的风险，那么他飞去只是为了向希特勒问候一下，还是为了陪着元首的情人吃顿精致的晚饭？斯佩尔是单独飞到柏林，还是有人陪同？他抵达地堡的时候，真正的希特勒还在那里，还是只留下替身与斯佩尔见面？按照在地堡中精心策划的逃亡计划，我们所知道的那些事情与真实发生的是否还有出入？

水上飞机

从柏林出发以后，斯佩尔转移到了汉堡，在汉堡与德国政要空军飞行队（德国空军第三运输中队）的指挥官维尔纳·鲍姆巴赫将军会面。鲍姆巴赫将军告诉他，在挪威已经有一架备用的水上飞机随时待命，机上准备了足够使用六个月的物资。因此，在 4 月初，鲍姆巴赫在向海因里希·希姆莱暗示逃跑准备情况的时候说："昨天我非常认真地查遍了世界地图，想看看我们可以朝哪个地方飞。我的飞机和水上飞机已经随时准备着飞往世界任何一个地方去。飞机上的机组成员都是可以信任的。我已经下了命令，没有我的允许任何一架飞机都不能起飞。”[1]

值得一提的是，在德国首都柏林被攻陷后两周，盟军活捉了奥托·斯科兹尼，他是德军特种部队的指挥官，因为曾经指挥了很多大胆的军事行动而赫赫有名，比如在意大利的群山中救走了贝尼托·墨索里尼。当斯科兹尼被捕以后，美国人对他进行了持续不断的漫长的审讯，想从他的口中打探出来他是否用飞机把希特勒从柏林救了出去。但他的回答永远都是否定的。然后审讯者不得不转换了一种审问方式。他们问斯科兹尼，假设他必须要突围把希特勒从柏林救出来，他会采取什么样的方式。斯科兹尼回答说：“坐水上飞机，利用哈弗尔河漂行。”这是苏联红军根本想不到的却非常可行的逃离方式。

今天，幸亏有那些已经解密的历史资料，我们确信在弗伦斯堡有一组提前准备好的 BV-222 水上飞机。它们随时待命以协助藏匿在地堡中的纳粹高官们逃生，目的是执行一次远距离的飞行任务，很明显，是前往格陵兰海岸的某个秘密地点。

这个预谋周密的计划最终被德军上尉恩斯特·科尼希曝光于世了，他在九十三岁高龄即将离世的时候，在 2004 年英国《泰晤士报》上登出了一篇文章。科尼希想把这个秘密带进坟墓，但是他的朋友说服了他，让他把这个逃跑计划公之于众。当柏林被攻陷的时候，邓尼茨下达命令启动这项逃跑计划。

有关逃离的程序，维尔纳·鲍姆巴赫在 1945 年 5 月 1 日签署的一份空中撤离的军事文件可以说明一切。这份文件由鲍姆巴赫发给陆军中尉兰斯特鲁夫的军事命令在官方的历史记载中无法查证。在这份文件中提到了一架 BV-222 水上飞机要随时准备飞行到弗伦斯堡，一架功能强大的 JU-290 远程侦察机要飞到第三帝国的首都执行一项紧急的救援任务。除了鲍姆巴赫，梅耶上尉也被指派负责执行此项任务。任务的内容就是要救出那些纳粹的头目们……

我们还掌握的情况是，当柏林被攻陷的时候，在林茨城边上的赫尔兴机场，布劳恩上尉正在一架 JU-290 远程侦察机中等待着上级命令，

1 维尔纳·鲍姆巴赫：《帝国空军的生与死》。

准备带着纳粹头目们撤离并飞到西班牙去。

那么，第三帝国的其他优秀的飞行员们，比如汉娜·赖奇、里特尔·冯·格莱姆、汉斯·鲁德尔以及卡尔·科勒尔将军，在这场秘密逃跑的计划中又分别扮演了什么角色呢？

纳粹飞行员尤尔根·包瑟曾协助了至少包括赖奇和里特尔·冯·格莱姆，在4月底降落在菩提树下大街后又飞出了柏林。包瑟后来承认，在那段时间里，"寻找飞行员中的自愿者，看看谁愿意在胜利大道降落，然后能够从柏林的中心起飞并立刻带走一位让人绝对意想不到的重要人物，他将在之后的战事中继续指挥军队"。[1]那么，包瑟永远不敢透露姓名的这位重要人物究竟是谁呢？

调查人员伯恩萨德说，在战争的最后一段日子里，"在地堡中和柏林城里最绰绰有余的人，就是那些飞行员们。他们都是随时待命的，这些人中至少包括在28日驾驶着JU-52运输机的包瑟，还有汉娜·赖奇、冯·格莱姆、鲍尔和贝茨，后面两位是希特勒的私人飞行员。"[2]按照伯恩萨德的说法，"希特勒的出逃一定是私下进行的，而且没有任何预兆，没有任何目击者。最初他大概考虑过要乘坐直升机，这样在夜晚起飞，可以在相对安全的情况下抵达德国与丹麦的边境，因为阿道夫·加兰德将军[3]在德国北部战区已经部署了近百架ME-262战斗机以掩护德军飞行。阿道夫·加兰德将军恰恰就在29日收到了希特勒的命令，令其空中掩护好柏林的上空。"[4]

希特勒和阿道夫·加兰德将军

1 维多利亚·罗宾斯：《希特勒之死》。

2 帕德里克·伯恩萨德：《希特勒的逃匿》。

3 阿道夫·加兰德（1912~1996）：德国王牌飞行员，二十九岁担任德国歼击机部队司令。在德国空军中享有很高的威望，被大家尊称为"小胡子将军"。1996年2月，因病逝世于德国家中。——编者注

4 帕德里克·伯恩萨德：《希特勒的逃匿》。

汉娜·赖奇的秘密任务

那时，在柏林的地堡中，希特勒的私人飞行员汉斯·鲍尔向他的上级汇报说："一架续航力非常强大的飞机在机场待命，准备随时载着元首飞往阿根廷或国外任何一个地方。"那是一架带有六个引擎的JU-390飞机，是非常先进的机型。它的续航力是9700公里，而每小时500公里的飞行速度是盟军的飞机绝对赶超不上的。鲍尔回忆说，如果希特勒想撤离，那么直到1945年4月28日前，从空中飞行逃跑是不会遇到任何阻碍的。

另外，女飞行员汉娜·赖奇回忆说，她和冯·格莱姆一起回到柏林是为了执行一项"秘密任务"，任务的内容一直没人告诉他们，只知道是要飞离苏联军队包围的柏林。调查人员特雷弗·罗珀——这段历史的官方调查者，否认了汉娜·赖奇的话，认为"汉娜·赖奇肯定地说她和冯·格莱姆是在4月30日凌晨离开地堡的。如果真是这样，那他们二人就是那段历史的见证者，但有关那段历史人们一直都保持沉默，一旦沉默被打破，事实将真相大白，但这样的事情并没有发生。通过不同的渠道我们得到的确切证据是，他们恰好是在所提供日期的二十四个小时前离开了地堡"，也就是说，是在4月29日，这位英国调查人员非常肯定他的说法。

特雷弗·罗珀表示他可以接受那位纳粹女飞行员所讲述的有关地堡中的一切，特别是她所提到的有关她与冯·格莱姆被希特勒接见的事实。他相信这个女人讲述的一切，唯独她所提到的离开地堡的时间他不认同。那么，她为什么要编造一个虚假的时间呢？

赖奇被关在监狱中时，得知特雷弗·罗珀出版了一本书。1947年，她有机会读到了这本书，并特别注意到了书中所提到的她离开地堡的日期。因为被这个英国人描述的文字所困扰，她在写给其弟弟的一封信中写道："向他（特雷弗·罗珀）致敬，我祝贺他写出了这样一个生动的故事。但我必须强调的是，毫无疑问，这个故事是以一些虚假的信息为基础而编写出来的。"但是作者本人否认了汉娜的说法，"事实上这些信息全部来自某情报机构，而这个机构向来只提供真实可信的信息"。[1]

赖奇到底是什么时候逃出地堡的？她提到的日期和特雷弗·罗珀认

1 威尔弗莱德·冯·欧文：《谁是戈培尔》。

定的日期有二十四小时的差别，这个差别是非常重要的，比如说，赖奇没有提到希特勒和爱娃·布劳恩在地堡中举行了一场婚礼，而这场婚礼在官方的记录中是在28日晚到29日凌晨间举行的。

有一份文件可以证明直到29日赖奇还在地堡中。这是一封书写日期为4月29日的信件，是马格达·戈培尔交给纳粹女飞行员让她带给哈罗德的信，哈罗德是马格达·戈培尔第一次婚姻留下的孩子。在信中的一个段落里写着："我只知道无论活着或是死去，我们都将会带着荣誉和骄傲离开。"信中最后写道，"这封信一定会被带出去的，汉娜·赖奇会带着它乘坐飞机离开。我用我最深厚的爱拥抱你。我的儿子，为了伟大的德国，活下去"。[1]

赖奇还讲道，当他们被困在地堡中的时候，虽然具体时间没有提到，但据推测是在4月28日，"仿佛奇迹一般，我们得到了一个消息，说有一架JU–52飞机降落在菩提树下大街上，我和冯·格莱姆将乘坐着它离开柏林。在机场的鲁德尔也通过最后一次的信号呼叫通知我们，说机场已经做好准备迎接我们的抵达，但是冯·格莱姆拒绝离开地堡"。

这不是一架小型飞机，而是一架JU–52运输战斗机，机身长十九米，带着三个七百五十马力的BMW引擎。JU–52运输战斗机还装备着精良的武器，两架口径7.92毫米的MG–15式机关枪和重达4500公斤的炸弹，可以承载十六名乘客和五名机组成员。这是德国元首最喜爱的机型，在战争全面爆发前，希特勒曾经乘坐着一架牌照号登记为D–2600的JU–52飞机巡视了很多德国城市。官方记录中没有再提到这架JU–52运输战斗机是否再次起飞或停驶在菩提树下大街上，也没有记载这位穿越了苏联人的空中封锁勇敢地降落在柏林中心地带的飞行员的名字。在1945年4月29日或30日，很有可能有多位纳粹头目都乘坐着它撤离了（其中包括空军副官尼古拉斯·冯·毕罗）。一架类似的飞机在从菩提树下大街起飞后低空飞行时被击落了。

神秘的飞行

真实的历史是，女飞行员汉娜·赖奇在已经被晋升为空军总司令的

1 威尔弗莱德·冯·欧文：《谁是戈培尔》。

冯·格莱姆的陪同下，乘坐一架几个小时前预先备降在菩提树下大街的 Arado 96 型飞机，从柏林起飞突破了重重包围。

在出发前，马格达·戈培尔对她说“也许会绝处逢生”。这个女人在最后的危急时刻仍然抱着一线生机，幻想着她和家人能够活着逃出去，然而最终她还是选择了毒死自己的孩子们，并在之后与戈培尔一起自杀。纳粹女飞行员汉娜肯定地说，在那样危急的情况下，“是生是死的重任都交给了格莱姆”。但是，这位经验丰富的德军飞行员拒绝驾驶 JU-52 飞机，他认为这个机型的飞机噪声比较大，而且比 Arado 96 型飞机起飞过程更长，很难成功穿越苏联人的空中火力封锁。

两种机型最大的区别是 JU-52 飞机具有比较大的搭载能力，可以搭载二十个人左右，而另外那种机型相对来说比较小，包括飞行员在内只能搭载三个人。

那时正是撤离的关键时刻。赖奇、格莱姆和包瑟乘坐着一辆装甲车驶向了勃兰登堡门方向。那里停着一架 Arado 96 型飞机，就在它起飞升空前几个小时，十几架 ME-262 战斗机接到了希特勒的命令，它们将负责掩护 Arado 96 型飞机起飞并突破重围。在苏联人的炮火包围中安全地在柏林降落并起飞，这样冒险的任务终于完成了。从那时起，再没有任何一架飞机可以从德国的首都飞离出去了。

赖奇和冯·格莱姆在那样的关键时刻所执行的秘密任务究竟是什么，至今历史没有给出清楚的答案，而这两位纳粹飞行员那时还保持着恋人关系。历史学家们忽略了这项任务，并且没有给予任何关注，而就是这项任务居然让不止一架飞机在那样的时刻安全地飞进并飞出柏林。如果只是参考历史记录，我们根本无法理解这对飞行员恋人究竟为了什么目的执行这次任务，他们驾驶着同一架飞机抵达了柏林的地堡，在那里滞留了两天，然后没有任何阻碍地飞出了柏林。

蛛丝马迹？

赖奇执行的飞行任务与希特勒和其他纳粹头目的逃跑计划有关吗？盟军认为答案是肯定的。赖奇后来被美军抓获，她在监狱中被关押了十五个月。很显然，审讯者有意要打探出她执行的最后一次从柏林出逃的飞行任务的目的是什么。盟军审讯了上百名纳粹分子，试图掌握希特勒藏匿的地点，甚至在柏林被攻陷后的好几年里这样的审讯也没有中断过。他们的做法让人觉得他们还在寻找在逃的纳粹头目，因为事实就是他们发现希特勒的确逃跑了。在这样的审讯中，被俘的德军官员们很可能对于希特勒的出逃真的一无所知，因为在盟军抓获的人里没有那些纳粹高官，所以探明真相的意图遇到了重重阻碍。

赖奇回忆说："我成了美军的俘虏。在那十五个月中他们一直关押我。我的罪名是高级罪犯。但是我自问，我错在哪儿？我是德国人，还是一位知名的飞行员，人人都知道即使到了最后时刻我还在执行任务，我深爱我的祖国。很多有关我最后一次飞行任务的传说都变成了神话。很多人都相信当我飞离柏林的时候，飞机上载着希特勒，人们相信我的任务就是把他带到某个藏匿的地方去。"

在很多年中，这位女飞行员都没有把她的最后一次任务与希特勒的逃跑联系起来。但是，当她变成一位耄耋老人时，她带着戏谑式的口气，透露出了一些蛛丝马迹。赖奇在她《飞行，我的天堂》一书的最后一版中，闪烁其词，说她可以成为那个将希特勒从地堡中救出去的人。德国战败投降以后，在她被逮捕后接受无数次的审讯中和各种证词中，汉娜一直拒绝承认上述说法，而现在她的改口让希特勒真正的命运又变得扑朔迷离。而且在她出版的书中，前几版中她也从来没提到过。在她生命即将走到终点的时候，她又把这样的疑问提了出来，在她书中的最后部分，添加了一段新的文字："很多传言都把我最后一次飞行任务讲述得像神话一样。难道希特勒就不能藏在什么地方吗？……也许吧。这个疑点重重的秘密会找到最终答案吗？"[1]

飞行员证人们

另外，还有人肯定地说，4 月 30 日下午 4 点 15 分，在菩提树下大街的跑道上他们看到了希特勒，而那个时间刚好是官方记载的所谓的希特勒自杀后的一小时。

1 这段话被添加在《飞行，我的天堂》一书的最后一版中。这段话隐含着一些内容，暗示汉娜救出了希特勒。该书最后一版于 1979 年印刷，同年汉娜去世。

就在那条跑道上，一架JU-52飞机刚刚降落，两名机组成员，也就是后来讲述这段历史的人，看到纳粹元首在一些人的簇拥下站在一架飞机前。证人们说那时希特勒穿着他的灰色军装，被一些纳粹党的头目们围着，他在与他们交谈。JU-52飞机只停留了十分钟，在下午四点半左右再次起飞离开。直到那个时候，这架飞机的两位飞行员还“确信无疑”地见到了元首。因此，当半夜他们听到来自军方的消息说希特勒已经在下午3点20分自杀后，感到非常震惊。

需要注意的是，按照这段历史，那天在菩提树下大街上有两架飞机。一架是由那两位讲述了上述故事的飞行员证人驾驶，而另一架飞机，在它的前面曾经站过希特勒（或是希特勒的替身）和一群人。

还有一段令人不安的故事是飞行员鲍姆加特讲述的，他在1947年11月18日接受了盟军的审判。在法庭上，这位飞行员出人意料地承认说，他就是那位携带着希特勒和爱娃·布劳恩飞离出柏林的飞行员。他的声明立刻引起一片哗然，在全世界各地的报纸上被不断转载。

有文章这样写道：“埃尔内斯特·鲍姆加特是原德国空军高官，今天对他的庭审被突然中止并推迟四十二天，因为他在法庭上讲述说，就在苏联军队将柏林攻陷前，他驾驶飞机载着希特勒和爱娃·布劳恩去了丹麦。鲍姆加特，三十二岁，在两个月前进行的身体和精神检查中被证明健康。庭审被中止并被延期以进行进一步的审讯和调查。鲍姆加特在法庭上称他在1945年4月25日搭载希特勒和他的妻子离开柏林，在马格德堡降落，他们躲过了盟军的军队，在4月29日逃到了丹麦。鲍姆加特说飞机在奥得河北边四十五英里的地方安全着陆。他做证说希特勒和爱娃·布劳恩在那里等待了三十分钟，然后坐上另外一架飞机飞往一个无人知晓的目的地。希特勒付给他一张柏林某银行写着两万马克的支票作为酬谢。”（美联社，华沙，1947年11月18日）

希特勒的逃亡

人们猜测希特勒为了逃出柏林可能采取的各种方式。先是步行，然后沿着哈弗尔河乘船离开？乘坐了水上飞机？或者乘坐的是飞机或是直升机?

另外，关于希特勒离开的具体日期也一直是个疑问。还有就是逃跑的飞行目的地是哪里，他究竟飞往了哪个机场？按照我们所掌握的各种文件和证词的记录，让我们把盟军手中所有的资料信息连成时间线来回顾一下历史吧。

首先回到柏林的地堡中。时间是 1945 年 4 月。计划在进行中。希特勒的替身在一小拨纳粹分子的掩护下偷偷摸摸地潜进了地堡。而真正的希特勒呢？“缪勒是最有可能知道一切真相的人，因为他就是精心策划了一切的策划者。根据缪勒的说法，希特勒离开了花园，是从后门走出去的…… 并再也没有回到地堡中。”[1]

在柏林的那个下午，阳光照射下投出的影子掩藏了一切。希特勒没有再回到公众的视野中，他已经变成了一位逃亡者。在 4 月某一天的下午，他从总理府的花园走了出去，是林格最后一次见到他，那么，希特勒去了哪里?

可以肯定的是，希特勒在他贴身警卫员的保护下离开了地堡前往一个合适的地点等待之后的飞行逃离，有一些他选中的人将和他一起乘坐飞机逃走。他只有几个可以选择的离开地点：最有可能的是菩提树下大街，就像前文中提到的，两旁的树木和路灯都被清除干净，一条跑道俨然而生。当然还有其他地方也可以用来起飞，如果最终他没有选择飞机而是乘坐直升机，那么 威严耸立的十三层塔楼就可以作为起飞地点，那里曾经被作为直升机的停机坪。那个巨大的建筑物就竖立在总理府的旁边，占地近一公顷，而且架上了地对空大炮。

按照海因里希 · 缪勒的讲述，他没有描述希特勒是从哪个具体地点出逃的，却说出了他逃跑时使用的交通工具。缪勒说，希特勒离开地堡以后，“乘坐一架双旋翼 FA-223 直升机离开了柏林，并飞往赫尔兴机场，这是位于奥地利林茨的一个空军基地”。

据我们所知，德国航空部曾要求生产三十九架这种机型的直升机，它可以搭载九名乘客。由此推算，在没有任何超载的情况下，希特勒随行可能还带了另外八个人（当然了，如果按照搭载的重量来计算，很可能机上又添加了一些人）。

1 罗恩 · 汉辛：《希特勒的逃亡》。

在战争临近结束之际，只剩下寥寥几架直升机还在执行任务。在柏林被攻陷之后，盟军在奥地利发现了两架这种机型的飞机，它们在战争尾声的最后几天里执行了多次飞行任务。另外，美军在柏林被攻陷以后，缴获了一架FA-223直升机，牌照号为230，由奥托·敦克驾驶，从距离萨尔斯堡很近的机场起飞，目的地是距离柏林非常近的德军飞行基地。有人认为这架直升机把希特勒运抵奥地利，之后又从那里返回了柏林。[1]

那么，我们得出的结论就是，希特勒乘坐着直升机离开了柏林，飞抵了奥地利，并在林茨附近的飞机场降落，很可能陪同他的还有八个人。所以，在那些日子里，甚至直到德国首都柏林投降的时候，在菩提树下大街不断起飞和着陆的飞机搭载着一些纳粹头目从地堡中逃了出去。

第二步

4月22日，作为第200特种轰炸机联队的杰出飞行员，布劳恩上尉接到命令，驾驶一架编号为0165的JU-290飞机前往奥地利赫尔兴机场待命。他将执行一项任务，搭载一组乘客前往西班牙巴塞罗那。这个命令是由乔西姆·贝尔曼上校口头传达的。缪勒非常肯定地提供证词说希特勒离开柏林的确切时间就是22日，在很短时间内他就飞到了奥地利赫尔兴机场。他还补充说，纳粹元首又从那里，也就是赫尔兴机场，于4月26日晚上八点乘坐着一架带四个引擎的飞机离开。也就是说，德国元首从22日到26日一直滞留在奥地利，然后从那里出发前往一个中立国。关于这段历史，缪勒对他的审讯者美国人科伦塞尔说："希特勒去了西班牙，我知道他安全抵达了……"

就这样，希特勒在奥地利完成了逃跑计划的第一步，然后前往伊比利亚半岛，继续他的逃亡之路。根据缪勒的证词，"1945年4月26日晚上八点左右，希特勒和另外至少两人乘坐一架JU-290飞机从赫尔兴机场起飞，飞向目的地西班牙的巴塞罗那。这架飞机在4月27日降落在目的地"。缪勒对他的审讯者说，他收到了飞机安全抵达的确认信息。

另外，研究纳粹秘密历史的知名学者菲利普·汉森也曾经提到在4月27日有一架JU-290飞机飞抵巴塞罗那，但是他还说在调查中无法确

1 罗恩·汉辛：《希特勒的逃亡》。

认那架飞机上乘坐的乘客的身份。

还要提到的是一架编号为 PIPQ 的 JU-290 飞机，这架飞机在汉堡附近的特罗弗明德机场被盟军发现。[1] 按照缪勒的说法，飞行员鲍姆巴赫驾驶这架飞机在 4 月 26 日搭载着希特勒从林茨的赫尔兴机场飞抵西班牙的巴塞罗那。

4 月 27 日飞机飞抵目的地后，把希特勒和他的同伴们放下，又飞回了德国，在 4 月 28 日返回德国的特罗弗明德机场。[2] 德国政要空军飞行队的指挥官鲍姆巴赫将军在向希特勒的继任者邓尼茨通报之前，于 4 月 28 日将飞机降落在特罗弗明德机场。这架飞机在英军抵达前，于 5 月 3 日在特罗弗明德机场被销毁。[3]

运送希特勒的飞行员

飞行员鲍姆巴赫在他的名为《破碎的纳粹标志》一书中，提到 4 月 21 日他还在柏林，并收到了来自装备部部长斯佩尔的信件。我们看看下面的这段话，这位纳粹飞行员透露说："我们准备了一架可以长距离飞行并可以把我们带往任何一个地方去的飞机。"然而在这句话之后话锋一转，说大约在 4 月 28 日和 29 日之间，他们从德国的北部飞往汉堡附近的特罗弗明德。他没提到他们究竟是怎样逃离柏林的，也没有讲从 4 月 21 日到 28 日之间他们都做了些什么。没有任何细节能够透露出这些日子里他们都做了些什么，但是很有可能在这些日子中的某一天，他驾驶着把希特勒运送到西班牙的飞机回到了德国。

4 月 21 日，鲍姆巴赫向德国航空部申请并得到了一份驾驶执照，由维特纳将军签署，批准鲍姆巴赫可以驾驶民用飞机。这份驾驶执照给他在西班牙和阿根廷驾驶飞机开了绿灯。战争结束后，鲍姆巴赫跑到阿根廷并在那里定居下来，为当时的阿根廷总统胡安·庇隆的航空飞机计划工作，这项计划由一些从欧洲逃跑的纳粹工程师负责（负责人是德国航空科学家库尔特·谭克）。

1 维尔纳·鲍姆巴赫：《失败的纳粹党》。
2 罗恩·汉辛：《希特勒的逃亡》。
3 C.G. 斯威廷：《希特勒的飞行中队》、《元首的私人飞机和运输队（1933~1945）》。

西班牙，逃离路上的跳板

在战争最后的日子里，曾经有过多次秘密飞行任务，用来把出逃的纳粹头目们转移到其他地方。西班牙在战争期间一直保持着中立国的姿态，此时却变成了纳粹分子们逃跑的避难所，而且它的地理条件得天独厚，有绵长的地中海海岸线和毗邻大西洋的海岸线，这是一块天然的跳板，从它的海岸线出发可以逃往世界任何一个地方。

U- 潜艇

战争期间，在伊比利亚半岛的几个不同港口都有U-潜艇[1]执行任务，很有可能一些潜艇也担负了协助纳粹分子们逃出欧洲的任务。在那些众所周知的具备潜艇下水条件的地方，比如西班牙的潜艇基地A. 格拉纳和卡兰萨机械学校，可以给登陆的德军潜艇进行燃料和武器的补给。[2]这些潜艇白天停泊在特隆科河的岸边，到了晚上它们慢慢驶向卡兰萨的供应船和火药库进行补给。那段时间里，位于托雷塞德依拉大街的维戈大学几乎变成了纳粹党在那里的大使馆，里面进驻了希特勒青年团的成员。可以确认的是，那里是德军在大西洋部署的潜艇部队的休息地点。

西班牙历史学家恩里克·巴雷拉·贝提亚在他的名为《1931 年至 1952 年的费罗尔城：从共和国至战后》的书中写道，他发现那时候他的国家给纳粹分子们提供过一些帮助，这个发现在西班牙军方的文件中也有据可循。这位历史学家很肯定地认为："那些战争罪犯们从西班牙加利西亚的费罗尔城逃到了拉丁美洲，佛朗哥政府的军人们和西班牙政府获取的情报都协助了那些战犯的出逃。"

1 特指在第一次世界大战和第二次世界大战时，纳粹德国使用的潜艇。因这些潜艇的型号都用德文 Untersee-boot（潜艇）的首字母加数字组成而得名。在两次世界大战中，德国的U-潜艇击毁了大量敌舰，战绩十分惊人。——编者注

2 恩里克·巴雷拉·贝提亚：《1931 年至 1952 年的费罗尔城：从共和国至战后》。

那时候，作为纳粹头目希姆莱的特派专员，德裔阿根廷人卡洛斯·弗德纳于 1945 年 3 月 20 日携带着大笔资金抵达了马德里，在那里他将安排飞机、船和潜艇等交通工具协助纳粹分子们从西班牙逃走。弗德纳是阿根廷政府中的关键人物，而他的重要任务就是帮助纳粹分子们从西班牙逃往阿根廷首都布宜诺斯艾利斯。[1]

有多少架纳粹飞机飞抵了西班牙？

没有人知道究竟有多少架纳粹飞机在战争的最后阶段飞抵了西班牙，那些飞机运载着纳粹头目们和一些必须从德国带走的物资，要飞到欧洲的中立国去，或者飞到还在纳粹控制范围内的地区，甚至包括日本。一些飞机在那段时间里变成了“民用的”，比如德国的民用航空公司德国汉莎航空公司，这样就可以顺利躲避盟军的严格检查。

1945 年 4 月 20 日，汉莎公司的型号为 FW- 200 的飞机从巴塞罗那起飞，在往返于德国与西班牙的航线上完成了它最后一次商务飞行，最终在柏林的飞行基地滕佩尔霍夫机场降落。而在 1945 年 5 月 5 日，一架 JU-52 飞机从奥斯陆起飞，在弗伦斯堡着陆，这次飞行成了第二次世界大战期间德国汉莎航空公司的最后一次商务飞行。

在欧洲战场上战争结束前的最后几天中，有一些记载着纳粹飞机飞抵西班牙的官方记录文件，内容如下：

> 一架 JU- 290 飞机，机身编号为 D-AITR，被命名为“拜仁号”，用于运送德军的破解密码系统 SFM-43 和所有密码电文。这台重要的机器在 1945 年 4 月 6 日凌晨 3 点 28 分被运送到了西班牙巴塞罗那。布劳恩上尉负责执行这次飞行任务，此人为德军特别分队 LTS290 的指挥官，这支分队配备九十架同机型的飞机。那个凌晨雾气蒙蒙，飞机一直无法着陆，直到 3 点 40 分。飞机在着陆的时候从跑道上弹了起来并撞坏了起落架。
>
> 另外，一架编号为 0185 的 JU-290 飞机，于 1945 年 4 月

1 阿贝尔·巴斯蒂：《巴里洛切的纳粹分子》。

23日在巴塞罗那着陆，这架飞机一直是德国元首希特勒的专机，机舱进行过改造并安装了五十个座位。那次飞行中它搭载了什么人无从知晓，装载了什么物资也没有记录。

1945年4月底，一架从捷克首都布拉格起飞的“民航”JU–290飞机降落在了巴塞罗那。这架飞机运送了一些纳粹官员，其中包括党卫军陆军中将汉斯·卡姆勒，此人从1945年4月23日起从布拉格彻底消失，没有留下任何线索。卡姆勒是德军V–2导弹[1]系统的负责人，同时还负责纳粹军队很多其他秘密武器的研发计划，包括德国的原子弹计划。

1945年5月8日，阿尔伯特·斯佩尔的私人飞机从奥斯陆飞往西班牙的圣塞巴斯蒂安，此次飞行任务是为了帮助比利时的纳粹志愿军头目莱昂·迪格瑞勒上尉逃跑。

另外，还有很多其他在西班牙着陆的飞机，上面都搭载了来自欧洲各国的法西斯分子和纳粹分子。比如1945年4月23日在巴塞罗那机场降落了一架小型飞机，上面的乘客有一小拨带着明显克罗地亚民族外貌特征的人，他们是“领袖”（意大利人称贝尼托·墨索里尼为“领袖”）的情人克拉雷塔·佩塔奇的姐姐、姐夫以及父母，几个意大利人和外国附敌分子。[2]西班牙当局拦下了停落的飞机并检查了所有乘客的身份证件，这些乘客经过了简短的问询，最后西班牙当局以“他们具备常规的入境签证”为由没有拘留这些人。

由于西班牙政府接受这些逃亡纳粹分子的做法过于明目张胆，此事曾经引起英国强烈的外交抗议，甚至英国一度威胁西班牙，如果这样的情况继续发生，英国将要对西班牙宣战。在盟军的强势压力下，那时的西班牙佛朗哥政府承诺将禁止德国飞机飞往西班牙。德国汉莎航空公司那时保留着一条从意大利北部飞往西班牙巴塞罗那的航线，以及一条飞往德国柏林的航线。但是从1945年3月起，佛朗哥政府警告德国汉莎航

1 指纳粹德国在“二战”中研制的一种中程弹道导弹，也是世界上最早投入实战使用的弹道导弹。其目的在于从欧洲大陆直接准确地打击英国本土目标。——编者注

2 费得利卡·贝尔塔尼亚：《阿根廷的法西斯移民》。

空公司和意大利共和国国家空军不能在西班牙领空飞行。然而，纳粹的军用飞机依然使用假飞机编号在西班牙飞行和着陆，而且机身都伪装成民用飞机。

飞往南美洲的纳粹飞机

那么现在来看看另外一个问题——在那些年里，有没有可能只要乘坐一架飞机，就可以直接从西班牙飞到美洲？答案是可能的。那么如果这是有可能的，一定存在那样的情况，就是逃到伊比利亚半岛的纳粹分子们从那里继续飞到了年轻的美洲大陆。这条路线有可能成为纳粹分子出逃的路线吗？答案依然是可能的。

可以肯定的是，当柏林城被攻陷以后，德军中那种可以长距离飞行的飞机使西班牙直飞到阿根廷成为可能。这条航线变成了纳粹头目们携带重要资料和大量现金逃跑的专线。类似的飞行有据可查吗？是的，在第三帝国沦陷前，飞往阿根廷首都布宜诺斯艾利斯的有据可查的记录至少有两次。

在美国官方保存的一份秘密资料中，记录着：

> 我们终于在西班牙和德国之间建立起了一条固定的飞行航线。飞机不需要再穿越法国领空飞行了，可以利用意大利北部和地中海的领空。这些带有四引擎或六引擎的飞机已经制造完一段时间了，其任务就是在适当的时间里搭载纳粹的重要头目们逃往日本或阿根廷。有一支被命名为德军飞行中队的特殊编制，队员都是经过严格筛选的。这支飞行中队的任务不仅是将重要物资和情报人员转移到西班牙，还包括训练人员。这种考虑是出于担心政治避难的申请万一被拒绝…… 西班牙被第三帝国挑选为最适合执行逃跑计划的国家…… 在1945年2月就有两架飞机飞往了布宜诺斯艾利斯。这份记录已经被核实。

另外，在资料中还记录着：

德国纳粹通过寄往阿根廷的外交邮件向布宜诺斯艾利斯运送资金和信件。我们的情报人员获知邮寄路线的中转站是意大利。在西班牙，资金和信件是被寄到了两所教堂里，这两所教堂隶属的教会在阿根廷还有同样的机构。在这两所教堂里，阿根廷派驻到西班牙的官员将资金和信件打包成外交邮件。这些教堂给予纳粹的协助都是无条件的，因为那里面很多修道士都是德国人，而这些人的家属都还留在德国。盖世太保控制了他们的书信往来。盖世太保威胁他们，如果他们不配合，他们在国内的家人将会被肃清。[1]

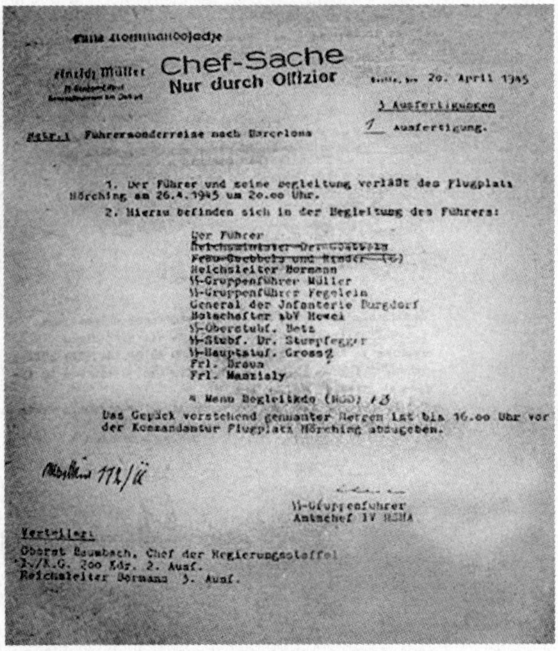
Chef-Sache
Nur durch Offizier

Heinrich Müller — 20. April 1945

3 Ausfertigungen
1 Ausfertigung.

Betr.: Führersonderreise nach Barcelona

1. Der Führer und seine Begleitung verläßt den Flugplatz Hörching am 26.4.1945 um 20.oo Uhr.

2. Hierzu befinden sich in der Begleitung des Führers:

Der Führer
[illegible]
[illegible]
Reichsleiter Bormann
SS-Gruppenführer Müller
SS-Gruppenführer Fegelein
General der Infanterie Burgdorf
Botschafter abV Hewel
SS-Oberstubf. Betz
SS-Stubf. Dr. Stumpfegger
SS-Hauptstuf. Grosz
Frl. Braun
Frl. Manziarly

+ Wenn Begleitkdo (RSD) / 5

Das Gepäck vorstehend genannter Herren ist bis 16.00 Uhr vor der Kommandantur Flugplatz Hörching abzugeben.

SS-Gruppenführer
Amtschef IV RSHA

Verteiler:
Oberst Baumbach, Chef der Regierungsstaffel 1. Ausf.
K.G. 200 Kdr. 2. Ausf.
Reichsleiter Bormann 3. Ausf.

这是一份德国机密文件。它表明有一批人于1945年4月26日（纳粹元首所谓的自杀的四天前）乘坐飞机撤离到了西班牙的巴塞罗那。文件上所列的乘客名字中包括了阿道夫·希特勒

“预定的”航班

飞往西班牙的航线已经被纳粹逃亡者们用来当作逃亡路线，但这种发生在盟军（美军和英军）眼皮子底下的事情也许得到了他们某些部门的默许，因为他们不希望苏联共产党抓获那些纳粹逃亡者。这条航线至关重要，纳粹政府的重要科技研究人员、大量的资金、文件和非常重要的物资等都是从这条航线撤离的。

我们已经提到，希特勒逃亡计划的第二步是在4月26日深夜飞抵距离林茨比较近的机场，然后在次日的清晨从那里出发飞到巴塞罗那。有关这段行程的安排我们都能知道些什么？可以掌握什么细节？预先指定好要陪同德国元首的都有哪些人？

有关这些内容，就像前文提到的，海因里希·缪勒的证词作为有力

1 美国驻瑞士武官B.R.雷吉将军获取的军事情报，编号为CID N° 123156/IG 4812，日期是1945年3月28日。而仅仅在一天之前，阿根廷向轴心国宣战。

证据浮出了水面，另外，还有一份出自第三帝国元首私人安全部门的文件。

这是一份官方密文，提前通报了希特勒的行程是从奥地利赫尔兴机场出发前往西班牙巴塞罗那。纳粹元首逃亡路线第一步的具体时间和行程安排在密文里却从未提及，实际上希特勒是从柏林乘坐直升机到奥地利赫尔兴机场，通过这个逃亡中转站再继续下一步。

有一个巧合是我们不得不注意的，那就是有关希特勒逃跑计划的具体时间和行程安排，缪勒的证词与那份提前通报了 4 月 26 日希特勒从奥地利逃往西班牙巴塞罗那的官方密文完全一致。

这份密文的抬头写着“元首飞往巴塞罗那的行程”，内容如下：

1. 1945 年 4 月 26 日晚上八点，元首和陪同人员从赫尔兴机场出发。

2. 下面是乘坐飞机的人员名单：

元首

戈培尔（名单原件中名字被划掉）

戈培尔夫人和孩子（六人）（名单原件中名字也被划掉）

马丁·鲍曼

党卫军中将 缪勒

党卫军中将 费格莱因

国防军陆军步兵将军 布格多夫

德国外交部驻统帅部联络官 哈维尔

党卫军突击大队长 贝茨

党卫军上校 斯达姆普菲格医生（名单原件中打了一个问号）

爱娃·布劳恩

曼扎利夫人

安全指挥部人员四名

密文还写道：“从下午四点，在赫尔兴机场大门开始往飞机上装行李（那些赫赫有名的人物的行李）。”也就是说，这次飞行看上去就是一次商务飞行，乘客还有宽裕的时间用来装行李。

这份密文的签署时间是1945年4月20日，签署的是海因里希·缪勒的名字。另外密文上还盖着缪勒的印章，这份密文仅限在高官中传阅。

在这份密文中还特别标明原件已被复印，一份指定发送给马丁·鲍曼，另一份给飞行员鲍姆巴赫，此人被指定为这次特殊飞行的驾驶员。

让我们看看在官方密文中那些将要乘坐这架非比寻常的飞机的人名，以及他们每一个人最终的命运：

1. 希特勒：官方记载是自杀，但事实是逃跑了。

2. 戈培尔一家：在名单原件中他们的名字被划掉了，看上去是在密文被发送后名字才被划掉的。按照一直以来的说法，戈培尔夫妇毒死了自己的孩子后在地堡中自杀了。

3. 马丁· 鲍曼：按照官方记载，他在试图逃跑的时候死在了柏林。但有很多信息显示鲍曼一直活到了二十世纪七十年代。

4. 海因里希·缪勒：在官方记载中，他是从地堡中逃跑，但死在逃跑的路上。[1]但有证据显示这位纳粹头目逃跑成功并跑到了阿根廷。

5. 党卫军中将费格莱因（爱娃·布劳恩的妹夫）：希特勒下令将其处决，但是他的尸体从未被人发现。

6. 布格多夫将军：据官方记载，1945年5月2日在地堡中自杀，尸体被苏联军队发现，没有通过尸检核实身份，被认为是其人是因为苏军发现了他的身份证明。

7. 特派外交官哈维尔：据官方记载，他从地堡中逃跑，由于担心落到苏联人手中，最终自杀。尸体从未被发现。

8. 党卫军突击大队长贝茨：传言此人被苏联军队抓获。事实是此人下落不明。

9. 斯达姆普菲格医生：据官方记载，这位一直为所谓的“希特勒”治疗的外科医生，在战争即将结束之际，与马丁·鲍曼在试图逃出柏林的时候被击毙，但他的尸体从未被发现。

10. 爱娃·布劳恩：据官方记载，她在地堡中自杀了，但尸

1 缪勒的助手海因斯·潘维茨被苏联人抓获，于1957年被释放。他坚称亲眼见到了缪勒的尸体并进行了尸检，缪勒的后背中了两枪，死于柏林的地堡中。

体未被核实身份。

11. 曼扎利夫人：从 1937 年起一直是希特勒的厨师，柏林被攻陷以后，再也没人知道她的下落。

另外，在密文中还附着有安全指挥部的四名人员随行，但名字没有具体写明。

缪勒在回答美军审讯官的证词中说，除了上述人员还有一位在密文中没有提到的重要人物也随行陪同，他就是陆军中将汉斯·卡姆勒。如果这段证词是真实的，那么卡姆勒不可能像上文提到的那样，从捷克布拉格乘坐一架 JU-290 飞机飞往西班牙巴塞罗那。

维尔纳·鲍姆巴赫就是那位在 1945 年 4 月驾驶飞机把希特勒送到西班牙的飞行员。战争结束以后，鲍姆巴赫与其他纳粹空军中非常杰出的几位飞行员逃往了阿根廷，这些飞行员中有汉斯·鲁德尔和阿道夫·加兰德。在他的行李中有一封放在两个信封里的信件，里面装着那份抬头写着“元首飞往巴塞罗那的行程”密文的复印件。另外一份复印件被发送给马丁·鲍曼，他曾在布宜诺斯艾利斯居住过一段时间。

1948 年，鲍姆巴赫在阿根廷总统胡安·庇隆的第一任总统任期内被任命为阿根廷武器制造指挥总部的“技术顾问”。1953 年，阿根廷在德国纳粹分子的协助下发展本国的航天业，一架阿弗罗“兰开斯特”轰炸机携带新型导弹“阿根廷制导 1 号”准备试射，但发生了事故，鲍姆巴赫遇难。

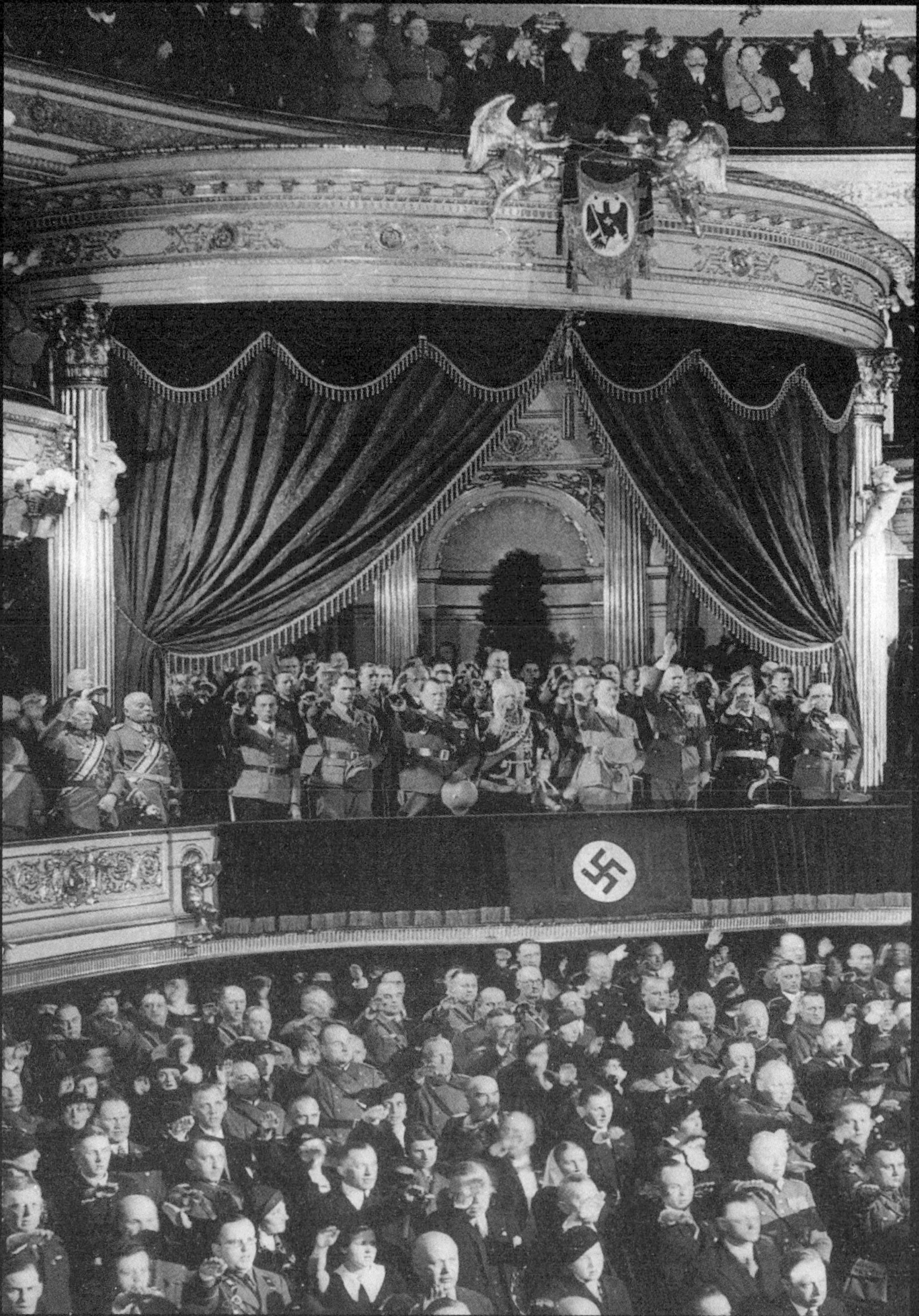

希特勒参加在柏林国家歌剧院举行的仪式

第十一章 那些死去的希特勒们

我们发现了一个身着军装的男人的尸体，他的面部特征与希特勒很相像，但是却穿着带补丁的袜子。我们认为这不太可能是希特勒，帝国元首会穿着带补丁的袜子，这实在令人难以置信。我们还发现了另一具尸体，那人刚死不久，尸体没有被火化过。

——苏联将军特尔措夫斯基

“希特勒”来了

1945年4月，西班牙记者克里斯托瓦尔·达马伊奥决定回到第三帝国首都柏林。作为西班牙《先锋报》驻德国的记者，他一直负责有关战争的报道。达马伊奥具有丰富的报道经验，但为了处理一些家事从德国回到了西班牙马德里，之后他希望还能回到德国去继续报道战争最后几天的情况。

没人能说服他打消这样的想法，大部分人都认为他的冒险行为与自杀无异，人人都知道从当时苏联红军对德军的作战情况来看，要回到柏林实属不易。那时，德国汉莎航空公司还继续开通着西班牙巴塞罗那飞往德国柏林的航线，因此在4月12日，这位阅历丰富的记者登上了一架汉莎公司的FW-200“秃鹰”飞机，他希望这架飞机能够在全速前进的盟军抵达柏林之前，载着他飞到那里。

这架飞机飞越了地中海并朝着意大利飞去，那时意大利墨索里尼的政府已经被推翻，飞机在日内瓦着陆添加燃料。由于盟军空袭的警报不断，航班没有准点起飞，而是比原定的起飞时间推迟了很久。从日内瓦起飞后，飞机在米兰着陆，并在那里滞留了四天，再次起飞后在英戈尔施塔特小机场紧急迫降，最后终于降落在了慕尼黑机场，当时慕尼黑的战争局势愈发紧张。达马伊奥不得不在那里继续等待飞往目的地的飞机。

所有的航班都在耐心地等待战争的炮火短暂停歇的那一刹那，一旦得到飞行控制台和雷达发出的可飞行信号就马上安排继续飞行。然而最可信的还是飞行员用肉眼所观察到的，他们随时保持警惕，观察天空上的各种状况，以避免发生任何不幸的事故。尽管旅途让人精疲力尽，还随时冒着生命危险，达马伊奥却坚持要回到柏林去报道战争最后时刻的情况。那时候，飞机上几乎已经没有乘客了。当他再次登上飞机的时候，他根本没有意识到这次飞行是汉莎公司从西班牙飞往纳粹德国的最后一次飞行。

当成千上万的汹涌人流企图从德国的心脏地带逃离出去的时候，这位外国记者，带着新闻记者狂热的职业激情，下定决心要回到柏林亲眼见到最后一刻的第三帝国总理府，他坚信那里将会是战争最终结束的地方。从巴塞罗那到柏林，几个小时就可以完成的飞行路程，最终耽搁了八天。当飞机起飞准备完成最后一段航程时，只能在凌晨到来前进行低空飞行，这样才能不被战争双方发现，飞机最终成功地降落在了柏林的滕佩尔霍夫机场。

从飞机上下来以后，达马伊奥发现苏联军队的进攻太快了，情况已经糟透了。在机场跑道上可以听到炮声，因为在机场纳粹军队正朝着柏林亚历山大广场不停地发射地对空炮弹。

这位老练的记者变得越来越焦虑，他觉得根本找不到进入市中心的时机，这样他就无法把消息发送回西班牙。但飞行指挥站的电话一直无法使用，他根本无法转移到市中心区。1945 年 4 月 20 日达马伊奥一整天都待在原地。因为错过了完成工作的关键时机，他既气愤又沮丧。原本他打算写下他的第一篇有关第三帝国沦陷的报道《在前线》。

然而，命运和他开了一个“善意的玩笑”。对于那些执着于实现自己目标的人，命运一定会宠爱他们，把各种达到成功的机会都送给他们。这次，他就偶然并幸运地得到了新闻线索。在那些清晨都能闻到硝烟的日子里，一个惊喜从天而降。这次飞行途中耽搁的所有时间仿佛都是为了让达马伊奥来经历一次特殊的偶遇。

当他绝望地等待航班时，达马伊奥发现在跑道上降落着一队歼击机，护卫着一架机型更大的飞机。而从这架大型飞机上走下来的人正是希特勒。这位西班牙驻德国记者，除了在报纸上多次见过希特勒的照片，1942 年 9 月在柏林体育场还亲眼见过希特勒作公开演讲。因此，他毫不犹豫地认定：“4 月 20 日早晨不到六点，在滕佩尔霍夫机场，我亲眼见到第三帝国元首阿道夫·希特勒从一架由四架歼击机护卫的战斗机上走了下来。”[1]

那时的达马伊奥，和其他大部分普通人一样，根本不知道元首本人身在何处。但是他看到元首和一些随行的人员乘坐三辆车扬长而去。这位派驻在德国柏林的资深记者，非常确信那位与他抵达相差仅几分钟的人就是德国元首希特勒。

那时，这位记者对于地堡里发生的事情一无所知，他以为帝国元首飞去那里是为了亲自在柏林的最前线指挥战斗。实际上，希特勒为何在那里出现一直是个谜，而记者的猜测是非常符合逻辑推理的。但是时至今日我们都知道，真正的希特勒从 1945 年 1 月起就一直藏匿在地堡中。但是他在地堡中的事情从来不为公众所知，直到 4 月 23 日纳粹分子对外仍然保持统一口径说，希特勒还在德国首都领导德军与苏联人顽强战斗。

19 日，达马伊奥在滕佩尔霍夫机场看到希特勒的前一天，真正的德国元首还在地堡中完成了很多工作，签署各种文件和命令，甚至还拍了照。那天日程中元首的最后一件公务是接见飞行员汉斯·鲁德尔，这位飞行员在 4 月 20 日凌晨一点告别了希特勒。那么，对达马伊奥来说他在柏林机场早晨六点见到的人究竟是谁？那人是真正的希特勒吗？如果德国元首在地堡中所完成的那些工作记录可以成为证据的话，答案就是否定的。

双重骗局

希特勒逃离地堡的日子，也是他的替身登上舞台开始欺骗众人的日子。在柏林被攻陷前最后的日子里，扮演希特勒的只有一个替身吗？可能是两个或者更多吗？

爱娃·布劳恩也逃跑了，是别的女人替代了她扮演希特勒情妇的角色。这个替代品在 4 月 22 日下午六点与戈培尔一家人一起来到地堡，看

1 克里斯托瓦尔·达马伊奥：《柏林最后的日子》。

上去她在人生最后的几个小时里一直试图与假希特勒保持距离。

根据现在我们手中掌握的所有资料，推测希特勒逃跑的场景要比推测他逃跑后地堡里发生的事情简单得多。他逃跑后地堡里发生的事情过于复杂，那些证词颠三倒四，证人们交代出那些前后矛盾的证词仿佛就是出于掩盖真相的目的。当希特勒逃跑的时候，他的计划就是让世人陷入谜团。是的，他的目的达到了！

直到今天，那些日子里发生的很多事情都还是一个谜团，奇怪、可疑、错综复杂又矛盾重重，那段历史难以澄清，因为为了达到蒙蔽众人耳目的目的，它早已被扭曲、篡改和伪造了。

毫无疑问，在地堡中至少有两个希特勒的替身。最主要的替身虽然把整个剧本都记在了脑子里，但万一碰到拿不定主意的事情，还有鲍曼和戈培尔在后面垂帘听政。这两个人也负责把元首的命令和指示通报给外界。

这个所谓的希特勒，在地堡中接见的军人们都是以前从未见过德国元首本人的。他要发表的讲话也不多，因为他的“前任”已经承认德国输掉了这场战争，因此也没有太多决策要做。他只需要装作认真地听取将军们的意见，偶尔和他们发生一些争执，然后按照戈培尔的意思下达一些无关痛痒的命令就可以了。

真正的德国元首已经留下了签好字的结婚文件、遗嘱和一些空白的公文纸，当然，上面还有元首的印章。这些重要的文件日后可以在各种场合中使用。当然，他还准备了草拟遗嘱的骗局，以及一场邀请了少数嘉宾的结婚仪式，这同样也是骗局。那位被临时拉过去充场面的公证人沃尔特·瓦格纳后来被纳粹分子们谋杀了，他也只能永远保持沉默了。

至于那场婚礼，希特勒的司机凯姆普卡的讲述让人震惊。他在回答美军审讯的时候说，他没有参加那场婚礼，但是他听到了有关那场婚礼的传闻。凯姆普卡说：“1945 年 4 月 28 日以后我开始听到一些传言，说 4 月 28 日夜晚和 29 日凌晨元首和爱娃·布劳恩在地堡中举行了婚礼。一位来自宣传部的政府顾问或高级政府顾问主持了那场婚礼。另外还有一对新人也同时举行了婚礼。”[1]

还有一对新人？那就意味着是两对新人，但除了凯姆普卡关于在

1 凯姆普卡于 1945 年 6 月 20 日向盟军提供的证词。

地堡为两对新人举行婚礼的证词，没有其他任何文字记录可查。那么，这多出的一对难道就是希特勒的替身？他比真正的希特勒年老一些，爱娃·布劳恩的那位替身也是和他一起完成了婚礼仪式吗？另一个问题就是："真的进行了这场替身婚礼的彩排吗？"

尽管这场婚礼如此引人注目，女飞行员赖奇却坚持说不记得举行过婚礼，但无论如何，在所谓的婚礼之后，那个已经被毒品麻醉的假元首，在昏暗的地堡中与大家告别。他几乎一言未发，如果说了什么也是语音极低，没人听见他自言自语说了些什么。他离开的时候就像一个机器人，后边跟着一位谁都没见过的医生。其实在最后的那段时间里，安排他在公众视野中出现实在没有必要，但意义就在于这可以成为希特勒直到 1945 年 4 月 30 日仍在地堡中的有力证据，而那时候还封闭在地堡里的其他人，在见证了他如幽灵一般地现身前，都以为他已经逃跑了。最后，没过几个小时，他就上演了那场以自杀为结尾的闹剧。也就是说，他没有自杀。

替身的遇刺

在地堡中，那是最后一天，希特勒的替身发现有一支枪正对着他。在剂量刚好合适的毒品和麻醉药的影响下，他看不太清这支枪，但他知道现实的残酷。对他来说不是什么意外，这一天总会到来。他梦到过各种残酷的场景，也知道最终噩梦会变成现实。面对着无法改变的命运，他像孩子一样号啕哭泣。然后，镇定剂帮他恢复了情绪。

毒品让他彻底麻醉了，几乎没有感觉到扳机扣动的那一刹那，子弹便坚定地射穿了他的前额。瞬间他的生命就结束了，倒在了刽子手面前。

没有任何证人见证他的死亡。他的尸体被摆放整齐，布置好光线后，一架固定在三脚架上的相机开始被不停地按下快门，一张又一张拍摄并记录着他死去的样子。镜头对焦在他的胡子和被 7.65 毫米子弹射穿的额头上，拍照的人安静地继续着自己手里的工作，他的时间非常充裕，有好几个小时……

当盟军开始审讯在地堡中抓获的俘虏的时候，没有一个人记得发生了什么。但有些证人的说法是，希特勒被自己人给害死了，这与希特勒自杀的说法完全不一样。

纳粹分子为迷惑他们的敌人所做的还不止这些。他们在地堡中还留下了其他人的尸体，这些人也都是被纳粹分子们杀害的，其中有党卫军王牌军团中校米特尔·霍格、克莱勃斯和布格多夫将军。这些人的尸体都被苏联人辨认了出来，因为在尸体的衣物中发现了他们的身份证件……实际上，在前文中我们提到德国元首在 4 月 22 日乘坐飞机从奥地利转移到西班牙的时候，随从乘客名单中有一位就是布格多夫将军。因此，那些证据不足以证明对那具尸体的辨认是准确无误的…… 另外，有两个人的尸体还被焚烧过——一个男人和一个女人，这对被苏联人发现的尸体，后来被认定是戈培尔和他的妻子。还有一些人的尸体被纳粹分子们掩埋了，这其中就包括焚烧后被指认为是希特勒和爱娃·布劳恩的尸体，他们的尸体就被掩埋在柏林总理府里，在一片被建为临时医院的地方。

苏联人发现的那些被掩埋的尸体里，有一具穿着马丁·鲍曼的军装，军装里发现了这位纳粹头目的身份证件，完全与克莱勃斯和布格多夫将军的情况一样。苏联人对那具尸体为何被毁得面目全非很不解，也不明白为什么那身军装显得尺寸很小。但是苏联人也给那具尸体拍了照，仔细研究和推敲后，苏联人意识到他们再次被骗了。根据美国情报人员所写的报告，可以知道苏联人最后焚烧了那具尸体。[1]

在提到假的希特勒和鲍曼的尸体的时候，这份报告还写道："苏联人非常清楚地意识到，这两具尸体被丢弃在那里就是为了让负责调查的人陷入一个骗局。"另外，苏军还发现了六具孩子的尸体，也就是戈培尔夫妇的六个孩子，尸体静静地摆放在床上。有关这段惨烈的历史，也许是最惨绝人寰的一段，竟然还留着一些疑问。最大的疑问就是凯姆普卡的证词，他在面对美军审讯的时候说："帝国总理戈培尔的孩子们，在 1945 年 4 月 22 日被带入了总理府的地堡中，但是 1945 年 5 月 1 日被一位护士护送出了总理府。"

另外有关希特勒的最后一次告别仪式，一位在场的女士向记者莱斯利·兰德尔提供的一些细节非常奇怪。那位证人（具体名字没有被公开，但据猜测可能是琼格）曾是希特勒的秘书，她对记者说她拥抱了马格

1 这份报告由美军上尉奥托·诺顿完成，标注的日期和地点是 1945 年 11 月 3 日纽伦堡。诺顿上尉是时任美国情报长官多诺万将军的秘书。

达·戈培尔，马格达·戈培尔哭着对她说："我再也受不了了。我的两个孩子已经死了，现在还有两个也要去死。"（路透社，伦敦，1945年9月11日）

戈培尔的妻子想说的究竟是什么？她有一个儿子，是第一次婚姻的产物，这个叫哈罗德的儿子不在地堡中。另外六个孩子在1945年4月都在地堡中，都活着。但是那女人说她的两个孩子都已经死了。什么时候死的？是在地堡中吗？她提到的另外两个孩子"也要去死"让人疑惑不解。究竟发生了什么？这位绝望的母亲吐露的那些话究竟是想说明什么？

她计划要杀死四个孩子，然后用替身代替剩下的两个孩子，让他们可以逃生，是这样吗？那两个活着的孩子后来被一位护士带着逃出了地堡？如果是这样的话，那么凯姆普卡在招供时所提到的孩子们从地堡中逃跑的证词就成立了。戈培尔夫妇的自杀和毒死自己孩子们的故事背后还藏着什么秘密？他们是自杀的，还是被别人谋杀的？

必须要提到的是缪勒曾经解释过，戈培尔之死必须是真实可信的，因为只有这样别人才能相信死去的希特勒的替身就是希特勒本人。而且，事实正如纳粹分子们计划的，苏联人认定尸体就是他本人并对那样的结果确信无疑。

就像前文提到的，确认尸体上的牙齿与本人的牙齿一致是认证希特勒身份最关键的手段，纳粹分子们特别注意了这点并事先安排好了一切。首先，那些纳粹头目们的牙医记录早已从柏林城中被拿走或销毁了。其次，希特勒替身们的牙齿也被牙医种植了与希特勒的一模一样的假牙，苏联人在花园中发现的尸体中也有一具安着那颗假牙。因此，苏联将军特尔措夫斯基在柏林总理府中看到那具从泥土中挖出来的希特勒的尸体时说："他的牙齿都被敲了下来，放在脑袋边。"[1]

死去的希特勒的照片

当苏联研究员进入地堡的时候，根本没有识破敌人给他们留下的谜团，而斯大林却要求他们提供希特勒死亡的证据。

1945年5月8日，德国无条件投降，并爆出了发现希特勒尸体的消

1 科纳利乌斯·瑞恩：《最后的战役》。

真正的希特勒

息，因此那天的苏联《真理报》刊登出了希特勒尸体的照片（事实上，尸体是在六天前被发现的）。消息发布后引起了巨大的关注。

这样的结局正是众望所归，大家都希望看到希特勒没有逃跑成功而且他不得不选择自杀作为了结。但那些自以为将猎物捕获的共产党分子们没高兴几天，因为他们终于发现原来猎物已经逃跑了，而他们却像一个以为已经射中猎物的猎人一样白白高兴了一场。

关于那张照片还有很多疑问未解，但可以确认的是：那不是希特勒。照片上的那个人，很像希特勒，前额被子弹击中，躺在地上。他是前文中提到的希特勒的替身。

希特勒死亡的照片来自两个不同的渠道，下文中我们会给予解释。

对所有照片进行认真研究后，发现其中一组照片是由纳粹分子拍下来的，他们在拍照前已经把现场布置好了。这些照片的光线和对焦是经过精心设计的。底片掌握在苏联人手中，然而这些苏联人一直都没有解释清楚这些底片是从何而来的。也许他们发现了照相机，那应该是德国人特意留在地堡中的，或者是德国人专门把这些底片送到苏联人手中的，甚至有可能是纳粹派出专人与苏联人谈判有关投降事宜的时候以示诚意特地送给苏联人的。

另外一组照片，也展示了死者头部中枪，这组照片是苏联人在地堡中发现了希特勒替身的尸体以后拍下来的。

那些由纳粹分子拍下来的照片好像是用一架固定相机拍的，相机安装在三脚架上，曝光合适，对焦精准，照片质量不错。看得出来，拍摄者和灯光师有充裕的时间布置场景，拍照时没人打扰。从照片中的某些微小的细节可以发现，这组照片拍摄的地点与苏联人发现尸体的地点不在同一个地方。

苏联人拍的照片光线不好而且没有对焦，所以照片上的人轮廓不清。除此之外，两组照片的光线对比非常强烈。德国人拍下的照片中阴影部分比较暗，而苏联人拍下的照片中光线显得更加柔和。还有一处不同就是两组照片中光源的角度，光线从鼻子上扫落投影在嘴巴上的影子的角度不太一样。

在那组对焦比较好的照片中，所谓的希特勒的嘴巴微张，上嘴唇开裂而且有一些污渍。但在另一组照片中，他的嘴是紧闭的，嘴唇上也没有污渍。

如果认真观察两组照片中的区别，可以发现背景中的一些细节发生了改变，比如爱娃·布劳恩的照片图像模糊，德国人拍的照片中她的尸体仿佛被什么东西支撑着，而苏联人拍的照片中她的尸体却是被放平的。另外，照片在发布的时候拍摄对象被对调了位置，也就是说，应该在左边的图像跑到了右边，这种技术是在图片后期编辑或修改过程中经常使用的手法。

最后必须要指出的是希特勒的替身，也就是后来被发现的那具尸体，他的耳朵有一小部分被割掉了。因为希特勒的替身们，尽管在模仿他的时候与他本人已经非常相像，但所有人在耳朵的外形上与希特勒本人还是有细小的差别。因此，这位替身接受过小手术，他的耳朵的耳垂被割掉了一些。

为死去的希特勒的替身拍摄的那两组照片，被用来证明第三帝国纳粹元首的最终结局，足以成为蒙蔽和欺骗全世界的巨大骗局的完美证据。

为何要用替身？

有关这一点存在很多疑问。按照官方的历史记录，在被发现的几具尸体中，有一具真正希特勒的尸体，那么为什么他们又要给希特勒替身的尸体拍照？为什么他们没能给真正的希特勒的尸体拍照？按照所有证词所描述的，希特勒和爱娃·布劳恩都在地堡中自杀了，为什么没有给希特勒夫妇二人的尸体拍照？

上述几个问题的答案非常关键。纳粹分子们没有希特勒本人的尸体，所以只能给希特勒替身的尸体拍照。爱娃·布劳恩也未被计划在这场照片骗局中出现，因为他们没有找到一个合适的人可以扮演爱娃，所以，他们没法儿拍出希特勒夫妇尸体的照片。就像我们提到过的，如果希特勒本人真的自杀了，纳粹分子们一定会拍他尸体的照片，而不用费尽心思再安排一个替身…… 他们甚至可以拍出希特勒夫妇的尸体被火焰吞没焚烧中的照片。纳粹分子们刺杀了希特勒的替身，这么做的原因只有一个：真正的德国元首没有死，他们需要安排一个替身，这个替身可以演出一个完美的悲剧大结局。

苏联将军特尔措夫斯基的描述非常有意思。在他提到苏联军队冲进柏林总理府地堡并发现德国元首尸体的时候，他说："我们发现了一个身着军装的男人的尸体，他的面部特征与希特勒很相像，但是却穿着带补丁的袜子。我们认为这不太可能是希特勒，帝国元首会穿着带补丁的袜子，这实在令人难以置信。我们还发现了另一具尸体，那人刚死不久，尸体没有被火化过。"[1] 那时，苏联军队在总理府的花园里还发现了一具被掩埋在浮土中的尸体。

这样他们手里就有两具希特勒替身的尸体，"两个替身使事情变得更为复杂，苏联人只得把两具尸体并排放在一起，让希特勒的警卫员和其他德国人来辨认。可他们辨认不出来，因为他们根本就不想那样做"。[2]

头盖骨

苏联人如何处理了那具前额中枪的希特勒替身的尸体？最初他们接到命令要焚烧这具尸体。起初，他们也是这样做的，先用火焰喷射器燃烧了尸体，然后在总理府的花园中掩埋了它。也许正是因为如此，那时很多新闻报道都描述希特勒的尸体被火焰喷射器焚烧过。

然而，后来他们又接到命令，要把已经焚烧过的尸体运送回莫斯科。在莫斯科那具尸体的头部接受了 X 射线扫描：检查结果显示尸体主人的齿桥与希特勒曾经使用的材料一致。通过这个头盖骨的 X 光片，可以看到清晰的假牙和前额被子弹穿射的洞孔，这些都成为有力的"证据"，证明希特勒已经死了。

---

1 科纳利乌斯·瑞恩：《最后的战役》。
2 科纳利乌斯·瑞恩：《最后的战役》。

但是这具头骨完整的尸体，与元首本人相差甚远，禁不起研究和推敲，根本就不是真正的希特勒，因为完全不符合人体测量学的逻辑。手枪击穿前额造成的那个弹孔与见证了希特勒自杀场景的证人们提供的证词不符，这些证人们都说希特勒是朝着自己的太阳穴或是嘴里开的枪，而不是前额。还有就是尸体主人死时所穿的衣服太过简陋，上面还有一些补丁，这些都可以成为有力的证据，证明这位死者根本不是希特勒本人。

苏联人在寻找希特勒遗骨时发现的尸体，虽然与帝国元首相去甚远，但是他们并没有去找证人求证。那些德军战俘都被关押在苏联监狱里，而苏联人根本没有把他们带到尸体前去确认那是不是真正的纳粹元首。

对苏联人来说，他们所做的仿佛就是在一条湍急的河水中摸索着寻找纳粹分子们特意留下的诱饵，很多苏军中的军官都认为他们上当了。斯大林得知真相后也愤怒无比。真正的希特勒已经从他们眼皮子底下逃跑了。

那些“证人们”

编造这段历史的最后一个重要环节就是提供伪证，这是那些所谓的见证了元首自杀的证人们要做的（实际上按照官方的历史记载，没有人在现场）。这段被编造的历史情节被灌输给了那些证人们。他们必须做证说希特勒和爱娃·布劳恩已经自杀了，证词的大致内容是他们先是服毒，然后又对着自己开枪自杀，后来他们的尸体在总理府的花园中被焚烧。

那些证人们记下了整段故事内容，甚至连一些细微的地方也记住了，但不是所有的细节，有的地方完全是空白，所以当他们提供证词的时候，每个人都把记忆空白的地方用想象力填补了起来。他们被灌输这段历史的时候，没有人被告知希特勒逃往何处和如何逃跑的。而地堡里的其他人也被告知元首已经自杀了，他们当然相信那就是事实。

5月7日，牙医赫尔穆特·昆兹直到被苏军抓获都一直在地堡中藏匿，苏联军队反间谍机构陆军上尉瓦西列夫和陆军中校弗拉索夫共同审讯了他。昆兹承认他给戈培尔的孩子们注射了吗啡让他们沉睡，然后他们的母亲马格达·戈培尔和斯达姆普菲格医生给他们服下了毒药。但是他信誓旦旦地保证说从没看到希特勒夫妇自杀，更没有看到有人焚烧他们的尸体。他不是唯一一位被关押在苏联监狱中接受审讯的犯人，在莫斯科潮湿和寒冷的监狱中还关押着其他犯人，苏联军人会根据情况对这些德国战俘使用酷刑，毫不手软。

接受过审讯的德国战俘包括：哈瑟医生、飞行员汉斯·鲍尔、电气工程师约翰内斯·亨舍尔、管家海因茨·林格、助理奥托·京舍、威廉·蒙克将军以及党卫军的哈利·门格尔肖森和汉斯·拉登胡伯，还有驻扎在柏林的苏联情报人员抓获的其他一些纳粹分子们。

希特勒的贴身护卫门格尔肖森在1945年5月13日接受了以陆军中校伊万·克里蒙克为首的调查人员的审讯，六天之后，又接受了以亚历山大·瓦蒂斯将军为首的调查人员的审讯。另外一部分重要的证词来自奥托·京舍，此人于5月17日提供了一份不短的证词。第三位证人就是汉斯·拉登胡伯，他是希特勒的警卫队队长，于5月20日接受审讯。

苏联人把三份证词放到一起对比的时候，发现了非常矛盾的部分，并开始怀疑这些证词的真假。特别是门格尔肖森，此人宣称他为了掩埋希特勒夫妇的尸体亲自挖了一个土坑，他对希特勒夫妇死时所穿的衣服做了特别详细的描述，但是这些描述与其他证人的证词不符。他还坚称他看到了死去的元首的面容："我看到他的鼻子、头发和胡子。"然后他所提到的焚烧元首和爱娃·布劳恩尸体的证词和其他证人所描述的完全无法吻合。他还回忆说焚烧元首夫妇尸体的时间是中午，他说希特勒和爱娃·布劳恩是在15日至16日之间自杀的，然后他们把两人的尸体焚烧了，这与拉登胡伯和京舍提到的时间大相径庭。

门格尔肖森对苏联人说，在总理府的花园中一共焚烧了两次尸体，第一次大概是中午，是希特勒和爱娃·布劳恩的；第二次是在下午，但是焚烧的尸体身份他无法确认。他的证词与其他两位证人的也不一致，那两位的证词里只提到了一次焚烧尸体。门格尔肖森还补充说："除了京舍和林格，在焚烧元首与他妻子尸体的时候没有其他人在场，之后是由元首的两位警卫员把尸体掩埋起来的。"这部分证词与其他证人所描述的出入很大，后者提供的证词说是一帮纳粹分子把希特勒和他妻子的尸体转移到总理府的花园里，那些人还见证了尸体被焚烧时的情景，他们都行了纳粹军礼，然后把被焚烧过的尸体残骸转移到了地堡中。

飞行员鲍尔被严刑逼供，苏联人想让他交代出把希特勒运送到西班牙的细节，但他拒不承认。很显然，苏联人通过自己的情报部门，已经掌握了确切的消息可以证实帝国元首逃到西班牙了。

这些证人们提供了一轮又一轮的证词，层层叠加到一起，不但没有使事实变得更加清晰，反而像是把一汪清水给搅浑了。证词的出入太大，以致负责调查的人得出的结论就是他们不幸地面对了纳粹分子们事先筹划好的一出闹剧。有些证人的证词是明显的蓄意欺骗，有些却是真的看到了焚烧希特勒和爱娃·布劳恩尸体的情景，只不过他们把死去的替身当成了真正的帝国元首而且确信不疑，还有一些人就是听别人讲述然后人云亦云罢了。

证人们提供的证词没有帮助调查人员澄清事实，这还不算糟糕。最糟糕的是，在第三帝国总理府的地堡中和花园里发现的尸体还被调查人员拍照、记录，还有专家们细致的测量和检查，但这依然没有把历史澄清。

由苏联的朱可夫元帅和贝利亚领导的一个特殊军事调查委员会负责有关希特勒死亡的调查工作，在把所有证人提供的证词都收集到一起，认真地分析、推敲、提取证据后，他们得到了一个最终结论。在 1945 年的 5 月和 6 月间，这组调查人员不遗余力地提取证据，而最终得到的结论却是否定了一切，将近一年以后，苏联人转给美国政府的结论如下文所述：

没有发现希特勒和爱娃·布劳恩的尸体。另外有传言说希特勒和他的妻子的尸体是在一个浸泡了汽油的土坑中被焚烧的，但也没有发现这样的土坑或坟墓。有一些证人已经招供，他们曾经向希特勒发誓，如果有一天被抓获，他们将对外宣称看到希特勒和爱娃·布劳恩的尸体被放在地堡的花园中焚烧。现在这些证人向调查委员会交代，他们从来没见过希特勒和爱娃·布劳恩的尸体，也从未见过焚烧这两具尸体。可以肯定的是，希特勒试图让这些做伪证的家伙们帮助他掩藏所有逃跑的痕迹。

有非常确凿的证据显示，有一架小型飞机从柏林蒂尔加滕地区起飞并飞往汉堡，机上乘坐了两男一女。另外，还有确凿的情报证明，在英军攻占汉堡前，有一艘大型潜艇从汉堡港出发，潜艇上有未被证实身份的人，包括一名女人。[1]

这份结论的内容分为两部分。第一部分，有关尸体的结论是在分析了法庭上证人们的证词和在帝国总理府地堡中收集的证据之后得来的。对被焚烧的尸体和在地堡中发现的头部中枪的希特勒替身的尸体（也可能是先被毒死的）进行的辨认和分析是一切结论的基础。辨认和分析的过程严谨而细致，法庭和苏联情报部门都掌握了所有细节，最后得出的结论就是苏联人并没有发现真正的希特勒和爱娃·布劳恩的尸体。第二部分，有关希特勒乘坐飞机和潜艇逃走的部分，虽然没有确切和完整的证据来证实有关两个男人和一个女人乘坐飞机逃跑的说法（很有可能飞行员就是汉娜·赖奇），更没有乘潜艇逃跑的证据，但这样的结论看上去更像一种正确的推测。

苏联人有能力证实飞机是否起飞，潜艇是否起航，但是他们没有把希特勒乘坐飞机和潜艇逃跑的无可争辩的证据公布给全世界。

掩盖逃跑的事实

很显然，从一开始纳粹分子就想留下伪造的证据、谎言充斥的声明和一个头部中枪的希特勒的替身，这个死去的替身的照片被展示给全世界，另外还有一些被焚烧后掩埋在地堡外的尸体，这些都可以让全世界相信希特勒已经死去。

他们所做的一切都是为了一个目的：掩盖第三帝国首领已经逃跑的事实。如果希特勒真的自杀了，他们何必还要做那么多？

纳粹分子们发表声明称元首就在柏林，并在那里领导德军对敌人进行顽强抵抗直到战争的最后一刻。声明发表以后，他们开始执行这个计划，第一步就是将全世界的目光吸引到德国总理府的地堡中。当成千上万的德国人为元首没有在最糟糕的时刻放弃祖国而欢欣鼓舞时，希特勒已经从地堡中逃跑了。与此同时，在地堡中留下了他的替身和一小撮誓死效忠的纳粹分子，这些人将在地堡中坚守到最后时刻。

如果这项计划有迷惑全世界的意图，那么应该祝贺它，因为它已经

---

1 罗恩·汉辛：《希特勒的逃亡》。

一名美军士兵正在查看希特勒的地堡

成功了。直到二十一世纪，研究人员们还在努力，试图寻找出在地堡中上演的骗局背后的真实历史。

与此同时，纳粹最高头目逃亡的历史显得更加“透明”：希特勒和他的随从们乘坐一架直升机逃往了奥地利，在那里与他非常信任的死党碰头，这些人也导演了这出历史上最精彩的逃亡。

他们所有人集中在奥地利碰头，在一个叫作林茨的地方滞留了四天，然后乘坐一架飞机飞往巴塞罗那。没有人知道那四天里德国元首都做了些什么。

此时真正的帝国元首，已经不是当初向所有德国公民许诺一个千年辉煌的希特勒了。当他逃跑的时候，他高大的形象已经轰然倒塌。他变成了一个逃亡者，改头换面，不再穿军装，而且换了一个名字。但是全世界都认为他已经自杀了，所以他的“英名”保住了……

飞往巴塞罗那的航班没有遇到任何阻碍。逃跑计划按照预定方针进行得完美无缺。

在海下

元首把他的职位交给了一个在海军中服役的继任者，这样的做法有特殊的意义。戈培尔和鲍曼都是经验丰富的政治家，他们可以利用所掌握的第三帝国的一切信息与盟军谈判，但他们却都没有成为继任者。希特勒的继任者竟然不是一位政治家，而是海军元帅邓尼茨，此人战功累累，曾经率领德国潜艇给盟军造成了巨大的损失。确切地说，此人也是逃亡计划的关键人物，他的综合能力出色，可以指挥一个完美的水下逃亡计划，使潜艇顺利逃出敌军军舰的攻击。

希特勒是不会把帝国元首的称号让给任何人的，但是他任命邓尼茨为帝国总统，因此邓尼茨有权力调配所有的军队物资和所有军队中的高级指挥官，他要做的就是动用一切人力和物力保证逃亡计划的一切细节都万无一失，潜艇可以安全地从水下执行逃亡计划。

当希特勒逃到西班牙的时候，有没有可能他又乘坐潜艇逃往了美洲？或者乘坐一架飞机？柏林被攻陷以后，还有潜艇可以被调配吗？要想开往美洲，德军潜艇的活动范围还没有被盟军限制吗？

德军一度拥有相当数量的潜艇在服役，即使在德国投降以后，按照美军所掌握的军事情报：德军至少还有三百艘U-潜艇分布在各海域，被交到盟军手中的德军潜艇数量十分有限。

至于那些从未向盟军投降的潜艇，大部分都企图逃往日本，因为那时这个亚洲国家还没有投降而且还在负隅抵抗。

在西班牙

希特勒在西班牙时，都做了些什么？他们的计划内容是什么？后面继续的逃亡路线是什么？当时的选择如下：

1. 在西班牙继续藏匿下去。

2. 乘坐一架飞机离开西班牙前往南美洲或其他地方。

3. 乘坐水上飞机离开西班牙，飞到一个还处于纳粹控制的海边港口（比如丹麦或者挪威），然后乘坐潜艇逃往远方。

4. 从西班牙乘坐潜艇，直接逃往南美洲或其他地方。

“二战”中，西班牙是所谓的中立国，按理说，是不应该给作战双方中的任何一方提供军备便利的，但它却将一些港口交给纳粹军队使用。德国军队甚至还在西班牙卢戈省安装了大型的雷达装备，直到今天都没有被拆除，并被称为“希特勒的天塔”。这是三个巨型的雷达发射塔，塔高一百一十二米，构成了德军在大西洋海域部署的潜艇和空军精密指挥系统的一部分。

德军投降以后，那些停泊在西班牙港口的潜艇会不会离开驻地或伊比利亚的其他港口呢？答案是肯定的。

1945 年 6 月 10 日，英国《每日快报》刊登文章指出：“在瑞士的日本代表团成员声称他们知道希特勒还活着，而且计划在合适的时机选择从藏匿之处逃跑，他将继续领导德国的民族运动。”日本人爆料的内容使猜测变得可信，苏联领导人也曾经做过那样的猜测，就是希特勒已经逃跑，可能逃往西班牙或阿根廷，也可能首先逃到了西班牙，从那里中转又跑到了南美洲国家。

由佛朗哥掌权的西班牙政府，虽然在“二战”期间一直处于战争中立国的地位,但战争结束后公众舆论却将它指责为德国的战争同谋,因此,西班牙政府决定反驳莫斯科方面提出的所谓西班牙要对希特勒出逃负责的说法。

1945 年 6 月 10 日，西班牙外交部部长德雷克利卡先生在马德里发表声明：“我们严正否认苏联政府所谓的希特勒藏匿在西班牙的说法。”

西班牙外交部部长在接受美联社采访时说：“西班牙已经向联合国交出了很多战犯，如果说西班牙帮助藏匿了希特勒，那么就像说英国或美国藏匿了希特勒一样，对我们是不公正的。希特勒不仅是造成上百万无辜百姓失去生命的罪魁祸首，而且对半数以上的西班牙人来说他也是犯下不可饶恕罪行的罪犯，天主教会将会追讨他的罪行。”

但事实却是，那时候，成千上万的纳粹分子逃到了西班牙。一些人就永远藏匿在了那里，还有一些人把西班牙作为中转站，从那里又逃往了世界各地。

我们掌握了两份可以证明希特勒在西班牙出现过的官方档案，一份是前文中提到的德国政府的档案文件，文件指出帝国元首离开德国飞到西班牙巴塞罗那；还有一份是美国联邦调查局的档案，在后文中我们将会对这份档案文件内容进行详细的分析。

作为一位逃亡者，希特勒在西班牙滞留了几天，离开西班牙前往阿根廷前，还与一小撮人召开了几个非常重要的会议。一些会议是在索莫举行的，此地在坎塔布里亚的海边。他们开会的地点是一个小客栈，叫拉斯克布兰塔斯，如今这个小客栈已经不在了。

二十世纪七十年代，当笔者着手调查并开始写此书的时候，路易斯·查比埃尔向笔者提供了一些闻所未闻的信息。他告诉笔者他认识一个出生于巴塞罗那的西班牙人，叫劳尔·洛佩斯·洛科。在第二次世界大战期间，他曾经为纳粹军队作战，是西班牙陆军少将奥古斯丁·穆尼奥斯·格兰德斯中将指挥的“蓝色军团”的战士，在 1941 年曾经被阿道夫·希特勒接见过。洛科会说流利的德语和俄语，他非常骄傲地展示过身上的七处伤口和所获得的无数奖章。洛科对查比埃尔提到过他曾经在纳粹军队的情报学校学习，毕业后他为德军情报部门服务。因此，他知道希特勒没有死，而且他还知道希特勒已经从德国逃跑并前往西班牙。他告诉查比埃尔 1945 年 4 月他在巴塞罗那见到了希特勒本人。

笔者在西班牙还遇到了另外一位非常重要的证人。那是一位天主教堂的神职人员，他的名字不能公之于众，只有等他死后才能公布。当笔者写这本书的时候，他已经有一百岁高龄了。这位在教堂里工作的神职人员的父亲是希特勒的朋友，因此他和帝国元首本人也保持着非常密切的私人关系。他成为了可靠的消息源，因为他的父亲了解实情并讲给他，他知道希特勒在 1945 年 4 月逃离了柏林。这位神职人员向笔者描述，他的父亲在死前让他发誓永远不会把这段历史讲给其他人，因为还有一些活着的人都被卷入了希特勒的逃跑计划中。

这位神职人员现在还在一个修道院中安静地等待度过他人生中最后的时光，很长时间里他都恪守誓言，闭口不谈所知道的秘密。直到 1974 年他才开口：“现在我什么都不知道，但是几年前，希特勒还活着。我可以肯定地说希特勒没有死在柏林。”他把这个秘密首先告诉了一位在西班牙“蓝色军团”中服役的士兵的儿子。2006 年，这位神职人员在为本书提供相关细节的时候，再次肯定地说希特勒逃跑了，但是有关这位德国元首如何逃跑以及逃跑后的情况他表示完全不知情。

战争结束时，德国被它的敌人们占领，但是美国海军却接到命令将所有停泊在南大西洋海域的舰艇撤离到其他地方。后来有消息透露，这个命令是为了把所有舰艇都集结到北半球海域，因为美军担心德国的潜艇会对所有美军潜艇发动一场突然袭击。

当所有的美军舰艇都服从命令撤离南大西洋海域后，纳粹分子们从欧洲逃往南美洲的海上航道的所有障碍就被清空了。因此，一支潜艇护航舰队就轻而易举地出发了，一路上没有任何危险，直接开往地球南端。

U- 潜艇是那时装配有最先进海军装备的潜艇，带着希特勒开始了逃亡之旅。这支逃亡编队目标明确，直指阿根廷。

在这支潜艇护航舰队携带着希特勒和他的随从们驶往地球另一端前，在西班牙的加那利群岛进行了一次停泊。“二战”期间，加那利群岛一直为德军所用。[1]

潜艇停泊在加那利群岛，这件事情被哈依米·卢比奥·罗萨雷斯写在《加那利群岛的纳粹潜艇和考古工作》中，此人是加那利当地的作家兼记者，也是大西洋历史研究协会的副主席。

逃出盟军围攻的纳粹潜艇曾经与美军互通过电报。这些电报后来都被英国情报部门截获，其内容展示了美军与德军之间复杂的关系。[2]

显而易见，美国在历史上一如既往地使用一条处世原则，就是双重标准：一方面，它是德国的敌人，但同时，它又扮演了一个神秘的角色，就是帮助纳粹逃跑。

臭名昭著的纳粹间谍唐·安赫尔·阿尔卡萨尔·德·维拉斯科在1984年亲手写的一封信中透露，他参与了希特勒的逃亡计划。逃亡计划的内容就是希特勒乘坐潜艇逃往阿根廷，这个秘密计划最终成功了。[3]

1945年6月，西班牙政府在否认希特勒出现在西班牙的加那利群岛时，曾经讲出了一个事实：纳粹头目已经离开西班牙前往南美洲。

---

1 哈利·库珀：《从地堡中逃跑》。
2 本书作者所掌握的一些尚未公布的资料来自英国情报部门。
3 哈利·库珀：《从地堡中逃跑》。

希特勒视察被炸毁的城市

第十二章 希特勒的逃亡

在英国伦敦，很多官方场合上都有人坚持认为纳粹头目希特勒乘坐一艘U-530潜艇，在1945年6月30日逃亡到了阿根廷。在那些场合里，还有人非常确定地指出，潜艇上的橡胶救生艇（证据缺失）在马德普拉塔被人发现，被发现的时间是希特勒登岸后的十天左右。

——美联社，伦敦，1945年7月18日

每一分钟，都是一种折磨

1945年6月9日，苏军元帅朱可夫在一个新闻发布会上非常肯定地指出，苏联调查员没有在地堡中发现希特勒的尸体，同时，他认为第三帝国元首可能已经乘坐飞机逃离了德国首都。朱可夫说："我认为希特勒现在藏匿在欧洲的某个地方，很可能他和西班牙的佛朗哥在一起。"这位苏军元帅用这样的方式向全世界公布了这件事情，此前不久，5月25日，斯大林也在苏联首都莫斯科将此事通告了美国代表哈里·霍普金斯。斯大林与哈里·霍普金斯之间的谈话从未公开过，直到1950年，在罗伯特·舍伍德写的名为《罗斯福与霍普金斯：一段未知的历史》一书中，才提到了两人那次会谈的具体内容。

现在我们所了解的，就是在那天以后，苏联人非常确定希特勒已经逃跑了并流亡在外，很有可能是英国人或美国人协助了他的逃跑。

在苏联人公开表明了他们的结论以后，战争英雄美军五星上将艾森豪威尔表示，他在听说了苏联人关于希特勒已经逃跑的结论后，非常"震惊"。

作为盟军在欧洲的最高指挥官，艾森豪威尔将军在伦敦举行的一次记者招待会上，公开表示从他得知希特勒已经死亡起，他就立刻相信了，他说："我知道那是真的。如果希特勒没有死的话，那他活着将比死了更痛苦，因为只要我们找到他就不会让他继续活着。他活着的每一分钟，只要没有被我们抓到，对他来说都是一种折磨。"

让我们来分析一下艾森豪威尔的话。首先，死去的人是不会觉得痛苦的，其次，希特勒逃亡后藏匿在其他地方为何要痛苦？如果他在盟军的协助下逃跑并可以逍遥法外，他为何要担心？另外，艾森豪威尔说"找到他"，这是一个非常重要的信号。

六艘潜艇

1945年6月13日美联社在美国本土发表了一篇报道，文中写道："某位海军官员透露，他们不确定在大西洋海域还有多少艘德军潜艇，可能有四艘或六艘，但他们相信所有的都已经沉入海底了。另外，他们非常肯定在大西洋海域已经没有仍然在执行任务的德军潜艇了，而且这些潜艇也不具备行驶到日本的航行能力。"从这份声明中可以看出，直到今天我们也不知道柏林被攻陷以后，究竟还有多少艘纳粹潜艇在继续执行任务。因为那时没人知道具体有多少艘潜艇还在海洋中航行，这些潜艇仍然可以在未被盟军占领的港口起航和停泊。美国人向全世界传达的信息是为了让所有人放心，也是为了否认纳粹头目通过水下逃跑并在其他地方登陆的传言。

6月15日出版的一本书中，肯定地写道，希特勒已经在4月27日被自己人给刺杀了。那本书的名字是《结局》，作者是瑞典红十字会会长勃纳多特伯爵。此人是一名政府官员，在战争的最后阶段，他曾经不止一次与纳粹头目们会晤，特别是与希姆莱进行过多次有关第三帝国投降的谈判。

在他的书中，勃纳多特非常肯定希特勒已经被谋杀了。据他所知，"是希特勒身边最亲近的人用一支装满了毒药的针强行注射后杀死他的"。伯爵先生的书后来被出版社多次印刷出版，按照他的说法和书中的描述，"那时纳粹元首身患一种名为帕金森的病，他已经丧失了自主行动的能力，唯一能做的就是发号施令和撤销命令”。根据勃纳多特所描述的，希特勒没有逃跑也没有自杀。如果逃跑，他给世人留下的臭名是懦弱；如果自杀，那则是荣誉。但是被谋杀则意味着结局过于简单，而且还意味着直接的背叛。这本书把希特勒失踪的原因引入了争论不休的讨论中，让人们看到了那时发生的政治事件存在着很多矛盾之处。

此书出版后两天，伯扎林将军在一场意外事故中身亡，他是苏联的高级军官，也是他认定希特勒已经逃跑。另外，盟军对于此书的出版反应也非常迅速，很快就组织了一场新闻发布会并安排他们抓获的纳粹战俘出席发布会。这些战俘，也是《结局》这本书出版几天后才公布身份的纳粹分子，在发布会上口径一致：希特勒自杀了。各种与希特勒自杀相悖的猜测都被否定了，因此苏联方面也试图抹去他们之前有关纳粹头目逃跑的版本。

在《结局》一书出版五天后，两个证人又供出了新的证词。此二人分别是被美军抓获的凯姆普卡和被英军抓获的赫尔曼·卡瑙。实际上，美国政府和英国政府私下协商后，已经把两个人的证词统一了，因此，当报纸上刊登了他们的证词以后，人们发现内容很统一，几乎一样。这两个纳粹分子信誓旦旦地描述说，希特勒用一颗子弹结束了自己的生命，与勃纳多特在书中所描述的完全相反。就像我们看到的，当新的证人提供了新的证词之后，只要内容与希特勒夫妇自杀和尸体被焚烧不一致，那么第三帝国元首的最终结局究竟是什么就再次成为众人的疑问，而且质疑的声音一次比一次响亮。

联合国

当人们还在讨论希特勒究竟是死了还是逃了的时候，1945 年 6 月 26 日，美国旧金山会议上，通过了《联合国宪章》。同时，与会各国也通过了《国际法院规约》。然而，尽管不同国家的与会代表在合影时都露出了笑容，在照片后真实的历史却是苏联和其他西方国家的分歧开始变得越发明显，特别是当涉及决定那些曾经被纳粹德国占领，之后被盟军解放的国家的命运时，分歧巨大。莫斯科政府希望这些国家走上社会主义道路，而美国和英国则立场坚定，要让这些国家选择资本主义制度并通过民主选举选出自己的政府。

还有一件从未被公开的事情，就是两个利益集团一直在比赛，看谁抓获的纳粹分子更多，特别是纳粹中的科学家、技术人员和军人，当然，抓获他们的同时还可以获取第三帝国所拥有的科学技术和资金。总之，自从这些国家占领了德国以后，他们所进行的掠夺战利品的比赛就开始了，而且在之后的几个月中一直未间断。

战争的消息又从东方传来，在那里，盟军已经占领了日本的冲绳岛，并消灭了九万日军，但日本军国主义政府还在顽抗。

日本政府丝毫没有投降的意愿，因此在后来的几天中，盟军集中火力对日本国土的腹地进行了轮番轰炸。那些盟军的“超强飞行器”大型轰炸机，对这个顽固的敌人投下了成千上万吨的炸弹。

仅在 6 月 28 日一天，大约四百五十架轰炸机在日本最重要的工业中心和海军基地投下了三万吨的燃烧弹和炸弹。据估计，这段时间里，这个国家二百八十七平方公里[1]的工业区都被炸为瓦砾。另外，与此同时，侵略中国的日本军队，与中国军队进行了最后的血腥大决战，战败后也被迫撤退到了中国的东海岸。

日本成为了唯一一个与全世界对抗的国家。他们不仅与西方盟军对峙，还与苏联人开战了，苏联人撕毁了之前与日本政府缔结的两国互不开战的条约。同时，日本还在与中国进行激烈的交战，侵占了中国领土的日本军队遭到了中国人顽强的抵抗。

“希特勒很安全”

当全世界的目光都聚焦在日本的时候，6 月 26 日，在德国上空传出了地下广播站的声音，一条重要的消息立刻引起了轰动。美联社报道说，一位播音员在广播中报道：“请全体德国人注意！我们的元首希特勒还活着，他很安全。那些围在元首身边的人欺骗了他，那些伪善的阴谋家们或者已经死了，或者被关进了监狱，他们手中的权力已经被收回。现在，元首在他信任的部下们的簇拥下，远离了敌人的视线。黑暗中的那盏灯从未被熄灭。”

1 原文如此，疑此数字有误。——编者注

希特勒、戈林（左二）和新组建的国防军总司令维尔纳·冯·布隆贝格陆军元帅（左一）、陆军总司令维尔纳·冯·弗里契陆军中将（右二）在一起

广播只持续了一分钟，因为时间太短，无法确认地下广播站的具体位置。据说就在同一天，希特勒同父异母的兄弟被盟军抓获了，但他的名字一直没有被公布。

与此同时，“在离阿根廷巴里洛切不远的圣拉蒙庄园里，所有人正做着最后的准备，阿道夫·希特勒将要居住在这里”，只要他能安全地抵达巴塔哥尼亚。[1]

进入地堡

7月初，按照战胜国的要求，柏林已经被划分成了几片区域，有苏联人的、美国人的、英国人的和法国人的，那些报道战争的记者们首次被允许走进这些区域，并进入了神秘的总理府地堡。

这些记者们最近几个月来，日思夜想做梦都希望能进入如此特殊的地方，因为那里一直不曾对他们这些西方人开放。希特勒的地堡从5月起就被苏联人控制，能够进入那里让记者们兴奋不已。这不是一个普通的地方，所有的记者都希望能参观它。虽然只能走进那里一次，但没准

1 马里阿诺·雅诺：《希特勒和纳粹们在巴拉圭》。

希特勒地堡中的场景

儿可以让他们对那时候都发生了什么有一些基本的了解。与苏联军人的交谈内容和记者本身的职业敏感让他们掌握了一些有用的信息，可以最终得出一个结论。

那么，这些记者进入神秘的地堡以后都看到了什么？他们在前厅、楼梯和地堡的房间中看到了一片混乱的场面：子弹壳、军毯、零星的纸张和四处散落的垃圾。地堡里淹满了水，脏水散发着浓重的臭味。只有希特勒和爱娃·布劳恩居住的房间里味道没那么重。在爱娃的房间里有一张床，床上有几个枕头，除此之外，房间里还有一盏灯、一个电话、一个女士帽子盒、一个秤和已经不太完整的窗帘。在大厅中有一个巨大的大理石写字台，长六米，写字台的桌腿已经损裂，地上有散落的大理石碎渣子。在德国元首的房间中记者们看见了那张非常著名的沙发，上面有点点血迹，很有可能是希特勒的。就是在这个房间里，纳粹头目希特勒和他的妻子饮弹自杀。

苏联人已经把地堡抢劫一空，记者们所看到的一切就是：他们的强盗行为和破坏的结果。结束参观以后，在地堡中搜集的各种证据和一直流传的传言，让记者们对于希特勒自杀的说法产生了一种批判态度。

在地堡中发生的一切最终被记者写成了这样一篇轰动一时的报道：

希特勒在柏林自杀的历史就发生在这里。这里，如今已经被炸弹夷为平地，但曾经是第三帝国总理府地下十二米深的一个地堡。在一个被人挖出的土坑里发现了一具被焚烧过的尸体。在大门外还发现了五个装着汽油的桶，上面都有党卫军的标志。但是，这段历史仅仅是一段记录完美的历史，也是一段失败的历史。

这篇报道还指出：

苏联红军发现的那具经过焚烧的尸体经过专家鉴定，不是希特勒本人的。朱可夫元帅下属的一位参谋对路透社的记者说，那是希特勒替身的尸体，是一个微不足道的替身，有关希特勒自杀的说法是一种幻想。另外，这位官员补充说："我们也没有发现爱娃·布劳恩的尸体。因此我们非常确定那具尸体不属于希特勒，所以又让专家把尸体掩埋在了花园里。"（路透社，柏林，1945年7月5日）

震惊：一艘纳粹潜艇抵达阿根廷

当人们越发相信希特勒已经逃跑的时候，1945年7月10日德国U–530潜艇出现在了南大西洋，并在阿根廷的马德普拉塔港口向阿根廷投降，此事震惊了全世界。柏林被攻陷以后的两个月中，人们坚信已经不再会有任何纳粹潜艇在海面上出现了，U–530潜艇在南半球的突然出现使人们又迷惑了。[1]

在冬季的一个早晨，大概七点以后，一艘潜艇出现在了马德普拉塔港口附近，清晨出海捕鱼的渔船上的一些船员亲眼看到了这艘潜艇。从潜艇上打出了光束信号，驻扎在海军基地的哨兵发现了信号，与此同时，潜艇上的纳粹旗帜旁挂起了一面白色的旗子。

那艘潜艇通过摩尔斯电码和光束信号证实了德军潜艇的身份，他们以投降的方式请求停靠在阿根廷港口。双方经过发报快速地交换了信息。在确认了外来者的身份后众人震惊，那艘潜艇缓慢地在海面上行驶，并最终停靠在了"贝尔格拉诺将军号"巡洋舰旁。瞭望塔的门打开，最先走出来的是船长维尔穆特。他穿着军装，军装上的十字军徽闪闪发光。"贝尔格拉诺将军号"巡洋舰马上派出了两艘救生艇，把潜艇上的船员们送到了阿根廷港口。上岸后的船员们看起来异常疲惫，所有人的胡子和头发都很长。

1 阿贝尔·巴斯蒂：《希特勒在阿根廷》。

在岸上，维尔穆特船长再次向阿根廷军方表示，他和潜艇上所有的船员一起投降（潜艇上一共有五十四名船员），他们的潜艇发动机出了问题，而且燃料也已经耗尽，再也无法继续航行了。

潜艇上少了一艘救生艇，因此有人猜测在潜艇停靠在马德普拉塔前，可能有人已经乘坐潜艇上的救生艇离开并靠岸。大家的猜测将所有人的目光吸引到了米拉马尔，因为在这里的海边有人看到了一艘与 U-530 潜艇的救生艇非常相似的小船。

因此大家毫不犹豫地想到，那些乘坐救生艇逃跑的人一定是第三帝国非常重要的人物，他们在寻找一个无人能发现的藏匿地。

笔者在与维尔穆特船长近距离接触时，船长说最初他曾经想过要率领船员们抵达米拉马尔，但后来他改变了计划，而是在马德普拉塔以投降的方式靠岸。

阿根廷政府很快就相信了德国潜艇上所有船员们的说法：没有任何纳粹高官在潜艇上，在抵达阿根廷马德普拉塔港口前也没有任何纳粹分子在阿根廷其他海岸线上岸。另外，在德国潜艇投降后几个小时，阿根廷政府出面否认了 U-530 潜艇将巴西"巴伊亚号"巡洋舰击沉的消息。"巴伊亚号"巡洋舰重达三千两百吨，于 1945 年 7 月 4 日在巴西里约热内卢海岸爆炸。这是巴西海军历史上最惨痛的灾难事故，造成的死亡人数高达三百六十七人，但是一直没有人能查明这艘战舰失事的原因。生还的三十三名海员中有人非常肯定地指出，当时发生了一次剧烈的爆炸。

有关这次巴西海军事故，阿根廷政府的态度与巴西政府的谨慎态度截然相反，巴西政府在推测巡航舰的沉没原因时，没有否认可能受到德国潜艇攻击的说法。7 月 11 日，巴西里约热内卢海军指挥官、海军上将若尔热·多斯沃斯·马丁斯公开对记者表态，他相信德国 U-530 潜艇为了争取在马德普拉塔港口的靠岸时间，很有可能主动击沉了巴西的"巴伊亚号"巡洋舰。

"没有纳粹高官"

阿根廷军方仅仅听取了那些船员的证词，就非常轻易地相信了他们的说法，很快出面公开否认这艘德国潜艇停靠在马德普拉塔港口前有纳粹高官在阿根廷登陆。阿根廷军方接受了德国船长递交的船员名单，这份名单也成为证实潜艇上人数和身份的唯一官方文件。阿根廷政府在极短的时间内，就这艘神秘的潜艇阐明了自己的态度，并试图让全世界相信他们所掌握的就是唯一的事实。

有关这艘纳粹潜艇，阿根廷的国家海事局发表了一份官方声明，内容如下：

> 第一，今天上午向马德普拉塔海军基地投降的德国U-530潜艇，经过我们的调查，已经核实它与巴西“巴伊亚号”巡洋舰的沉没没有任何关系。
>
> 第二，在这艘已经靠岸的潜艇上没有任何德国政治家或军人。
>
> 第三，在潜艇向军方投降前，没有任何潜艇上的人提前登陆阿根廷海岸。
>
> 第四，所有登陆的人员都是这艘潜艇上的船员，他们的名字已经提交给官方。

维尔穆特船长说，他和他的船员乘坐U-530潜艇，在1945年2月19日从德国港口基尔出发，驶向挪威，抵达挪威后又于3月13日从克里斯蒂安桑港口出发前往北大西洋。按照船长的回忆，5月8日，海军元帅邓尼茨签署了德国投降书，5月10日他接到邓尼茨向所有德军潜艇发布的命令，让他们向盟军无条件投降，但他没有服从。按照那些德国船员的说法，船长和他们下定决心，如果要投降也要找一个“友好的国家”，因此他们选中了阿根廷作为投降对象。然而，实际上，阿根廷已经在1945年3月放弃了中立国的地位，并向轴心国（德国、意大利和日本）正式宣战。尽管如此，船员们还是决定向阿根廷投降。

潜艇上的秘密

尽管这些德国船员坚持说这次特殊航行没有协助任何纳粹高官进行逃跑，但他们的故事却没有说服任何人。在不到四个半月的航行中，这艘德国潜艇究竟都执行了什么任务？

这个型号的潜艇长七十米，规定最多搭载人数是四十人，然而实际上潜艇上乘坐了五十四名船员，甚至没有足够的床位和房间给这么多的船员。尽管航程漫长，但潜艇的储存仓存储的食物也显得过多。另外，还发现了五百四十盒烟，潜艇的船员中没有吸烟的人，但物资中却携带了烟（登陆以后再次确认船员中根本没人有抽烟的习惯，所以为什么物资中有烟成了一个备受关注的问题）。这让人们猜想物资中有大量的烟是为了提供给某个逃亡的团体，因此人们更加相信有一个部署周密的逃亡计划。

靠岸后，潜艇上携带的燃料已经非常少了，而且上面还少了一门大炮和两架大型的地对空重机枪。潜艇机身的表层很脏，油漆脱落，看得出经过了长时间的航行，没有好好保养。船员们都非常年轻，看得出这一路饮食有很好的保障。船长维尔穆特年龄为二十五岁，而副船长卡尔·菲利克斯·舒伯特只有二十二岁。

总而言之，那时候人们提出的最主要的问题大致归纳为以下几点：

1. 潜艇上的船员人数比这种型号所规定的搭载人数要多，至少多出十四个人。这是为什么呢？这些多出来的人是从哪里来的呢？

2. 一门重达四吨的大炮不见了，地对空重机枪也不见了，所有的鱼雷只剩下一个重达一吨半的原封未动。失踪的这些东西都让人猜测潜艇上的所有武器都被拆卸下来以减轻舰身的负重，这样船上就可以放更多的人、更多的燃油、更多的食品以及生活必需品。一种可能就是这艘 U-530 潜艇曾经在半途中接收过其他潜艇的船员和燃油。那么它是怎么做到的呢？又是在什么地方呢？

3. 在潜艇油罐中发现的燃油量没有经过专家的计算核实。但据估计，按照当时的燃油量计算，这艘潜艇从欧洲出发的时候，已经把当时携带的燃料全部用光了，后来又重新添加了燃料。

4. 在潜艇上发现了大量的糖、咖啡、烟、巧克力以及其他食物和生活必需品。储存的数量之大远远超过一次漫长航程所需要的量。如果船员们事先准备的物资只是为了执行一次普通的航行任务，那么在他们抵达阿根廷之前就已经用完了，而不会还留下这么多。这让人们猜测，这艘潜艇在整个航行过程中物资被再次补充过。

5. 大部分船员，除了保留了极少数的私人用品，所有他们自己的身份证明和个人物件全都被销毁了：信件、日记本、笔记本，这些材料都可能成为盟军需要的重要证据。

6. 潜艇上没有航行书，没有罗盘箱，没有任何可以用来为航行指明方向的东西，也没有密码机（纳粹海军一般使用密码机来收发电报）。

7. 在船员们的证词中，没有人解释在四个半月的航行中他们都做了些什么，也没有人说明为了完成这样遥远的航行他们都是如何维持燃料和食物配给的。

8. 潜艇上应有的六艘救生艇中有一艘下落不明。维尔穆特船长说："少了一艘救生艇，可能是遗落在挪威的克里斯蒂安桑港口了，大概停泊时丢在了那里。"

其他潜艇？

当这一切突然发生在马德普拉塔时，有传言说与此同时还有其他潜艇在阿根廷的领海航行。全世界所有的媒体都把目光投向了阿根廷的海岸线，想看看那里究竟发生了什么奇怪的事情。

因此，阿根廷官方不得不公开表态，尽管 U-530 潜艇上的船员们已经把航行记录和船上的重机枪一起扔到了大海中，但所有现有的信息仍可以证明它的航行路线。所有的船员们都接受了秘密审讯，同时盟军也组织了专家团要尽快抵达阿根廷参与调查。总体来说，阿根廷军方的官员们在对待德国船员时态度坦诚而友好，甚至有人看到阿根廷船长弗朗西斯科·曼里克殷勤款待维尔穆特船长，前者开着阿根廷海军蓝色标致轿车带着他的阿根廷客人在马德普拉塔的大街上闲逛。

“希特勒登陆了”

但阿根廷官方的说法却没有得到证实，尽管此说法是在一段奇怪的时间里出现的。

一些其他国家的政府无法相信上述说法，通过美联社透露了他们的想法：“在伦敦，官方坚持认为纳粹头目希特勒已经于6月30日在阿根廷登陆了，搭载他的是德军U-530潜艇。大家都比较倾向这样的说法，也就是在德国潜艇停靠在马德普拉塔港口前，希特勒已经乘坐着救生艇在阿根廷海岸登陆了，十天以后人们才发现了这艘救生艇。”与此同时，在苏联的国家报纸上刊登了一篇文章。这篇文章明确表达了苏联政府的疑虑，以及他们对阿根廷政府公开讲话内容的不信任。文章中有这样一段话：“如果能知道究竟什么人藏在潜艇中航行了这么漫长的航程，那将意义非凡。当然了，在最后两个月中又是什么人给这艘海盗潜艇提供了食物和燃料，这个疑问也很重要。”

7月12日，《明星》杂志刊登了一篇文章，响应众人的疑虑，并提到了英国当局的震惊，文章写道：“在得知一艘德国潜艇向阿根廷投降并停靠在马德普拉塔港口以后，英国政府对阿根廷的官方声明表示困惑，并向阿根廷官方申请希望能获知更多的细节。因为英国政府一直以来对希特勒的最终下落表示疑虑，有太多的人都不相信他已经死在了第三帝国总理府的地堡中。因此，在德国投降两个月以后，此潜艇突然出现在南美洲海岸的消息令人震惊，英国政府希望阿根廷能够提供更多的细节。另外，全世界都认为德军的最后一艘潜艇已经在一个多月前彻底消失了。”

波茨坦：三个国家的会晤

U-530潜艇出人意料地停靠在阿根廷海岸三周后，在柏林附近召开了波茨坦会议。这是纳粹德国垮台以后非常重要的会议，盟军最主要国家的领导人都出席了这次峰会。苏联、美国和英国的国家元首都出席了这次峰会，因此波茨坦峰会被称为“三国峰会”（这样的叫法也引起了一些国家的不快，特别是引起了同样参加会议的法国的不满）。波茨坦会议在高度警备和保密的情况下召开了，对媒体也采取了非常严格的限

1945年2月4日至11日，美、苏、英三国举行雅尔塔会议

制。第三帝国的落幕标志着对欧洲土地的再一次分割即将拉开序幕，那时一些欧洲国家已经处于共产主义者的控制下了。

当波茨坦会议开始召开的时候，盟军控制的情报部门掌握的确凿证据显示，除了已经投降的U-530潜艇，在阿根廷的海岸线附近还发现了其他德国潜艇。他们非常肯定有纳粹分子在阿根廷登陆，这些纳粹分子登陆后立刻逃往别处寻找藏身的地方。流言全面扩散，全世界的目光都聚焦在参加波茨坦会议的战胜国元首的反应上。但是在那里究竟发生了什么无从知晓，特别是丘吉尔、杜鲁门和斯大林之间的谈话更是无从考证。在波茨坦会议上，斯大林、杜鲁门和丘吉尔举行了闭门会谈，会谈内容一度扩大，不过最终，三方一致为欧洲的和平找到了出路。与公众所期盼的恰恰相反，这些领导人们没有一个出面公开提到希特勒的最终命运，更没有任何涉及那艘让全世界躁动不安的神秘潜艇的消息。

丘吉尔：无可奉告

1945年7月16日，丘吉尔和杜鲁门亲自跑到柏林视察那座几乎被夷为平地的城市。他们各自揣着自己的心思，分别抵达柏林。英国首相丘吉尔来到了德国总理府并参观了希特勒的地堡，而杜鲁门没有参观那里。那时的新闻媒体都描述了这位英国首相的日程：

> 丘吉尔在希特勒的地堡中滞留了短暂的三分钟，他顺着楼梯走到了地堡。当他走出来的时候，有人给他指了希特勒和爱

娃·布劳恩的尸体被焚烧的地方，他回头看了一眼，然后在嘴里嘀咕了几句。没人听清丘吉尔都说了些什么。英国首相也拒绝透露他都自言自语地说了些什么，但是仅有的几个听到他小声嘀咕的人，都推断说，从他说话时流露出的不满的语气来看，他对希特勒的死亡仍然抱有怀疑态度。他把目光投在了人们普遍认为是用来焚烧尸体的土坑上，停留了片刻，然后又把目光转向了用来装燃料的几个桶上。然后，在希特勒个人广播站旁的一块石头边，英国首相坐了下来，对陪同他一起参观的记者们说他没什么可说的。（美联社，柏林，1945 年 7 月 16 日）

在巴塔哥尼亚

7 月 17 日，第一次爆出了有关希特勒和爱娃·布劳恩的消息，传言称他们在阿根廷的海边靠岸登陆，逃往巴塔哥尼亚，很有可能就藏匿在一个德国人所有的庄园里。这个消息让全世界震惊了。

最初这条消息来自美国的《芝加哥时报》，该报派驻在乌拉圭首都蒙得维的亚的记者文森特·德·帕斯卡尔发回了一篇内容翔实的报道，然后这篇报道就被全世界的多家媒体迅速地转载刊发。

这位记者非常肯定，“从一条我刚刚从阿根廷布宜诺斯艾利斯得到的消息来看，希特勒和他的妻子爱娃·布劳恩很有可能已经抵达阿根廷了。据说，当时爱娃身着男装，他们二人现在就在巴塔哥尼亚一个德国人所有的广阔的庄园中藏匿着”。从这条消息来看，记者的说法应该是来自“可靠的信息源”。希特勒和爱娃·布劳恩乘坐着一艘来历不明的德国潜艇抵达阿根廷，在一个偏僻的沙滩靠岸并登陆了，他们很有可能居住在“纳粹征服世界的计划失败后，可以提供给德国纳粹头目用于藏身的诸多地点之一的地方”。

另外，这条消息还指出：“有理由相信阿根廷政府已经掌握了德国潜艇在其海岸线附近停泊的消息。的确，在阿根廷有很多同情纳粹分子的人，如果利用民族社会主义的口号来召唤他们，他们都会义无反顾地投身进去。”美联社推测这艘携带着希特勒的德国潜艇“可能会返回德国向盟军投降”。

研究人员马里阿诺·雅诺认为，在那段日子里，“庇隆总统和妻子艾薇塔离开了他们在波萨达斯大街的居所，随行的还有他们年轻的朋友罗道尔夫·弗莱伍德。庇隆夫妇一直叫他‘鲁迪’，此人是纳粹间谍，他的父亲曾经让他对庇隆总统转达他们愿意倾其所有的决心，同时告诉庇隆总统希特勒已经转移到了靠近巴里洛切的一个庄园中”[1]。

阿根廷的麻烦

《芝加哥时报》的消息在提到阿根廷政府在希特勒登陆后所面临的麻烦时写道：“6月4日阿根廷将军巴西里奥·贝尔迪内在一次晚宴上说：‘我必须宣布这个好消息，我们的朋友（未知一位或多位）终于得救了。’如今将军所指的是什么意思终于水落石出了。”

与胡安·庇隆和那个时代的其他军人一样，巴西里奥·贝尔迪内将军非常崇尚德国文化和它的军事实力。1910年起，巴西里奥被任命为阿根廷驻德国武官，任职到1918年结束。在第一次世界大战期间，他在德军总司令部中担任职务。

美联社在有关这条消息的报道中写道：“一位联邦调查员最近透露说，有一系列的原因让人相信一些纳粹高官在阿根廷巴塔哥尼亚登陆，他们携带了金条、珠宝和其他价值连城的物品，逃出了盟军的封锁。”另外，一位国务部门的新闻负责人宣布美国驻阿根廷使馆将针对希特勒和爱娃·布劳恩藏匿在阿根廷的消息进行调查。在回答记者提问时，这位新闻负责人说美国使馆将调查《芝加哥时报》派到蒙得维的亚的驻站记者发回的报道，在那份报道中记者称希特勒夫妇在阿根廷海岸登陆并居住在巴塔哥尼亚一个德国人所有的大庄园中。发言人说阿根廷政府已经多次向盟军的各国政府保证，阿根廷不会为那些战犯提供藏匿的机会。

搁浅的潜艇

那时，当希特勒可能在巴塔哥尼亚海岸登陆的消息散布出去以后，在阿根廷海边居住的居民和渔夫们看到陌生潜艇的次数也翻番了。最特

1 马里阿诺·雅诺：《希特勒和纳粹们在巴拉圭》。

别的一次是在7月17日，在同一天有人声称希特勒在布宜诺斯艾利斯往南的圣克莱门特雷图尤的海边登陆了。令人诧异的是那些潜艇已经在那片区域停泊了很长时间，其中一艘在行驶到距离海岸很近的地方后就搁浅在那里了，一直搁浅了三个小时，最后才得以从沙地上离开并重返大海。

这条消息反响巨大，而且不再被人当成是纯粹的传言，因为海边附近的居民们都亲眼见过那些潜艇。对此，阿根廷媒体的反应是："昨天，早些时候，在人群中开始散布一个传言，说在圣克莱门特雷图尤的海滩上出现了两艘潜艇，它们在海边停泊了一个多小时后潜入海中，稍晚又再次浮出海面。"（《世界报》，布宜诺斯艾利斯，1945年7月18日）

鸣响的汽笛

《世界报》的记者在从事发地发回的报道中写道：

7月17日上午十点以前，当地报纸大张旗鼓地报道说在圣克莱门特雷图尤的海滩前，有人看到两艘德国潜艇。然后有大批民众在短时间内赶往事发地点，很多人非常肯定地说他们在沙滩上看到两艘潜艇，距离海岸有几公里远。根据这些现场的目击者介绍，两艘潜艇在海岸附近滞留了不到一个小时，大约在十一点钟潜入海水中。另外，现场目击者称，由于当时雾气很大，很难辨认潜艇的特征，但可以肯定其中一艘体型巨大，比另外一艘庞大。

这条消息还报道：

来自海边居民的消息，他们非常确定看到潜艇的时间，与两艘潜艇在潜入海水后大约半小时又浮出海面的时间相符，而且他们看到一艘潜艇在距离海岸三公里的地方抛锚，另外一艘距离岸边更近一些。尽管当时的天气情况恶劣，阿根廷海军飞机还是迅速地飞往事发地并在低空飞行进行侦察。大约在下午两点半，根据目击者的证词，两艘潜艇重新起锚，一艘先驶

> 向深海，另外一艘紧随其后离开海岸。阿根廷飞机在天上巡逻并不时变换阵形。稍晚从圣克莱门特雷图尤又传来了新的可靠消息，两艘潜艇中的一艘在“玛格丽塔”浴场前停下，那里有多条水道，而且从岸上可以清晰地听到潜艇中机器运行的声音……（《世界报》，布宜诺斯艾利斯，1945 年 7 月 19 日）

突然发生的这一切，不仅吸引来了阿根廷军方的侦察机，还有阿根廷政府对军队和政客们下达的有关采取措施避免潜艇靠岸的命令。另外，目击者的证词都被记录在案，作为历史证据。可以肯定的是，两艘潜艇中的一艘在靠近沙滩的地方搁浅，直到后来海水涨潮才得以离开并驶向大海。

一次袭击

在发生潜艇事件的时候，阿根廷的海岸线上还发生了其他非常奇怪的事情。那些事情一直没有对外公布，直到今天因为阿根廷军方的一些机密文件到期解密，人们才得以了解。

我们得知，1945 年 7 月 17 日，通过一些密码电报，阿根廷海军通知它的部队“另外一艘潜艇”将要抵达阿根廷海边，但直到今天也没人解释阿根廷官方是如何得知这个消息的。[1]在这份密码电报中写着:“据悉，德国潜艇在拉普拉塔河[2]和布兰卡湾[3]航行，上级下达的命令是请部队抓获潜艇，并阻止潜艇上的船员或其他人在布兰卡湾附近上岸。如果德国潜艇抵抗，可以对他们发动进攻。”在阿根廷军方的另外一份密电中写道:“在 21 日前还有其他德国潜艇靠近海岸并在我们的海边登陆。据悉，靠岸地点在拉普拉塔河和布兰卡湾之间。请部队在附近海域警备并抓获潜艇。并将空中巡逻区域扩大到内科切阿海面，海军巡逻要扩大到布兰卡湾。”

1 阿贝尔·巴斯蒂：《希特勒在阿根廷》。

2 拉普拉塔河－巴拉那河是南美洲仅次于亚马孙河的第二大河，始于格兰德河和巴拉那伊巴河交汇处，向西南流，经巴西中南部至瓜伊拉，而后穿行于巴西与巴拉圭之间，过科连特斯进入阿根廷，先往西南再往东南流，与乌拉圭河汇合后称拉普拉塔河，最后注入大西洋。——编者注

3 位于阿根廷东南沿海，距布宜诺斯艾利斯港九百公里，濒临大西洋的西南侧。——编者注

就在同一天深夜，在圣克莱门特雷图尤南边一千公里处发生了一场令人难以置信的事件，那里正是人们看到两艘潜艇的地方。傍晚，阿根廷鱼雷艇"门多萨号"在一个被叫作"埃尔福埃尔特"的地方侦察到了一个潜望镜，此地地理条件独特，自然海岸构造就像一个军事建筑。

这条消息没有在公众中扩散开，但是，那天的阿根廷海军集结了多艘战舰，在海面上驱赶德国潜艇并发射了多枚深海炮弹，不过都没有射中。按照已经解密的档案记录，阿根廷海军对德国潜艇的追逐持续了几个小时，并一共向潜艇发射了八枚炮弹。这次事件后，在海面上能够看到成片的油迹，但是无法确认这些油迹是由于炮弹射中船体造成的，还是由于向海面发射了照明弹或其他什么所造成的假象，因为潜艇很有可能通过制造这种假象来迷惑它的追逐者。[1]

斯大林：希特勒逃到了西班牙或阿根廷

这些奇怪的事件几乎全部发生在"世界的尽头"，但却让全世界大吃一惊。因此就像前文提到的，在德国聚集了全世界最重要的领导人，他们召开了波茨坦会议。

有关的新闻报道写道，7 月 18 日下午三点，杜鲁门和美国国务卿詹姆斯·F. 伯恩斯[2]从驻地出发（他们也遇到了丘吉尔），将与苏联最高统帅斯大林会晤，那时，斯大林正在吃午餐。与杜鲁门和国务卿随行的有副国务卿查尔斯·伯伦、查尔斯·罗斯（新闻秘书）、沃恩将军和詹姆斯·金布尔·沃德曼陆军上尉。在谈判桌上，坐在斯大林旁边的有莫洛托夫[3]和苏联驻美国大使安德烈·葛罗米柯。在那几天中，各国领导人分别举行了双边会谈。在斯大林与杜鲁门的会谈中，斯大林对杜鲁门说，希特勒和他的追随者一样，已经逃跑到"西班牙或阿根廷"。

杜鲁门对于希特勒逃跑的细节还提了一些问题，但斯大林的回答是他只知道刚刚说过的那些话，对其他情况一无所知。这次会谈结束后，

1 阿贝尔·巴斯蒂：《希特勒在阿根廷》。

2 詹姆斯·F. 伯恩斯（1879~1972）：美国政治家，1941 年至 1942 年任最高法院大法官，1945 年至 1947 年任美国国务卿。——编者注

3 莫洛托夫（1890~1986）：1930 年至 1941 年任苏联人民委员会主席（政府总理），1942 年至 1957 年任苏联人民委员会（1946 年后改称部长会议）第一副主席，1939 年至 1949 年及 1953 年至 1956 年兼任外交人民委员（1946 年后改称外交部部长）。——编者注

美国总统把斯大林对他说的话讲给了他的国务卿伯恩斯。伯恩斯感到非常困惑，他非常想亲自从斯大林口中得到这些信息。因此，在他与斯大林的第一次会面中他就直接提问打探希特勒的下落，而得到的答案却是一样的。伯恩斯在写给他妻子的一封信中记录下了这段小插曲。[1] 在伯恩斯的回忆录中，他写道：“在波茨坦会议上，斯大林从座位上起身，探向我并举起手中的酒杯，和我的酒杯礼节性地碰了一下。我对他说：‘斯大林元帅，对于希特勒的死你是怎么看的呢？’斯大林说：‘他没死。他要不就是逃到了西班牙，要不就是阿根廷。’”[2]

---

1 此信原件可以在杜鲁门图书馆和美国国家档案文件管理局中查找到。

2 詹姆斯·F.伯恩斯：《坦率地说》。

希特勒与德国陆军元帅冯·布劳希奇将军

第十三章 悬赏捉拿希特勒：一百万美元

为了以防希特勒没有死并藏匿在德国的某个角落里，盟军动用了特殊巡逻机制以确保十二万五千平方英里地域的安全。

——路透社，柏林，1945年7月31日

没有任何一家保险公司支付这笔巨额的巡逻费用，因为这些用来证实希特勒已经死去的行动毫无意义。

——美军驻柏林情报部门长官、陆军上尉威廉·J. 哈姆里克

袭击东京

当战胜国的首脑们都聚集在一起召开波茨坦会议时，盟军启动了对日本东京的轰炸行动。此时战局已日趋明朗，日本丢掉了婆罗洲的战场，无法再从苏门答腊岛和苏马拉加岛获得战争补给，日本通往印度支那[1]的南北战线也被截断。另外，日本本土渔业受到重挫，这意味着其国民最主要的食物来源将面临威胁。中国人也重新夺回了被日军占领的重要战略基地，与此同时，英国军队在孟加拉也聚集了大量的海军和空军兵力。

如果这些对日本人而言仍不意味着什么的话，那么还有历史记载表明苏联军队也做好了与日本人奋力一战的准备。同时，在墨索里尼逃跑并被抓获处决后，曾经的意大利法西斯政府也态度骤转，新政府毫不迟疑地向日本宣战。

就像在战争最后阶段柏林城里发生的事情一样，对日本主岛和首都东京的包围圈逐渐缩小了。不断的炮弹轰炸使日本无法继续抵御敌人的

1 一般特指属于原法国殖民地的越南、老挝、柬埔寨三国。——编者注

进攻，那时这个亚洲国家已经别无他法，要么投降，要么等着被夷为平地。

那时还没有公开提到过“原子弹”。如果不是形势所迫，是不会动用这个致命武器的，从没有一枚核弹是计划要瞄向民用或军事目标的，更没有人提到过要使用这种武器，然而，随着战局的发展，使用它作为结束战争的办法最终被采取了。而在美国，秘密启动这个新式杀伤性武器袭击日本的准备工作已经开始了。

在听说希特勒逃匿到阿根廷巴塔哥尼亚后，德国海军潜艇总指挥官、海军副元帅艾伯哈德·戈茨非常肯定地表示，十天前在阿根廷海边靠岸的U–530潜艇是在3月3日从基尔出发前往挪威的。在他的证词中，否认了希特勒藏匿在这艘在马德普拉塔投降的潜艇中，他强调这艘潜艇的目的地是挪威而不是阿根廷。

但是媒体记者们仍坚持不懈地质问戈茨：“那艘U–530潜艇是否是曾经被指定为协助希特勒执行特殊任务的潜艇？”对这个问题，这位海军副元帅的回答是非常官腔的否定：“如果这艘U–530真的被指派去执行特殊任务，我一定会知道。”

美联社在7月20日发表的文章中写道：“希特勒和爱娃·布劳恩，像传言中所说的一样在德国首都被攻陷几天前举行了婚礼，结为夫妻，那么即使他们真的活着逃出了柏林，他们也没有乘坐U–530潜艇逃往南美洲。”（美联社，基尔，1945年7月20日）

U–530潜艇？

戈茨信誓旦旦地说，希特勒和爱娃·布劳恩没有乘坐U–530潜艇逃跑。也许他的证词是真实的，因为抵达阿根廷的潜艇可能不是原始登记的那艘。有关此事，值得一提的是，德国纳粹为了保证帝国元首希特勒的安全，很可能准备了“隐形的”潜艇以掩人耳目，混淆盟军的视听。另外，那些“官方”战舰，都在德国军队的记录中有据可查，但是，由于人为操作，可能有两艘同样的U–530潜艇在德军档案中登记在同一个编号下。[1]

另外，正在执行任务的潜艇中有的还被命名为“黑色”潜艇。这些“黑

1 拉蒂斯劳·萨博：《希特勒还活着》。

色”潜艇从未被官方记录备案，就好像从来没有被生产出来一样，但是它们存在着并被用来作为德军的战争武器。当战胜国开始细致计算收缴的潜艇还差多少艘时，按照官方记录统计的数字，所缺少的潜艇数比想象的要多。

另外，船长卡尔·兰格又为盟军补充了一些重要信息。作为指挥官，他在 U-530 潜艇上一直服役到 1944 年，因此，他的证词至关重要。兰格说 U-530 潜艇“船身接缝处容易漏水”，他认为这个型号的潜艇不太安全。当他讲述这艘潜艇的经历时，他说：“这艘潜艇运气不好，1943 年圣诞节，当我们停靠在巴拿马运河东海岸时，一艘美军军舰攻击了它，并把它的救生艇撞得粉碎。但那时我的运气不错，竟然安全返回到了基地。这艘潜艇又旧又耗油，如果真的能一直行驶到阿根廷海边，那简直是神话了。”另外，他还说，“如果希特勒和爱娃·布劳恩真的乘坐一艘潜艇逃出了德国，那绝对不可能是一艘 U-530 潜艇。”

阿根廷人中的亲纳粹派和反纳粹派

当人们仍在谈论那艘 U-530 潜艇是真的还是一艘同样的“替身”时，在阿根廷海边宣称看到 U- 潜艇的传言愈演愈烈，甚至有人说在阿根廷南部荒无人烟的海岸有橡皮艇停靠。

因此，在阿根廷军方掀起了激烈的争论，与此同时，在阿根廷政府内部的其他部门争论也进入了白热化阶段，一方是倒向德国纳粹的，另一方是支持英美盟军的。

一方倾向于协助纳粹分子在阿根廷登陆，并愿意出面掩盖纳粹潜艇的行踪，相反，军队中倾向盟军一方的人更希望攻打那些在阿根廷海边出现的纳粹潜艇，并抓捕潜艇上的船员们。阿根廷海军元帅贝尔宁科·利马就是一位支持纳粹的人物，不过从没有确凿的证据可以证实他的政治倾向。但是，他的直属上级海事部部长阿尔贝托·特萨伊雷，就是支持德国的人。那时就任阿根廷总统的是埃德尔米罗·朱利安·法雷尔将军，副总统兼国防部部长是胡安·庇隆将军，他们二人都是德国人的朋友，实际上，整个阿根廷内阁都是德国人的朋友。

阿根廷在 1945 年 3 月 27 日才正式参与到第二次世界大战中，那是在墨西哥查普尔特佩克召开会议后不久。在这次会议上，其他美洲国家纷纷给阿根廷政府施压，督促它尽快加入战争，否则它将不能成为联合国中的一员。很显然，尽管那时战争已经接近尾声，但美国的压力还是见效了。

仅仅迫于《查普尔特佩克宣言》的压力，没有其他任何原因，埃德尔米罗·朱利安·法雷尔将军与庇隆商量以后，领导阿根廷政府对轴心国宣战了。实际上，这对阿根廷政府而言不过是一种形式，在脱离了中立国的地位后，其政府的态度是制造了一个烟幕弹，以掩护这个国家军方的真正目的：迎接逃亡的纳粹分子们。

庇隆所说的

1967 年，庇隆在西班牙马德里流亡期间，接受采访时亲口对奥吉尼奥·P. 朗姆说："如果阿根廷变成了宣战国，那当我们和德国关系彻底破裂时，我们就有权利进入德国了，也就是说，我们的飞机和航船有条件参与其中。那时我们有阿根廷商业飞行公司的商业飞机和战争期间从意大利购买的航船。我们按照他们所要求的照做了。法雷尔总统召集了内阁会议，然后宣战。因此，大批的人都涌入了阿根廷。我们国家所缺少的大量的技术人员和专家都来了，并参与到我们的国家建设中。这些人都是短期内在某个领域中非常有用的人才，也是我们要长时间培养的人才……后来，当我们把英国的铁路系统引进到阿根廷的时候，七百多位那样的专家型人才从德国移民进来帮助我们完成了这项工作。更不用提那些在飞机制造厂和其他领域的人才。这对阿根廷新生工业而言至关重要。很少有人知道这些事情，因为我们只告诉了极少数人。我们宁愿让那些轮流当大佬的帝国主义者们相信我们就是按照他们所提出的宣战要求照做了。那时候我们也的确需要做出一些'良好表现'，因为我们需要的就是时间。"

1970 年庇隆在西班牙马德里接受托马斯·埃洛伊·马丁内斯的采访，他的访谈后来在《全景》杂志中刊登。在那次采访中他说："在战争结束前很长的一段时间里，我们已经着手准备战后的事情了。德国将会战败，这我们早就知道了。而那些战胜国将借机掠夺和利用德国用不止十年时间努力研发出的巨大的科学技术资源。使用它的机器，那是不可能的，因为那些都会被摧毁。唯一可以被利用的就是德国的人才。对我们来说这也是非常具有吸引力的。我们让德国人相信阿根廷对他们宣战实际上是为了拯救他们数以万计的生命。我们通过瑞士和西班牙把这样的意思传递给他们。佛朗哥立刻就意识到了我们的用意，他帮了我们一把。而德国人表示这无可非议。当战争结束以后，这些德国人帮助我们建立起了自己的工厂，并帮助我们完善了我们已有的技术。当然了，这实际上也是帮助了他们自己。”[1]

1940 年 10 月 23 日，希特勒会见佛朗哥

解放区

法雷尔和庇隆都是军人出身，他们都不会允许阿根廷海军对进入该国海域的德国潜艇采取军事行动。

阿根廷海军巡洋舰“门多萨号”在阿根廷海域对德国潜艇的袭击发生在 1945 年 7 月 17 日，前文中已经提到过，这次袭击是阿根廷军队中支持盟军的军人发动的，其中有一位年轻的船长——伊萨克·罗哈斯，后来他成了庇隆的死敌。

对德军潜艇的突袭不是阿根廷当局所希望的，他们竟然早就知道这些潜艇的到来，其中的原因不言而喻。因此，海军元帅贝尔宁科·利马接到上级命令要避免更多的摩擦，并要求他在 7 月 21 日必须向海军下令要求他们停止一切军事行动以及在阿根廷海岸的巡逻行动。

与此同时，在阿根廷海岸又有人看到了德国潜艇，阿根廷海军海事

1 托马斯·埃洛伊·马丁内斯：《将军的生活》。

和河流驻军部门都收到了指示："终止对海岸线的巡逻，即时执行此命令。"海岸线取消巡逻后，纳粹分子们可以不受任何阻碍登陆。

7月24日美国政府宣布向阿根廷派出军事运输机，美军飞机将负责把U-530潜艇上的船员运抵美国。另外，美国政府称，在与阿根廷政府达成一致后，德国潜艇将被运抵美国的一个军事港口。尽管战争已经结束三个月了，但所有行动还是在高度保密和戒备的情况下进行的。

7月底，两架美军飞机搭载着潜艇上所有的德国船员离开了布宜诺斯艾利斯。在高度戒备下，这些船员都被转移到监狱中并开始接受密集的审讯。那时，审讯中对船员们提出的问题是什么都无人知晓，而且在过去的六十年中相关的记录也是高度保密的。直到今天我们才知道，美国情报人员在审讯中提到最多的就是讯问船员们那艘潜艇的航程以及他们是否负责将希特勒从德国带到阿根廷。

在波茨坦会议上战胜国决定将德国分成四个部分，分别由美国、英国、法国和苏联进行监管，四个国家组成了对德国的监管理事会，负责临时处理德国内政，直到产生一个稳定的新政府。

7月26日，中国、美国、英国发表《波茨坦公告》，对日本发出了最后通牒，要求日本政府立刻无条件全面投降。尽管当时苏联政府没有在这份最后通牒令上签字，但没过多久也加入了对日本宣战的行列中。美国总统杜鲁门虽然没有提到有关原子弹的事情，但他说，如果日本坚持不投降，它必将遭遇"彻底的毁灭"。

美国领导人还警告说，如果日本仍然不肯放下武器，它侵略的所有土地也将被剥夺。另外，日本政府的领导人将被送到军事法庭上接受指控，军队将被解散，盟军军队也将驻扎到日本国土中。而这些还不是全部，日本将为战争付出高昂的赔偿。

结果依然不是盟军所期盼的。日本首相铃木贯太郎拒绝投降，并表示日本已经做好准备，哪怕只剩下一个日本人，也要战斗到底。

希特勒将会接受审判吗？

波茨坦会议上，在诸多重要的议题中，有一项就是讨论用何种方式审判那些纳粹战犯，那些纳粹战犯都将被押送到纽伦堡。盟军的各国政要们必须要讨论出如何建立一个公正的国际法庭，这是各国携手第一次建立一个审判战争罪犯的法庭。另外，还要讨论什么人应该被作为战犯来接受审判，并准备一份战犯名单。这个任务格外繁重。

有一个问题让众人都无法泰然了：希特勒将会接受审判吗？尽管还没有抓到他，但是按照法律规定，那些逍遥法外的逃犯，即使不能站到法庭上，是不是也应该面临法律的制裁？

1945 年 7 月 31 日，对于这个棘手的问题展开了激烈的讨论。在准备战犯名单的过程中，苏联代表团坚持“把第三帝国主要头目们的名字都放到名单中”，那些对邪恶的第三帝国而言战功累累的活着的人，都应该接受法律的判决。

而英国代表团和美国代表团表示反对。英国首相艾德礼驳斥：“我不认为把活着的德军头目的名字放到名单中就足够了，比如希特勒就不在我们的名单中，但我认为他还活着。”斯大林听后马上表态：“尽管我们还没有抓到希特勒，但我同意把他的名字也加入名单里。我同意。”[1]

苏联元首有关“我们还没有抓到希特勒”的话是一个清晰的信号，他想影射希特勒很有可能在英国人和美国人的保护下藏匿了起来，而类似的这种意思苏联政府已经暗示多次了。

按照与会的苏联速记员的记录，那天在斯大林说完了最后一句话，表明他手里没有希特勒以后，在场的人“都笑了”。会场上的气氛稍微缓和了一下，同一个话题继续成为众人讨论的焦点。与会的各国首脑们在露出了不甚轻松的笑容后，又投入到了严肃的会议中。但是最终也没有达成一致意见，那么希特勒将会在纽伦堡接受审判吗？

就像我们之前说过的，闭门会议中发生的这些奇怪的事情没有被传播出去。来自不同国家的大约二百位参与报道会议的记者们都公开抱怨，认为官方提供的信息过于简单，而对新闻报道的要求又过于敏感，因此会议召开过程中在报纸上能够读到的消息非常有限。

与此同时，在阿根廷海岸还有人爆料说，看到了纳粹逃亡潜艇经常出现。

7 月 30 日，在报纸上刊登了该月最后一条与希特勒逃跑有关的消息。这次的消息来自驻扎在柏林的苏联将军格尔巴托夫。这位苏联军队高级

---

1 1945 年 7 月 31 日在波茨坦会议上苏联代表团的记录。

军官公开指出，第三帝国元首希特勒很有可能“还活着并藏在世界的某个角落里”。（路透社，柏林，1945年7月30日）

8月3日，西班牙埃菲社在一条消息中写道：

为了以防希特勒没有死并藏匿在德国的某个角落里，盟军动用了特殊巡逻机制以确保十二万五千平方英里地域的安全。在英军和美军管辖区内驻扎的路透社记者讲述了这种巡逻机制的具体内容，以及德国人在得知他们的元首可能还活着以后的表现。有很多传言说希特勒还藏匿在距离柏林不远的海德堡的森林里，也有传言说他的尸体被埋藏在那里。然而，尽管美军第七分队官方也承认希特勒很有可能藏在那片树枝繁茂的森林中，但上述传言至今没有得到核实。

核弹袭击

就在同一天，当所有政要还在寻找希特勒的时候，杜鲁门下达命令对日本的广岛、小仓、新潟和长崎投放原子弹，而投放的最终目标地点由军队负责人决定。

8月6日，美军在广岛投下了一颗原子弹，城市立刻被夷为平地，十二万人瞬间死亡，十几万人留下了核辐射后遗症。然而，这颗原子弹依然没有让日本政府产生投降的念头。

8月8日，苏联对日本宣战。苏联人的宣战与之前和英国与美国政府达成的协议完全一致，但是他们快速占领满洲里的做法和将共产主义迅速扩张到东方这片土地的前景让英国人和美国人非常担心，他们怕战争一结束地球就这样被“划分”为共产主义和资本主义两大阵营。

8月9日11时02分，比第一颗威力更加巨大的第二颗原子弹在日本的长崎爆炸。当时死亡四万人，几个月后，由于剧烈的核辐射作用，死亡人数翻番，还有无数无法治愈的伤病者。这次日本接受了无条件全面投降。

第二次世界大战结束了。

一百万美元交换希特勒

8 月 14 日，美国议员西奥多·比尔博宣布将在美国议会上提交一份草案，草案提议悬赏捉拿希特勒，“那些活捉希特勒的人”将有权得到一百万美元的奖励。

比尔博认为，如果通过了这项草案，“希特勒是战犯，任何人只要为抓获希特勒提供了线索，都应该享有外交豁免权”。也就是说，如果纳粹逃亡的头目中有对自己的罪行表示忏悔并愿意“将功赎罪”的，只要他们向当局提供可以抓获希特勒的准确信息，对他们的指控将被免除。

比尔博说：“我相信希特勒没有死。我认为作为罪行累累的战犯，他应该被抓获，并接受审判和处决。”他还指出，“任何人如果想阻止国会悬赏通缉希特勒，他自己就掏那一百万美元吧。”（美联社，密西西比，1945 年 8 月 13 日）

面对这项提议，众人的反应就是没有人愿意从自己腰包里掏出一百万美元去悬赏捉拿一个死人……

纳粹式的民主

1945 年 8 月的所有新闻都和原子弹的投放以及战争的结束有关。日本在 8 月 14 日宣布投降并接受了盟军提出的所有条件。

从那时起，世界历史的分水岭出现了，那就是新生的武器——原子弹的威力不容忽视。苏联人的政权更加稳固，与资本主义世界的对立也加剧了。共产主义与资本主义之间分歧所造成的紧张形势日后被称为“冷战”,这样的世界格局正是由于两大阵营不断扩充的核军备竞赛所造成的。

与此同时，盟军的各国政府都已经开始准备在纽伦堡军事法庭对第二次世界大战的战犯们进行审判。

当世界新秩序正在建立时，又发生了什么新的意外吗?

是的。一桩意想不到的事情在 1945 年 8 月 17 日发生了，并在全世界引起了震惊，一艘纳粹潜艇 U-977 抵达了阿根廷的马德普拉塔港口，而恰恰就在一个月前一艘 U-530 潜艇也刚刚抵达那里。由于当时正是阿根廷的国家节日，在那个港口停驶的航船不多，这艘潜艇借机携带着三十二名海员悄悄抵达了。

全世界的目光都被吸引到了南半球，在迫不得已的情况下马德普拉塔海军基地的指挥官发布了一篇通告，内容如下：

9时20分，在马德普拉塔港口以东八海里，阿根廷海军潜艇分队在巡逻和操练时，发现了一艘来路不明的潜艇。“PY号”侦察艇迅速靠近并确认是德军潜艇，潜艇上的船员示意投降。按照阿根廷军方的命令，这艘潜艇上的全体船员立刻被捕，潜艇也被拖到马德普拉塔港口，靠岸时间为11时06分。

根据阿根廷军方的描述，潜艇上携带着大量武器，维护良好，包括一支三十七毫米重机枪、两支二十毫米双管地对空重机枪、四具鱼雷发射管和一具逆向发射管。还有十枚鱼雷，它们是整艘潜艇中携带的杀伤力最大的武器。其他武器也非常完好，可以看出这艘潜艇没有参与过任何战事。潜艇的发动机也都运行良好，看得出在靠岸前被打扫过。

潜艇船长——二十五岁的海因斯·舍费尔向阿根廷海军递交了航海书、罗盘箱和航行记录，这与当时的维尔穆特船长的做法截然不同。

舍费尔对阿根廷审讯者交代说，在欧洲，潜艇向阿根廷出发前，所有的船员们集体投票决定了他们的行驶目的地。

船长说，一部分船员希望能留在欧洲，特别是已婚的，因此他们在一个偏僻的海边悄悄登陆了，而剩下的船员决定前往南美洲。

没有人相信这个“纳粹式民主”的版本。但是，不久就出现了一条消息：在这艘纳粹潜艇出现在阿根廷的前几周，十六名德国军人向挪威政府投降并声称他们是U-977潜艇的船员，而且这些自称是潜艇船员的军人们还说，这艘潜艇已经沉入海底了。这些人在穿越了高山后抵达卑尔根，他们坚持说是乘坐了一艘在布雷芒厄附近遇险的潜艇上的救生船漂流到海边的。

这艘载有三十二名船员的U-977潜艇在阿根廷靠岸了，而最初这艘潜艇上乘坐了四十八名船员（比正常荷载人数多出四人）。

航行路线

即使那些德国人真的把航海记录交给了阿根廷人，这些记录的真实性仍然让人怀疑，因为纳粹分子们完全可以伪造一份假的记录。

阿根廷海事部解释说，按照 U-977 潜艇的航海记录，潜艇在 4 月 13 日从基尔港出发，4 月 22 日和 5 月 2 日又分别从奥斯陆和克里斯蒂安桑出发。在挪威海边登陆的十六位船员，都是把家留在了德国的已婚男人。然后潜艇继续航行在法罗群岛和冰岛之间，并绕过了佛得角。然后，浮出水面的潜艇在圣巴勃罗的礁石中穿行，沿着巴西海岸行驶了一百八十海里，终于抵达马德普拉塔。

潜艇上的船员们在阿根廷被逮捕并接受审讯。很快，一个由盟军派遣的调查组抵达马德普拉塔，亲自审问船长舍费尔。尽管审讯的内容从来没有公开过，但是这位德国船长后来承认在审讯中被问到的第一个问题就是希特勒的下落：

> 一天，我被送到了一个由英美盟军组成的高级调查团前，他们专程赶到阿根廷来调查“神秘的 U-977 潜艇”。这些调查员们非常固执地询问我：“你一定把希特勒藏起来了！坦白交代！希特勒藏在什么地方？”除了那些我已经交代给阿根廷人的，我没有其他的可以交代了，所以他们就开始不耐烦了，毕竟我的潜艇让全世界的报纸都不断地爆发激烈的争论和引人注目的大标题。[1]

因为这艘潜艇上少了两艘救生艇，所以很快就引起了众人的猜测，但舍费尔船长一口咬定其中一艘救生艇是那些坚持留在欧洲的十六位船员划走的，另外一只在那次船员们分道扬镳后也不知道丢到哪里了。

按照盟军的要求，U-977 潜艇上的船员们都被作为战俘押送到了美国，他们的命运与 U-530 潜艇上船员们的命运一样。到了美国，舍费尔船长和他的船员们不得不面对各种密集的审讯。舍费尔船长的证词被拿来与维尔穆特船长的证词进行比对。两位船长都说互不认识对方，而且

1 海因斯·舍费尔：《U-977 的秘密》。

都不知道对方执行的任务。

而审讯者的问题就是要让两位船长说出希特勒逃跑的事情。“你们把希特勒送到了什么地方？”这个问题在对两个人的审讯中被多次提出。而两个人的回答又永远都是一样的：“我们的潜艇上没有希特勒，我们什么都不知道。”

冰天雪地中的避难所

那些探寻希特勒下落的问题都被现实无情地掐断了线索，而帝国元首的下落变得更加神秘。

希特勒在阿根廷巴塔哥尼亚找到了新的避难所吗？还是藏在了德国人可能在南极建立的秘密基地中？

匈牙利籍阿根廷记者拉蒂斯劳·萨博使第二个问题变得仿佛真实了些。此人曾经指出，尽管封锁重重，但他在马德普拉塔港口曾经采访过U-530潜艇上的一位德国船员。根据这名记者公布的内容，这名船员的名字一直没有被公开，但他告诉阿根廷记者，他所乘坐的潜艇的最初目的地是“德国在南极的领地”。[1]

这位记者大胆的猜想不无原因。据说在二十世纪四十年代，纳粹军队乘坐他们的无敌潜艇抵达了那片白雪茫茫的大陆，并在那里进行过军事演习。

德国人对南极大陆的引人注目的考察，正是从1938年开始的。他们首先在那里发现了一片陆地并命名为“新施瓦本行政区”，从此那里就被视为第三帝国的领土。

这片陆地被纳粹分子立上了界线标志，在德国的官方地图中也被标注为德国的领土。德国人还在白雪皑皑的雪层上竖立了界碑，界碑上清晰地标明那里是德国的领土。还有人说，1940年，第三帝国把大量的机器和人运送到南极，他们要在那里建立起一个秘密基地。因此，曾经有人说纳粹分子们在一个比欧洲更大的大陆上掏空了一座山，并在那里建起了一个伪装非常彻底的避难所。

1 拉蒂斯劳·萨博撰写的第一篇有关希特勒乘坐潜水艇逃跑的文章被刊登在阿根廷《批评报》上，日期为1945年7月16日。两年后，萨博出版了《希特勒还活着》一书。

有消息指出那个巨大的地下基地已经配备好武器，被命名为“211”，在那里完全有条件让人居住数年。因此，流言四起，说纳粹元首在那冰天雪地的大陆上，有一个无法攻克的避难所，在那里他可以一直高枕无忧地住到任何时候。

另外，非常值得关注的是，在那个时代的一些德国地图中，特别是纳粹势力不断扩张后领地不断扩大的新制的地图中，在一片被注明为“德国在南极的领地”的区域里可以发现阿根廷这个国家就在其中，因此，总是有人说希特勒已经逃到了南极。[1]

波茨坦会议以后，杜鲁门对美国的情报部门多次下达指示，让他们彻查希特勒的下落。结果是，按照最近刚刚解密的官方文件的记载（那是一本厚厚的联邦调查局的文件档案，有七百四十一页之多），其中的一些内容让人震惊。另外，英国军情五处（MI5）也收集了大量有关希特勒流亡的秘密情报。[2]遗憾的是，直到今天，部分内容还没有解密。而有关苏联调查出的纳粹元首逃跑的情况，直到今天也还被封锁在莫斯科。

“希特勒和鲍曼还活着”

9月1日，由马丁·鲍曼播发的一条地下广播的消息，引起了全世界的哗然。在短短两分钟里，一个像是纳粹头目的声音传了出来，内容是说希特勒还活着。这条广播信息是人们在斯德哥尔摩听到的，也是从那里发出了相关的第一条消息，《标准晚报》首次刊发了这条消息。

两天以后，美联社发布消息确认说，在那些天中，“几个调查委员会在英军占领区迅速成立了五个临时部门，希望能够抓获马丁·鲍曼，此人是希特勒的帮凶。希特勒的消失是德国投降后各国最关注的话题”。

马丁·鲍曼

1 乌戈·费尔南德斯·阿尔图西奥：《纳粹在乌拉圭》。
2 阿贝尔·巴斯蒂：《希特勒在阿根廷》。

9月7日，英国警察正在调查希特勒和鲍曼可能出现在德国汉堡的真实性。根据一些侦探的调查，二人很有可能乘坐一艘快艇离开了汉堡。（美联社，汉堡，1945年9月7日）

9月10日，挪威附敌分子维德孔·吉斯林（纳粹德国占领期间的挪威首相）接受审判，在军事法庭宣判死刑以后他试图为自己进行辩护。吉斯林说："他是为了正义的事业而战，因此在责任面前他不想逃跑，甚至在德国即将战败的最后时刻，纳粹分子们给了他一个乘坐潜艇逃跑到安全地方的机会，他都拒绝了。"[1]

有关纳粹头目们给希特勒提供的逃跑机会已经无从知晓了，因为很快这位战犯就被宣判有罪并执行了枪决。

9月中旬，有关希特勒下落的争论变得更加公开。9月11日，在路透社的一篇报道中写道："全世界都在讨论希特勒仍然活着的可能性，尽管德国投降后公布的消息是，在德国总理府大楼下的地堡中，希特勒杀死了爱娃·布劳恩，然后自杀身亡。但所有重要媒体的记者们却在继续自己的调查，他们希望能尽快查明真相。"

10月，苏联和美国之间的紧张局面不断加剧。战后对世界的分割还在进行着。另外，美国人不愿与苏联人分享有关生产原子弹的秘密，双方的分歧日益严重，苏联政府对美国的不满也在不断积累。

同时，盟军中各国政府也在处理一系列的事情，其中就包括对战犯的审理。就像我们在前文中看到的，斯大林坚持要把希特勒也列入战犯名单中。而特雷弗·罗珀却还在努力地寻找证据以证明德国元首已经在德国的地堡中自杀，这样盟军就不会再对是否审判希特勒产生更多的争论了。

1945年10月6日，美军高级军官的言论再次证实了盟军中部分成员不相信希特勒已经在柏林的地堡中饮弹自杀了，内容是这样的："艾森豪威尔将军在接受记者提问时被问到他是否相信希特勒已经死了，他回答说：'最初我是相信的，但是后来又有很多原因让我相信希特勒还活着。'"（美联社）在艾森豪威尔说出上述内容六天以后，另外一位著名的美军军官贝德尔·史密斯上将也发表了类似的言论："没有人可以给出最终结论说希特勒已经死了。"而史密斯上将几年后担任了美国

1 拉蒂斯劳·萨博：《希特勒还活着》。

中央情报局负责人。

特雷弗·罗珀的结论

11月初，特雷弗·罗珀提交了有关希特勒死亡的报告并给予了定论。因此，盟军在拿到这份文件后当即宣布希特勒将不接受审判，因为文件的结论是他已经死了。

这位英国军人进行的调查被公之于众，而调查结论仅仅是在纳粹分子们提供的证词的基础上完成的。

这份调查把希特勒在地堡中最后几天的情况重新梳理了一下，在媒体公布后变得非常具有煽动性。就像我们在前文中看到的，特雷弗·罗珀承认虽然调查结果可能还存在疑问，特别是有关希特勒尸体的最终去向，但是希特勒在4月30日自杀的事实却是清楚的。

《诺顿报告》

与此同时，在保密状况下进行的更加严肃的调查显示，得出的结论与特雷弗·罗珀的调查结果相互矛盾。只有少数的政府官员和军人知道美国情报部门所调查的结果。

美国情报部门的调查是在苏联情报部门调查的基础上进行的，调查结果属于美国政府的高级机密，在1945年11月3日由指挥官奥托·诺顿签字并生效。

《诺顿报告》的主要内容如下：

1. 5月2日至8日，在占领了德国总理府后的第一周，苏联军队的特种部队和调查人员在花园中挖出了两具尸体，其中之一被推测为是阿道夫·希特勒，另外一具是马丁·鲍曼。

2. 被推测为“希特勒”的尸体与真正的希特勒有些相像，穿着军装，头部中弹。被推测为鲍曼的尸体脸部损坏，因此无法辨认身份。尸体也穿着和鲍曼平时穿的一样的军装，在衣服的口袋中还有证明身份的纸张。

3. 在斯大林的特别指示下，苏联专家们对尸体进行了周密的法医鉴定，结论就是推测“希特勒”的尸体属于一个更加年轻的替身，而且替身身形更矮小。而“鲍曼”的尸体比真正的鲍曼本人更高大。因此，尸体穿的军装看上去更像是给一个身形瘦小的人定制的，穿在尸体上显得有些短。

4.“希特勒”的尸体被焚烧过，按照斯大林的指示，最后被运送到了莫斯科。而“鲍曼”的尸体则只是被拍了照，然后焚烧了。

5. 在研究过苏联人的报告和他们给尸体拍的照片以后，我们的专家得出的结论是两具尸体均不属于真正的希特勒和鲍曼。

6. 可以肯定，苏联人已经认定那两具尸体是被留下用来提供假线索误导调查人员的。

7. 德国总理府中的每一寸土地都被苏联人认真检查过了，苏联专家们也挖掘了每一块地方，他们没再发现其他尸体和任何证物。

这份报告和其他很多资料一样，都无法证明希特勒已经死了，但纽伦堡军事法庭将希特勒视为已经死亡的战犯的“事实”已经无法改变，因此他不需要再接受审判了。

1945 年 11 月 20 日军事审判开始，很多纳粹头目都被送上法庭接受惩罚。但是希特勒的命运还是一个众人争议的话题，因为他已经自杀的说法无法使人信服。时光飞逝，直到今天仍然不能得出一个具有说服力的结论。

遗嘱

人们争议的声音很快就被遗忘了，然而，就在 1945 年年底，希特勒的遗嘱突然被发现。据悉，这些重要的文件和对应的复印件是在当年 4 月被三个人从柏林带走的。

如果爱娃·布劳恩和希特勒最亲密的人在战争结束后真的拿着结婚

证书和希特勒的遗嘱去做了某些我们不知道的事情，那么这些文件将在很长的时间里不会被人发现。

12 月 29 日，希特勒的结婚证书和遗嘱出现了。据说这些重要文件都是由一个人送交的。当军事法庭在纽伦堡的审判正在进行时，这些文件出现了，对于大众所相信的希特勒已经死亡的普遍心理而言这无疑是沉重的一击。

在核实了字体以后，可以确认这些遗嘱都是由希特勒亲笔写的，而遗嘱的内容不仅仅是针对他最亲密的那些人，而且是针对公众的。我们都知道这不是希特勒第一次书写遗嘱了，而且我们还知道写下遗嘱也不意味着他已经死了，也就是说，这些重要文件的出现并不能证明希特勒已经自杀身亡。

一个证据都没有

从 1945 年往后的几年中，出现了很多与希特勒逃跑有关的证词，证人们大都身份显赫。只要举几个例子就能看出证人身份的特殊性。

在纽伦堡军事法庭的审判过程中，美国法律顾问协会的主席托马斯·都德曾经表示，希特勒是否已经死了从无定论。在审判过程中，美国律师托瑞（审判长罗伯特·杰克逊的助手）曾经说过“希特勒很可能还活着”。

美国驻柏林情报部门长官威廉·哈姆里克曾经调查过希特勒的下落。在 1946 年 10 月 17 日他也说过：“有关希特勒自杀的说法，除了各种流言以外没有任何证据。”他还说，“作为情报部门的工作人员，我永远都对此保持怀疑。希特勒的尸体从未被发现，对此我也和苏联人沟通过，他们中也没有人发现过”。（美联社，柏林，1946 年 10 月 17 日）

更有甚者，后来在军事法庭上被指控进行人体实验的纳粹医生卡尔·布兰特，在法庭被告席的手把上写下了“希特勒万岁，他还活着”。（路透社，1947 年 1 月 3 日）

美国政府也想得出自己的结论，因此，派出了调查人员前往德国。宾夕法尼亚州法官迈克尔·穆斯马诺抵达德国后立刻开始收集证据，并询问了二百多名证人，这些人在战争结束前都曾经在地堡中生活过。所有证人给他提供的证词都是一个版本，也就是希特勒已经死了。而这位经验丰富的法官，很快就发现证人们讲述的内容仿佛都来自一段被滚瓜烂熟地背下来的故事。另外他还得出结论，也就是没有任何确凿的证据可以证明希特勒的自杀。1948 年，这位知名的法官在结束所有调查工作后说："苏联人必须承认他们犯下的错误，希特勒在 1945 年 5 月根本没有死。"[1]

另外一位美国调查人员也得出了同样的结论。经验丰富的法医曼斯菲尔德在结束了一系列的调查后说："在总理府的花园中从来没有焚烧过任何人的尸体，所有证人重复的都是一个别人教给他们的故事，而这个故事他们早就熟记于心了。"[2]

1947 年，法国也决定派一位调查人员前往德国。法国侦探吉拉莫是一位犯罪学专家，也得出了与美国人一样的结论：希特勒和爱娃·布劳恩已经逃跑了。

1952 年，艾森豪威尔将军说："我们甚至连一个能证明希特勒死亡的证据都没有发现。很多人都相信希特勒早就从柏林逃跑了。"

另外，在审讯中取得的有关费格莱因下落的证词也很有意思。费格莱因是爱娃·布劳恩的妹夫，按照历史记载，他是在柏林的地堡中被纳粹分子们杀死的。有关他的死，我们所知道的就是"费格莱因的父母向一个美国反间谍组织保证，曾有人为他们带来关于儿子的消息，那人只告诉他们，他们的儿子和希特勒非常安全、健康地生活在阿根廷"。[3]

盟军情报部门得出的结论就是，毫无疑问，希特勒已经逃跑了，因此美国、英国和法国从来没否认过希特勒已经逃跑的说法。相反，这些国家的情报部门都证实了此事。只有特雷弗·罗珀的结论，显得那么不堪一击，但他的报告已经变成了支持希特勒自杀版本的唯一依据。然而英美两国的情报人员对这个报告的内容一直持开放态度，他们在后来几年中仍然收到过有关帝国元首的消息，很多都指出希特勒就生活在阿根廷。[4]

1 迈克尔·穆斯马诺在他 1946 年进行的调查中指出希特勒已经逃跑了，但是在 1950 年他出版的《十日之死》一书中又认可了希特勒是自杀身亡。

2 帕德里克·伯恩萨德：《希特勒的逃匿》。

3 费格莱因的相关资料来自美国反情报队（CIC）的报告。

4 阿贝尔·巴斯蒂：《希特勒在阿根廷》。

有力证据的匮乏，特别是没有尸体，意味着德国根本就没有正式宣布希特勒的死亡，当然也没有宣布爱娃·布劳恩的死亡。

因此，按照德国法律，必须要等待十年以后才可以根据所谓的“死亡推断”来宣布二者的死亡。直到今天很多国家仍然在执行这样的法律规定，在一个固定期限（十年）内如果某人再没有出现，那么根据法律规定方可宣布此人的死亡。当然了，这个人可能还活着，但是按照法律规定就不能再判处他死刑了。

按照德国这项法律规定，希特勒的曾经居住地——贝希特斯加登的一个法庭，在1956年终于宣布了希特勒和他妻子的死亡。希特勒的死亡证明（档案编号2/48，1956年10月26日，贝希特斯加登）确认了阿道夫·希特勒的死亡时间为1945年4月30日15时30分，而爱娃·布劳恩的死亡时间是1945年4月30日15时28分，比希特勒的死亡时间提前两分钟。也就是说，从1945年算起，十年之中，希特勒和妻子爱娃·布劳恩对于德国人来说都是活着的。而且他们是自由的，没有受到谴责，没有被下令逮捕，更没有接受审判。

因为，的确没有理由逮捕帝国元首希特勒……

道路

仿佛各种蛛丝马迹都指向了西班牙，那里也是希特勒乘坐飞机可以逃往的地方。“德国—奥地利—西班牙”航线看似就是为了德国元首准备的一条逃亡路线，之后他可以再次出发前往阿根廷。

那时候，就像我们在本书第五章看到的那样，苏联将军伯扎林（苏军攻占柏林的指挥官）毫不迟疑地说过：“希特勒就藏在欧洲，可能是西班牙。”

实际上，盟军知道希特勒逃往了这个国家，尽管佛朗哥政府极力否认，但盟军还是进行了搜捕，搜捕行动一直持续到1947年。

美国联邦调查局的一份调查资料显示：“美军曾经投入了大量兵力在西班牙进行搜捕，寻找希特勒。”

下面就是这份文件的翻译稿：

在您1947年4月28日写来的信中，您提到□□（人名被删掉）——一位经验丰富的□□□（内容被删掉）外科大夫说很有可能他本人曾经接待过希特勒。

官方得到了从德国截获的文件和一份□□（人名被删掉）携带的希特勒在德国时写的日记的复印件。这些材料内容都显示，直到德国投降前，希特勒服用了大量的麻醉剂，而这些麻醉剂后来被美国医生鉴定为是有毒的。美国医生认为，如果希特勒长期服用这种麻醉剂，他最终将会严重中毒。□□（人名被删掉）被美国医生视为希特勒的狂热追随者。最后一年，在盟军开始轰炸希特勒的地堡前，他就居住在那里，并被各种人监视。那时候已经可以看出来希特勒的左手和左臂都有非常厉害的震颤，由于颤抖得太厉害，希特勒的身体都要靠在一个支撑物上。

曾经出现了很多种相互矛盾的证词，都说希特勒可能藏在北美的某个地方。而很多媒体刊登的报道又说希特勒是藏在南美洲，他乘坐潜艇逃亡到了那里。然而，所有的这些说法都从来没有被证实过。另外，美军也从来没有发现希特勒的尸体，从来没有调查出一个确切的结论证明希特勒已经死了。所以，很有可能他还活着。美军已经开始着手调查希特勒是不是藏在了西班牙。

在此，我请求您继续全力以赴地进行调查，接近那位医生曾经接待过的病人□□□□（内容被删掉）。他的信中写明了这位病人□□（人名被删掉）姓名是什么。请您和您的同伴继续调查，查明这位医生是否真的接待过这样一个与他所描述的一样的病人。

必须要高度重视此事□□□□（内容被删掉）从1945年5月开始。如果□□（人名被删掉）被抓获，必须要审讯他，给他拍照。必须要问出他知道的全部内容，然后再核实。[1]

---

1 根据美国联邦调查局的报告，那些被删掉的内容和人名是文件解密后在官方审查时被删掉的。

船长的妻子

有时候，答案要经过很长时间才能出现，但是一定会出现。直到二十一世纪，得益于一次调查，有关德国元首逃跑的秘密才终于被揭开了一角。一位阿根廷女记者（N.M.O.）于2003年10月9日在德国采访了U–977潜艇船长海因斯·舍费尔的妻子英格伯格，这艘潜艇于1945年8月17日在阿根廷靠岸。

船长舍费尔最终在阿根廷安家立业，但后来他和妻子还是决定回到自己的祖国德国度过人生中的最后时光。而这位阿根廷女记者为了制作一期纪录片，就在那里拍摄了这个访谈，但最终没有完成那个纪录片的制作，而且采访也从来没有被公开过。

笔者有幸看到了访谈内容，下面就是访谈中的部分内容：

记者：首先，我想知道您的名字和现在我们所处的位置。

英格伯格：好的，我的名字是英格伯格·舍费尔，我现在居住在柏林，确切地说，是从1965年开始在这里居住的，大概是从1月份。

记者：您曾经听到过一些传言说您的丈夫把元首带走（到阿根廷）吗?

英格伯格：以前人们不谈论这件事情，不像现在，他在回答审讯的时候说没有带走过希特勒。当人们问他有没有把某人带到阿根廷的时候，他总是说“读我的书吧”(《U–977的秘密》)。但他从没说过他带过希特勒或没带过希特勒……他总是让人们去读他的书，去看他的书……但还有一件事，有不止两艘潜艇，如果他没有带上希特勒，还有另外一艘潜艇可以把他带到阿根廷，而他可能给那一艘提供过食物和必需的物资，因为它们（其他潜艇）继续朝着南方行驶，去了阿根廷的马德林港，去了圣克鲁斯，那里才是希特勒和他的随从们可能停下的地方。[1]

1 英格伯格把圣克鲁斯和楚布特两地弄混了，马德林港位于阿根廷最南端的楚布特省。

希特勒和戈林

第十四章 雨点行动

德国潜艇舰队深感骄傲的是，他们为元首打造了一个坚不可摧的要塞，它位于世界的另一端，是一个世外桃源，在敌人完全无法触及的地方。

——卡尔·邓尼茨元帅，1943年

逃往太阳初升的地方？

作为一位杰出的战略家，希特勒已经想好了逃跑的多条路线。也就是说，他的逃跑计划是由精挑细选的一小撮纳粹分子秘密制订的，事先就准备了多种选择以保证帝国元首的安全万无一失，仿佛打造了一个由多条平行并互通的路径构成的迷宫，任何一条路被堵住了，还可以转到另外一条。

很显然，在柏林被攻陷后，选择之一就是逃往东方——第三帝国的盟友日本。逃往太阳初升的地方，即使德国投降了，日本还会继续战斗下去，那么对于帝国元首来说他可以从容地逃到那里，然后冷静地思考未来并继续他的计划。

另外，如果可能，日本也可能成为逃往地球另一端的长途旅程中的一个跳板，从那里穿越太平洋就可以抵达南美洲。

1945年10月14日，路透社从日本东京发出了一条消息，称一名日本海军高官透露了一些有关“希特勒与爱娃·布劳恩逃到日本的计划细节”。这条消息证实这位匿名的海军高官“1945年3月3日在东京出席了一个保密会议，在会议上梳理了协助希特勒与其秘书逃跑的计划细节，这位秘书就是在柏林被攻陷前与希特勒结婚的人”。

这条消息还指出："这位海军高官还透露说希特勒向日本政府承诺，如果日本能够给他和爱娃·布劳恩提供安全的避难所，作为交换他将提供给日本一些作战计划并保证日本将赢得太平洋战场的战争。"另外，该消息称，"希特勒向日本政府提出的请求得到了肯定的回应，日本皇室将向希特勒提供安全保障。日本在打败澳大利亚和美国后，要继续占领欧洲，这样，德日两国的同盟最终仍将统治全世界"。

这位日本海军高官透露："实际上，希特勒已经落魄了，在柏林他再也找不到可以相信的人了，因此他不得不派遣一艘潜艇前来日本寻求救助。"这条消息还称，"这艘潜艇在 3 月 5 日的凌晨从日本横滨出发，返航前往德国汉堡"。但是，它很可能"永远都没有抵达目的地，没人知道它的命运"。

日本，辟谣？

如果希特勒真的考虑过要逃往这个国家，那么一定发生了什么不为人知的事情，最终阻止了他的计划。难道是纳粹分子们否定了这条逃跑路线？或是日本政府反对希特勒踏上东方的土地？

至少第二个猜测在 1945 年 4 月 30 日被证实，那时候全世界还在推测哪里是希特勒逃跑的真实目的地。从法国传出的消息中筛出了一条可靠内容，在外交圈子中流传着一种说法，说希特勒向日本发出了请求，希望日本能秘密地接收他。

这个求助请求大概是在 4 月的某一天发出的，但具体日期从未被核实过。

在那段时间的报纸上，比如 5 月 1 日出版的阿根廷《新闻报》就刊登了类似的大标题："日本没有同意希特勒逃往该国的请求"。在这条援引自美联社的消息中提道："根据从法国政府部门获取的消息，希特勒近期向日本政府提出请求，希望日本允许他飞往该国并在日本政府的庇护下继续与盟军对抗。有人说日本政府没有接受希特勒的请求，因为一旦答应了他的请求，也就意味着日本与苏联将公开对抗，而这恰恰是日本最不希望看到的局面。"

东京方面的回答符合第二次世界大战期间日本与苏联签订的互不侵

犯条约，日本人希望继续与苏联保持这样的关系。日本人认为，如果他们为希特勒提供了保护，那么他们与苏联人签订的条约将面临作废的可能。

如果日本政府真的拒绝了希特勒逃往日本的请求，那么势必会引起希特勒的震怒，因为他在东方的盟友在他生命最危急的时刻将他拒之门外。实际上，帝国元首对于日本方面的一些行为已经产生了态度上的分歧，而这种怒气就像使水杯溢满的最后一滴水。如果希特勒得以逃脱，他一定会永远记住日本竟然没有向他提供帮助。当然了，希特勒最终还是成功逃跑了。“东方之路”的大门朝他紧闭了，也就意味着他会集中精力设计一条逃往西方的安全路线。

那么，如果希特勒向日本提出的请求真的存在，这个请求是出自希特勒的真心吗？或者这也只是一个烟幕弹，是纳粹分子们投放出的烟幕弹用以掩盖希特勒逃往地球另一端的真实目的。

必须要提醒众人的是，纳粹分子们秘密打造了一种非常先进的跨洋潜艇，技术非常先进，盟军几乎无法探测到它的存在。这种潜艇的强大航程和速度使它成为那个年代真正的技术革新的产物，然而它一直没有被投入到战场上，在战争即将结束的时候才开始试运行。

有关纳粹头目逃往日本的计划，美国空军偶然获得了一份非常重要的文件，文件中透露有十艘纳粹潜艇（类似于大型的巡洋舰）“在4月中旬”从基尔港出发前往日本。

这份文件还记载有六艘潜艇后来被美军截获，但没有提到余下的那四艘逃跑的潜艇都行驶到了什么地方。在这一点上我们肯定会问，战争结束之际，这些潜艇是在什么地方“被截获”的，而这种所谓的“被截获”很有可能是纳粹分子和英美盟军之间达成的某种协议。在某些情况下，这种所谓的“被截获”也可以成为将德国人转移到西方盟军手中的一种方式，这样就可以把苏联人排除在外了。

那些“被截获”的潜艇被发现时都在正常运行状态下，船员人数达到额定人数，而且配备有充足的武器和物资，但在报告中没有明确描述这些细节。

如果做一个大胆的推测，我们可以这样想，那些潜艇上的船长们接到发自柏林的命令，要求他们必须投降，因此他们大概已经知道纳粹分子和英美盟军之间早已达成了有关潜艇和物资交接的具体内容。

有关美军截获纳粹潜艇的细节在这份文件中也没写清楚，只是简单地介绍说“在他们的基地附近被截获”。而这种所谓的截获行为必然使各种猜测变得更加活跃。

至于那几艘“逃跑”的潜艇，它们真的驶向了日本吗？从那时起日本已经变成了盟军进攻的目标（数以吨计的炸弹从那时起每天都被“超级飞行器”投到日本），它们可能还有其他目的地可以去，比如阿根廷。

地球的南部

如果认真分析阿根廷外交部在 1945 年 5 月记录的一份文件，就可以得到一个与地球的南部有关的推测。在这份文件中提前警告说德军潜艇将出现在阿根廷的海域，也就是说，那些德军潜艇穿越了大西洋，并试图抵达日本（因为他们绕过了麦哲伦海峡）。有关这件事，1945 年 5 月 22 日阿根廷军队总参谋长、海军元帅贝尔宁科・利马给海军少将阿尔贝托・特萨伊雷所在的海事部发出了一份秘密通知。

在这份通知中写着：“我来转达上级的命令：根据我们从外交部得到的消息，在南大西洋有人看到了德军潜艇，它们的目标是抵达日本海域。作为总参谋长，我的意见是给海军分队的指挥官下令，让他们尽量阻止企图穿越大西洋抵达太平洋的德军潜艇，并请在南部海域部署适当的海事巡逻，直到上级下达新的命令。”[1]

我们应该还记得，在之前提到的美国人的报告中，曾经指出在 4 月中旬有德军潜艇出发，也就是说，在阿根廷人的记录中和美国人的报告中有一个巧合，而这个巧合又恰恰符合潜艇出发后前往日本（第一目的地）和抵达南大西洋（第二目的地）的行驶时间。

警报响起后，在麦哲伦海峡就安排好了军事部署，麦哲伦海峡位于阿根廷和智利的南部，连接着太平洋和大西洋。从 1945 年 5 月底到 6 月 20 日，阿根廷军方在那里部署了鱼雷艇、驱逐舰和飞机，直到 6 月 20 日才取消了警报。另外，智利军方也进行了严格部署。然而，在那片海域却没有侦察到任何潜艇。

1 阿贝尔・巴斯蒂：《希特勒在阿根廷》。

这些德军潜艇的最初计划可能并不是去太平洋，而是抵达阿根廷巴塔哥尼亚的海岸，在那里可以安然无恙地登陆，因为那个时间的阿根廷海军军力都集中在了麦哲伦海峡。

地球上的天堂

1943 年，邓尼茨元帅在基尔港海军基地为所有军官们举行的一次仪式上曾经说："德国潜艇舰队深感骄傲的是，他们为元首打造了一个坚不可摧的要塞，它位于世界的另一端，是一个世外桃源，在敌人完全无法触及的地方。"当邓尼茨元帅漫不经心地说出上面这句话的时候，第三帝国正处在坚不可摧的时代巅峰，是地球上最强大的帝国之一。然而，德国人一向以冷静、保守和客观评价自己的真正实力而闻名，面对一个很可能瞬时变幻的局势，他们已经开始着手为德国万一输掉战争的局面做准备了。而这位海军最高指挥官的暗示很有可能指的就是这种预见。

两年以后，希特勒从柏林消失了，有人想起了邓尼茨曾经说过的话，虽然当初很难理解他的意思。

如果德国战败了，希特勒要逃到什么地方去才能躲开成千上万的憎恨他的人呢？在 1945 年 4 月以后继承了希特勒权力的邓尼茨的那些话好像有了回答：德国元首转移到了一个无人知晓的美丽的地方，那是一个"坚不可摧的要塞"。

如果是德军的潜艇舰队负责建造了这个坚不可摧的要塞，那么可以肯定的是，他们也执行了将希特勒转移到那里的任务，而希特勒又指定了他们的最高指挥官作为权力的继任者。

然而，这个被选中的地方是哪里呢？首先，肯定是一个遥远的地方，远离战场并很有可能在一个"文明世界"中。另外，这块地方应该非常广袤而且地貌复杂。这两个条件可以使追捕逃亡者的行动变得不那么顺利。

人口的低密度也使可疑的追捕者不那么容易藏匿在普通人中。德国在亲纳粹国家建立殖民地是很实用的做法。另外，对于希特勒来说，这块地方还必须有舒适的气候条件和美丽的自然风光，最好有和希特勒非常喜爱的巴伐利亚阿尔卑斯山一样雄伟的高山。

七十八万七千平方公里的面积，相当于欧洲几个国家的面积总和，位于全世界人口密度最低的地方之一（那个年代达到了每平方公里不到一个人的人口密度），阿根廷巴塔哥尼亚具备了这样的有利条件。如果在那里建立起完善的秘密安全保障系统，那么对于元首来说那里就是一个“坚不可摧的要塞”，就如同邓尼茨所提到的一样。

登陆

除了阿根廷巴塔哥尼亚海边和一些证人们的证词以外，根据那些已经解密的文件内容，特别是来自阿根廷军方和美国联邦调查局的文件，我们可以推断出希特勒在阿根廷登陆上岸的历史。

1945 年冬天，那艘潜艇运送希特勒和爱娃·布劳恩以及一些纳粹高官们抵达了阿根廷南部。而就是在那里人们已经有了奇怪的预知能力，他们在等待迎接这些“著名”的逃亡者。船员们在等待海水最高的时刻，涨潮的时候可以使潜艇避免在海边的沙石堆里搁浅。在那段时间里，阿根廷巴塔哥尼亚的海边海水涨高了八米。

潜艇上的人和海边的人都在等待日落时刻，他们使用光束短暂地交换了信息，然后潜艇上的人开始上岸。

在岸边那些潮湿的沙滩上，希特勒留下了他踏上阿根廷国土后的第一个脚印。

帝国元首在那里又被迅速地转移，出发前往新的避难所——一个德国人的庄园。它位于巴里洛切的南部，在安第斯山脚下一个叫纳维尔瓦皮的湖边。几个月之后，他又转移到了伊纳尔科，距离庄园只有九十公里。那里是一个真正的人间天堂，地球上最漂亮的地方之一，正像邓尼茨所说的，那是一个真正的世外桃源。

为了销毁所有的证据，那艘潜艇被沉入了海底，船舱被海水吞噬，它的下场与其他那些在南半球靠岸的执行纳粹逃亡计划的潜艇一样。希特勒在海滩上留下的脚印很快就消失了，南半球凛冽的海风将沙滩上的沙子一粒一粒地吹起来，堆起的沙丘把纳粹元首抵达南美洲的痕迹掩盖得不见一丝踪影。

雨点行动

所有的逃跑计划都与美国人对纳粹的“同化”有关，这个事实并不让人觉得意外，但只有意识到这一点我们才能理解真正发生的历史片段。然而，这些逃跑计划又仅仅是第三帝国策划的庞大的总逃跑计划中的一小部分，根据盟军发现的材料，我们得知在总逃跑计划中涉及了资金、技术和重要人才的转移。这些材料中的部分内容是用“综合性语言”写出来的，这种语言是纳粹分子们发明的一种手写体，在很长时间中一直都未被破解。

直到近期才爆料出，负责执行纳粹头目们的逃亡计划的灵魂人物，正是德国元首的追随者马丁·鲍曼。而这个计划在被严格保密了六十年后，一些非常重要的细节开始被外界了解。

阿道夫·希特勒的最后一个重要的军事部署，就是被命名为“雨点行动”的总逃亡计划。这是一个由很多小的撤离计划构成的庞大行动，后来的军事战略家们将这次行动视为一次全面的逃亡行动。这项规模庞大的行动是由很多枝节交错的小计划构成，目的就是要将纳粹分子们所有的财产都拯救出来。[1]纳粹分子们的最后一次行动也被称为“1945 年总行动”。

“雨点行动”包括两部分，第一部分被命名为“维京行动”，第二部分被命名为“劳费尔行动”。“维京行动”计划将那些第三帝国的精英科学家、政治家和军人们转移到一个安全的地方。这个计划由鲍曼直接指挥，早在 1944 年 9 月就已经由纳粹战略家马克西米连·厄斯设计出来了。

另外，为“维京行动”工作的还有希特勒的元首办公厅秘书长菲利普·波尔，臭名昭著的加纳利斯将军的侄子、在党卫军旗队服役的康斯坦丁诺·加纳利斯，以及在党卫队地区总队服役的格哈德·克洛普。另外参与该行动的还有西里西亚[2]纳粹党的党主席卡尔·汉克，此人后来升任帝国文化协会负责人。

“劳费尔行动”计划负责转移帝国的重要金融银行家，其中还有一

1 苏联人手中掌握着大量的有关“雨点行动”的资料。

2 中欧的一个历史地域名称。目前，该地域的绝大部分地区属于波兰，小部分则属于捷克和德国。——编者注

个被命名为“松鼠行动”的计划，旨在转移那些商界人士和帝国贵族。有关这个话题，我们不得不联想到德国的埃希霍恩家族，该家族长年拥有位于阿根廷科尔多瓦的伊登酒店。在第二次世界大战前期和中期，有一位长期为希特勒提供资金的关键证人可以为此做证，她就是卡塔丽娜·卡梅罗。此人和埃希霍恩家族生活在一起多年。该证人还声称希特勒直到1949年都一直藏身在那里。[1] 正因如此，这项行动才被命名为“松鼠行动”（德语中，“埃希霍恩”的拼写是“松鼠”的拼写的缩写）。

“劳费尔行动”的目的是在纳粹流亡地重新建立第三帝国的经济和军事力量。在这项行动中，克里斯托弗·冯·汉森王子和威尔海姆·冯·汉森伯爵发挥了很重要的作用。参与行动的还有约西亚斯·楚·瓦尔德克·皮尔蒙特亲王[2]。另外，还有斯德哥尔摩的空军随员尤阿西姆·冯·奥尔施佩格王子。然而在1944年，他被德军判为逃兵。但“劳费尔行动”的秘密文件中还一直有他的名字出现。

下述人物也都积极地参与了行动计划：弗朗兹·沙维尔·施瓦茨（帝国财政部部长）、弗朗兹·霍费尔（纳粹蒂罗尔州大区头目）、恩斯特·霍恩洛尔－兰根堡（负责与瑞士进行希特勒的私人资金转移的交易，这笔上百万美元的钱款是以帮助帝国发展经济的名义而征收的税款）。

必须补充的是还有帝国的其他人物也参与了“雨点行动”，其中有一些人最后就逃亡到了阿根廷。在逃亡计划的负责人中还有伯恩哈德·克鲁格，此人在战争结束后，在阿根廷布宜诺斯艾利斯市和中东国家的一些城市中被人发现了踪迹。克鲁格是纳粹秘密部门帝国中央保安局六处的头目，负责印刷大量的假钱币和伪造各种文件。[3]

逃亡计划也包括转移大量的黄金和金钱，还有研发新式武器（如飞机和潜艇）的秘密文件，以及其他科学技术类的研发成果。

为了转移大量的资金和文件，纳粹分子们动用了多艘U－潜艇和飞机，在战争的最后阶段，这些运输工具离开欧洲前往南美洲和其他地方。

---

1 阿贝尔·巴斯蒂：《希特勒在阿根廷》。

2 皮尔蒙特亲王是弗莱德里希王子与绍姆堡－利珀公主巴蒂尔蒂斯的长子。这个家族从二十世纪初起就一直是圣拉蒙庄园的主人，圣拉蒙庄园位于阿根廷的巴塔哥尼亚。希特勒逃到阿根廷以后就藏匿在这个庄园里。皮尔蒙特亲王1945年被盟军抓获，于1950年被释放。

3 帝国中央保安局六处主要负责在第二次世界大战期间大规模制造假钞。1942年起，克鲁格组织该部门伪造了大量英镑。截止到1944年12月31日，该部门印刷了九百万英镑伪钞。柏林被攻克后，克鲁格逃到了南美洲。

很明显，逃亡的头号人物是希特勒和他的妻子爱娃·布劳恩，他们两人在地球上的某一个地方找到了安全的落脚点。这也是逃亡计划的最终目标。

数亿美元的资产

在纳粹分子们这项庞大的撤离计划中也包括将金银和钱财转移到安全的地方，当然，还有价值无法估算的艺术品、文件和其他贵重物品。当第三帝国首都即将被攻陷的时候，这项计划进行得更加如火如荼，一切都在与时间赛跑。

在战争结束一年后，1946 年，美国财政部门公开了一份报告，报告指出："德国的工业家和纳粹的军官们将他们的部分财产转移到了国外。他们的下属们在海外开设公司和秘密的银行账号。用这样的方法，德国人利用自己的资金，在全世界创建了 740 个知名企业：102 个在西班牙，58 个在葡萄牙，35 个在土耳其，98 个在阿根廷，还有 233 个分布在智利、巴拉圭、委内瑞拉、玻利维亚和厄瓜多尔。另外 214 个在瑞士。但是，要想从一个银行到另一个银行追踪这些财产转移的情况，那将非常困难。"[1]

我们说的这些财产数额有多少？按照一些专家的估计，纳粹分子们藏匿在世界各地的财产高达七亿五千万美元，甚至数十亿美元，那些被授权可以支配这笔巨额资产的人员名单一直被视为第三帝国没有被揭开的最重大的秘密。[2]

根据一份美国政府在 1945 年 12 月公布的报告，阿道夫·希特勒、赫尔曼·戈林、罗伯特·莱维、海因里希·希姆莱和约阿希姆·冯·里宾特洛甫拥有的银行财产，总价值估计在 1488 万美元，还有 46.5 万英镑和价值 60 万英镑的股票。[3]

1996 年，美国情报部门披露阿道夫·希特勒在瑞士还有一个银行账户，其中存入了希特勒的自传《我的奋斗》一书版权所售出的所有收入。（《科尔多瓦日报》，1996 年 9 月 13 日）

1 豪尔赫·卡马拉撒：《阿根廷，纳粹战犯的庇护所》。
2 西蒙·维森塔尔：《我们中的凶手》。
3 豪尔赫·卡马拉撒：《阿根廷，纳粹战犯的庇护所》。

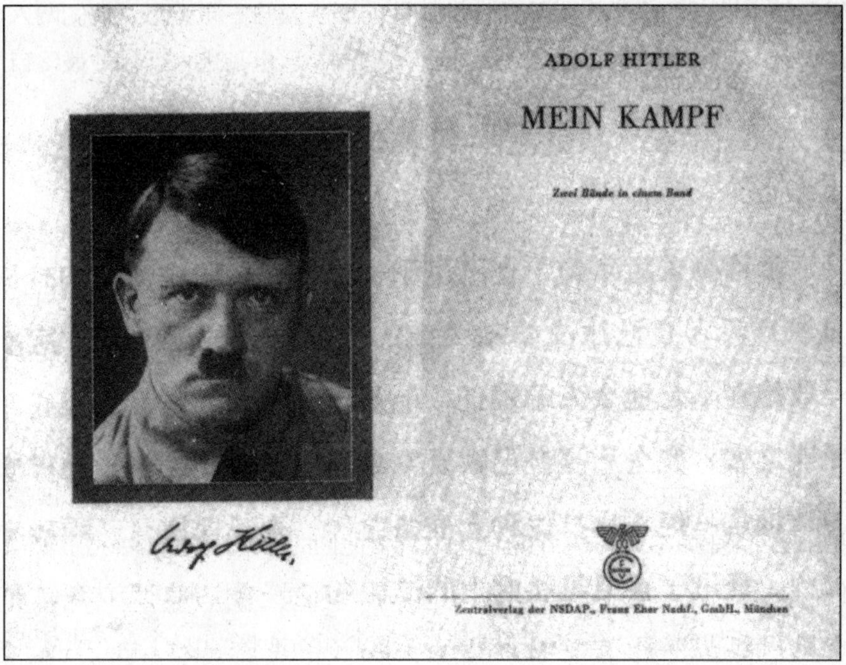

《我的奋斗》的封面

1997年2月，鉴于上述报告内容，西蒙·维森塔尔中心（国际犹太人权组织）向阿根廷政府正式提出申请，希望调查由三百多位纳粹头目、企业家、工商人士和那些高官的妻子们所办理的从德国和瑞士往阿根廷转移的银行账目。

在名单中也有阿道夫·希特勒和爱娃·布劳恩的名字，同样，该组织也向瑞士提出了类似的申请。

这封写给阿根廷政府的申请信的收信人是时任阿根廷总统卡洛斯·梅内姆和阿根廷中央银行行长佩德罗·波乌，信中写道："正式向阿根廷政府提出申请，请对相关的记录与文件进行调查，以确认在此申请信附件中标注的334个人中是否有人从1938年起在该国的银行开设账号或进行资金周转。"

这封申请信附件中的名单没有被公之于众，但阿根廷记者们获悉了一些信件内容并确认在名单中提到了阿道夫·希特勒、爱娃·布劳恩、埃里希·普力克（党卫军上将）、马克思·安曼（帝国元首的金融顾问）、汉莫特·格里格尔（莫雷尔医生的假名）、马丁·鲍曼和海因里希·缪勒的名字。

赛吉奥·韦德是西蒙·维森塔尔中心驻拉丁美洲负责人。在他写给阿根廷总统梅内姆的信中提到了一些知名企业的名字，比如德国法本公司（染料工业利益集团），在第二次世界大战期间该公司使用了大量的犹太劳动力。

在提到上述人名时，信中写道："这些人不仅手握权力掌管他人的生死，他们还具有为个人制造财富的便利渠道，他们可以不受限制地迁往其他任何地方，因为他们与世界各地的政治名流都保持着密切的来往，并且具有在其他国家开设银行账号的便利。另外，更重要的是，这些企业领袖们非常清楚都有哪些中立国与纳粹德国有贸易上的往来。"

在信中还写道："这份名单内容翔实而确凿，其中提到的人物包括纳粹党领导人、党卫军领导人，支持希特勒并给予他资金帮助的企业家、工业家和银行家，各地集中营的头目，那些偷走了价值难以估算的艺术品的男人和女人们，以及第三帝国地位显赫的一些关键的女士们，她们可以轻而易举地在世界各处开设银行账户。"

最后，信中提到希望了解那些账户如今的情况。如果开户后又被取消，那么被提走的资金数量是多少？是谁将这些钱存进了账户又提取出来？如果有将这些钱转往其他国家的转账记录，那么这些钱是转账到了哪些国家的哪些银行？（《民族报》，1997 年 2 月 19 日）然而，阿根廷政府的回答从未公开过。

就像前面提到的，除了巨额的让人永远无法知道具体数额的资金被转移，还有以希特勒为首的成千上万的纳粹党徒们逃往了西方。

那些誓死效忠纳粹的德国人，特别是军人、思想家、政治家、科学家和技术人员，为了从苏联人手中找到一条生路，都离开了德国。他们逃往世界各国不同的地方，比如美国，这个国家曾带着友好的态度接纳了他们中的很多人。

这项行动中的一部分就是为逃跑设计一条安全的路线，比如从德国去日内瓦、意大利，然后再从那里出发去阿根廷、埃及、利比亚或叙利亚，或者通过奥地利抵达西班牙马德里，或者还有其他路线。这些路线，被称为暗含贬义的"老鼠路线"或"修道院路线"，被称为"修道院路线"是因为这条路线得到了来自梵蒂冈的支持，当然了，这些路线都成功地帮助了那些纳粹党徒们。

为了方便这项大规模的逃亡行动，纳粹分子们制造了各种假文件，他们还精心准备了交通工具，以及路途中可以停顿的地方，还有充足的后勤保障和可以过夜或居住一段时间的地方。另外，这项行动还得到了分布在不同地方的天主教堂的帮助，因为天主教徒们相信，德国人，尽管战败了，仍可以成为对付共产主义无神论者的有力武器。

得益于德国人与西方盟军在背后达成的协议，大部分纳粹分子都私下成了美国军队中的成员。笔者所指的纳粹分子是那些军人、情报人员、技术人员和科学家，这段由敌人转变成朋友的历史也是最近才被发现的。

不仅元首本人逃出了共产主义的掌心，成千上万的纳粹分子们也都逃了出来并得到了西方人的保护。那时候，资本主义世界与共产主义世界之间的战争一触即发，根据当时情报部门所掌握的情报，可以看出战争很有可能在几个月内就爆发，必须做好一切准备。

希特勒在雪中散步

从第二次世界大战结束以后，战争又要爆发的想法时时透露出来。那些战略观察家们预言第三次世界级的全面冲突已经迫在眉睫，在这场战争中，纳粹分子们毫无疑问会帮助美国人。纳粹分子们，特别是那些在思想意识形态上准备与共产主义一战到底的军人们，研制出的最先进的战争技术将成为决定这场战争胜负的关键所在。

这时已经没有人再关心希特勒的下落了，他可以安全地躲藏在世界上任何一个角落。

1933 年 1 月 30 日，德国纳粹党党魁希特勒在当日早上宣誓成为新任总理

尾声

一场失败战争的结局一定是把这个民族和它的国家夷为废墟吗？战败的结局又是从何时开始的呢？还是只要是失败的战争就一定要以失败方被毁灭成灰烬为结局？我的回答是简单的。这样的结局是有可能的，前提就是这是一场失败的战争，这场战争证明了一个民族道德腐败、意志懦弱、缺少斗志并丧失了尊严。如果不是如此，一场失败的战争反而会推动一个崭新的未来，而不是变成一个民族沦陷的墓碑。

——阿道夫·希特勒

从二十世纪三十年代起，希特勒就接受了来自美国的非常重要的资金支持，来自美国和其他国家的企业家和政治家的支持和帮助使他成功地参与了各种政治竞选，并最终走上了权力宝座。

在这些积极为希特勒提供资金帮助的人中，美国政坛的约翰·福斯特·杜勒斯[1]和艾伦·杜勒斯[2]兄弟曾经在1933年于德国汉堡与希特勒和马丁·鲍曼进行了第一次会晤。

纳粹元首从美国人那里得到的帮助至关重要，华尔街的资助帮他铺平了道路，使他成为世界上权力最显赫的人之一。1934年他顺利就职成为德国元首，让当时世界上的右派政坛吃了一颗定心丸，因为他们知道从那一刻起，将有一股铁血力量与不断壮大的共产主义势力对抗。

第三帝国从美国方面收到了多笔上百万美元的贷款，德国很快从危

1 约翰·福斯特·杜勒斯（1888~1959）：生于华盛顿政客世家，与洛克菲勒财团有密切联系。第一次世界大战后，对于恢复德国军事潜力和重新武装德国起了很大的作用。1953年至1959年任美国国务卿。冷战初期美国外交政策的主要制定者。——编者注

2 艾伦·杜勒斯（1893~1969）：美利坚合众国第一号间谍，他在冷战时期的国际关系中是一个重要角色，他也是美国情报史上的传奇人物。他是美国历史上任职最长、影响最大的中情局局长。1927年当上第二任美国外交关系协会董事，1933年后转任该协会干事。二十世纪三十年代期间，常在德国活动，学到不少谍报技巧。1953年被艾森豪威尔任命为中央情报局局长。——编者注

机的困境中走了出来并迅速变成世界政坛中的一个强国。在第一次世界大战结束后，《凡尔赛和约》对德国的军事武器进行了严格限制，但是在上面提到的诸多帮助下，德国再次武装了自己，并时刻准备以应对再次出现的大规模世界冲突。

希特勒不仅很享受在欧洲获得的声望与欢迎，还得到了大西洋彼岸的热情和友好。1938 年，就在战争一触即发前不到一年的时间里，美国的《时代》杂志还把他评为“年度人物”。

当美国人正式介入这场战争中并与轴心国宣战时，艾伦・杜勒斯被任命为“美国驻瑞士大使特别助理”。在那里，他除了完成自己的外交使命，还不遗余力地四处游说以避免战争损害到那些德国经济团体的利益。

约翰・福斯特・杜勒斯在 1953 年被任命为时任美国总统艾森豪威尔的国务卿，而艾伦・杜勒斯从 1951 年到 1953 年一直担任美国中央情报局的二把手，从 1953 年到 1961 年是中央情报局的一把手。

无论是在战争前还是战争期间，德国元首都在黑幕之下与他的外国伙伴们进行了大量的贸易往来。与此同时，那些帮助过希特勒的国际金融界和银行界的人都知道，战争有一天会结束，他们已经准备好了各种应对计划以迎接新时代的到来。

1945 年当柏林被攻陷的时候，纳粹头目们与美国军方终于达成了一些重要的协议，并开始付诸行动。

莱茵哈德・格伦是希特勒的高级军事情报官，在纳粹分子与美国人的谈判中扮演了非常重要的角色。他手里掌握着大量的文件，这些文件可以证明英国与美国的企业家和政治家们都与希特勒以及他的政府有着千丝万缕的联系。这些可以成为确凿证据的文件没被公开，也没被销毁。它们是协议中的一部分，帮助纳粹分子们在战后得到了豁免权。

战争，使一部分人迅速致富，它的结束也意味着新的开始，一个涉及数亿美元交易的开始——被战争摧毁的地方需要重建。

消失

美国总统富兰克林・罗斯福在 1945 年 4 月的第二周去世了，就在柏林被攻陷的仅仅几天之前，他的去世使希特勒与美国军方之间的谈判变得更为容易，而美国政界则被完全排除在外。

在得知罗斯福的死讯后，第三帝国的宣传部部长戈培尔高举香槟并拨通了打给藏匿在地堡中的希特勒的电话："我的元首，祝贺您！罗斯福死了。天上的星象告诉我们，在 4 月的下半月里我们的运势将会出现决定性的转变。今天是星期五，4 月 13 日，今天就是局势扭转的重要日子。"而希特勒则向他在东线作战的那些士兵们发出了鼓舞人心的训话，他说："现在是命运在帮助我们，世界上罪行最深重的战争犯人已经死了，战争局势将会发生转变，这个时刻已经到来了。"

当全世界都在哀悼美国总统逝去的时候，美国军方已经与德国元首达成了一个私下的重要协议，就是一起与共产主义开战。

尽管杜鲁门接替了罗斯福的总统职务，但美国最高权力的短暂空缺，以及罗斯福去世带给世界的悲哀，都为美国军事战略家们与第三帝国头目签订盟约提供了方便，而这一时刻对德国来说至关重要，因为苏联人进攻的脚步已经势不可当了。

就在罗斯福去世的那一刻，尽管对盟军而言能够占领柏林将是最大的奖励，英美盟军却接到了来自上级的指示，要他们的军队放慢向柏林挺进的速度，这样，苏联人就成了最先抵达第三帝国首都柏林的军队。究竟发生了什么让艾森豪威尔将军做出了这样的决定?

官方对此事的解释是西方盟军"拱手相让"，将拿下柏林的任务和荣耀送给了苏联人。这一切恰恰发生在斯大林要求苏军攻克柏林以报当年德军侵略苏联的仇恨之时。有关这段历史，有从美军高层发给正在德国进军的军队的命令为证，命令让苏联共产党军队首先进入柏林，让他们去征服第三帝国的首都。

斯大林要求他的军队必须在英美盟军之前抵达柏林，而实际上这样的结果不过是按照美国人与德国人达成的协议而执行的。希特勒必须"自杀"并从苏联人手中逃跑，而不是从英美盟军那里逃脱，只有这样，所有的有关地堡里发生了什么的疑问，都将落到苏联军队手上，与真正演绎出的历史如出一辙。

从 1943 年起，希特勒就开始试图打破反法西斯的同盟。他押上赌注，寄希望于苏联与英美之间的盟友关系渐渐破裂，这样他就可以分别和双方进行和平谈判。这位第三帝国的元首坚信，出于思想意识形态上的巨大差别，他们之间的联盟不会持续很长时间。而他果然没有押错赌注。

然而，他所期盼看到的盟友之间的关系破裂并没有发生。希特勒知道问题所在，想让这些盟友之间的关系迅速破裂，他本人的存在恰恰是最大的障碍，因为他才是全世界所有人最憎恨的。如果让英国和美国政府与希特勒之间达成一致共同对付共产主义，这两国的国民会怎么说？与希特勒达成一致？绝对无法接受。不论对英国人还是对美国人来说，这都将是一个举国上下无法忍受的耻辱，对他们来说希特勒就是一切邪恶的化身。但是，那些军人和企业家却不这样想，他们与德国纳粹一样，面前摆放的只有共同的利益。

面对当时的历史环境，希特勒很清楚，只有他本人从历史舞台上消失了，反法西斯的统一战线才会被打破。对希特勒的憎恨仿佛是让共产主义与资本主义能够达成联盟的唯一动力。

只要希特勒活着，出于道义的原因，公众舆论就不会同意西方人排除苏联人的参与而与纳粹分子们达成协议。

这也是当初设计德国元首自杀的原因之一，因为根据大家的普遍猜测，只要希特勒消失了，共产主义与资本主义形成的联盟集团必将出现紧张局面并最终分崩离析，而之后发生的历史也证实了这一切。

希特勒的想法是，创造他自己的死亡以换取局势的发展能如他所愿，而这一切又是从一位被关押在苏联监狱的德国战犯的口中被说出来的，此人是希特勒亲信圈子中的一员，他曾经亲耳从希特勒的口中听到这样令人惊诧的计划。

“我必须死去”

1945 年 5 月，德国投降以后，苏联的犯罪学家们在伊万·尼基京少将的组织下，对希特勒在柏林最后几天中发生的事情进行了调查。

在那些日子里，根据 5 月 28 日在《时代》杂志上刊登的文章，在希特勒居住的房间里，图书室旁边有一个可以移动的混凝土门板，在门板后面有一条长达五百米的通道，通道的宽度只能容下一个人的身量，从这条通道可以抵达一个水泥砌成的非常隐蔽安全的可藏身的地方。这个可藏身的地方还连接着一条隧道，可以通往一条地下铁道。在这个可藏身的地方发现了口粮储备，储备量显示直到 5 月 9 日那里还曾经有至少十二个人暂住过。

另外，从苏联人对被抓获的纳粹分子的审问中，可以发现所有的证词都有一处非同寻常的相同点：没有任何人亲眼看到元首死了。

在审讯中，一个战俘的证词引起了大家的注意，他的身份是党卫军指挥官，在 4 月的最后几周里，他亲耳听到了希特勒在地堡房间里说的话。

按照他的证词内容，那时爱娃・布劳恩正坐着写东西，而希特勒就坐在沙发上，“纳粹元首仔细地询问他的保镖们在总理府外战斗的牺牲情况，那时战况已经非常危急”。然后元首开始大声地说：“只要我活着，苏联与英美之间就不会有分歧，他们现在团结起来就是为了摧毁我；如果我死了，他们就不会再组成盟友关系了。他们必须分裂，而当这一刻到来的时候，我必须活着并指引我的德国人民，让他们从失败中崛起，争取最后的胜利。只有当人们以为我死去了，德国才能取得最后的胜利。”（《时代》杂志，1945 年 5 月 28 日）

希特勒“死去”的原因

有关德国元首在全世界面前“死去”的原因，可以总结为几点：

1. 他的死去可以扫除阻碍苏联与英美联盟破裂的绊脚石。

2. 一个逃亡的希特勒将会引出试图掩盖事实的指控，而斯大林也的确这样指责了西方国家。而他的“死去”将会避免这一切。

3. 希特勒的“死去”将会使各方重新判断世界格局的变化。很有可能，元首将会“从废墟中重生”，并成为反共产主义联盟的新领袖。

4. 他的“死去”可以让他逍遥法外并不会面临纽伦堡军事法庭的审判，永远不会面临法律制裁，或针对他的逮捕令。

5. 一个自杀的希特勒将会让所有德国人保住颜面，上百万的德国人已经为纳粹主义的意识形态付出了生命，而自杀的希特勒将使纳粹主义不会留下任何污点。

另外，美国人与纳粹分子们私下达成的一致也使很多德国人都能够逍遥法外，而交换条件就是从第三帝国转移下述物品：

1. 价值数亿美元的资金（外汇、金银、宝石等）。

2. 成千上万身份特殊的纳粹分子，包括军人、技术人员和科学家。

3. 工业设计和高精尖技术的图纸，特别是与发展原子弹有关的一切资料，而有关原子弹的资料是最引人注目的，如果有一方掌握了原子弹，那将可以改变世界的历史。

原子弹

1945年5月3日，美国国务卿伯恩斯向美国总统递交了一份备忘录，详细地介绍了“曼哈顿工程”可能带来的负面影响，“曼哈顿工程”是美国制造原子弹的计划。同时，伯恩斯将这项预算耗资二十亿美元的工程定性为“浪费”。

伯恩斯是美国政治家，曾任美国最高法院大法官，于1945年开始担任国务卿一职。由于技术方面没有取得进一步发展，他申请停止研究原子弹。另外，在向日本投放原子弹以换取战争胜利这件事上，他认为用这样的方式使敌人屈服已经足够了。

1945年5月，传出了非常可靠的消息：美国人制造原子弹的进程陷入瘫痪，因为没有浓缩铀。另外，尽管他们生产了足够使用的钚239（十五克左右），但还没有找到引爆这种元素的方式。

由于问题得不到解决，这项工程被搁置了，美国的科学家们需要帮助。而这样的帮助居然来自大西洋彼岸。

德国人将自己的技术转送给他们，特别是发展原子弹的技术，这可以成为希特勒与美国人进行谈判的一张王牌。同时，成百上千的纳粹战犯们也可以免受法律制裁而逃到西方去，事实是这样吗？

我们能够确定希特勒与英美盟军谈判达成一致的最主要原因就是核

技术吗？很有可能是这样的，那些美国军人认为通过与德国人之间达成的协议，原子弹将会被反共产主义者掌握，而不是落入苏联人手中。

直到今天，科学家们还一直在就德国战败时纳粹分子对原子弹的研究发展到了哪一步而进行讨论。有关第三帝国核计划的细节每天都会被披露出一些，而所有的细节都显示了德国人几乎已经发展出了令人恐惧的原子弹。

1947 年，意大利记者路易吉·罗梅尔萨宣称他曾经见证了德国进行的核试验。那次试验，是 1944 年 10 月 12 日上午 11 点 45 分，在波罗的海临近佩内明德基地的一个叫吕根岛的地方进行的，那里是德国人进行火箭研究的地方。从波罗的海沿岸的很多地方都可以感受到原子弹爆炸后的巨大威力，爆炸发出的冲击波在斯德哥尔摩都可以感受到。罗梅尔萨是意大利独裁者贝尼托·墨索里尼的朋友，按照墨索里尼与希特勒达成的协议，他被派往事发地去亲眼见证德国人研究取得的成果，并将他看到的讲述给意大利纳粹领导人。

我们知道纳粹分子和美国人在这种致命武器的研究上已经取得很大进展，但是德国人与美国人不同，他们手里拥有数量可观的浓缩铀。如果没有这种关键的可燃元素，美国人是无法生产原子弹的。

1938 年 9 月，希特勒（前排左三）与墨索里尼（前排左四）在慕尼黑会议上

纳粹分子们帮助他们的敌人制造原子弹，而在战争即将结束之时把原子弹投向日本，历史是这样的吗？

除此之外，还有一个有待解答的疑问，难道是希特勒背叛了战争中的盟友日本？而且，元首知道美国人会利用纳粹的核技术轰炸日本，他是美国人的同谋吗？有关这个疑问，至今没有任何证据可以确认，有关此事的大量官方文件和档案都处于保密级别的状态。

我们已知的是，就像前文中曾经提到的，在元首向日本提出逃往东京的请求以后，日本人拒绝了他，希特勒对日本拒绝给予他帮助的做法一定极为愤怒。

另外，也有人猜测，当日本战败的事实已经摆在面前之时，美国人还是向它投下了原子弹，也有另一种意图，即警告苏联人不要产生侵略日本国土及其他邻国的念头。

如果这是袭击日本的最主要原因，那么向全世界的共产主义势力展示一种前所未有的可怕武器以阻止红色力量的发展，这和纳粹分子们的初衷一致：想尽办法阻止苏联人的进攻脚步。

金色的潜艇

当日本还没有投降的时候，我们有证据可以证明在战争期间纳粹分子们帮助了美国人吗？

为了更加客观，除了对有关历史片段的各种猜测和解读，我们知道至少有一艘纳粹的潜艇运送了大量的高精尖技术和浓缩铀抵达美国，而这些主要的技术与其他从未被使用的发明一起，都被美国人利用了。

这发生在日本投降之前，而这些技术都被用在了日本大和民族身上：美国人得益于纳粹分子们的帮助，向日本投放了原子弹。

这段令人难以置信的历史就发生在1945年4月15日，那艘提到过的潜艇是XB型号，按照希特勒的指示，从挪威的克里斯蒂安桑港口出发，前往预定目标——日本。

我们记得在那段日子里，苏联人已经包围了柏林，过不了几天德国的首都就会正式投降，苏联人会攻进总理府的地堡并发现希特勒已经失踪。

在行驶了一个月以后，约翰·海因里希·斐勒船长决定在大西洋北部靠近美国朴茨茅斯港口带领他的潜艇 U-234 投降。这是他一个人作出的决定吗？或者有第三帝国传来的命令让他抵达那里？将潜艇在美国的海边靠岸意味着它远离了从挪威抵达日本的航线，那么这艘潜艇在美国海岸时都发生了什么？

在解释“都发生了什么”的时候，斐勒船长说当他们向日本航行时，得知了德国投降的消息，因此决定向美国人投降。对于这群无辜的人来说，这种辩解可以被接受。潜艇上运载的东西价值不可估量，而且是高度保密的。另外，没有一位纳粹高官在没有得到上级命令的情况下作出了上述决定。

当这段历史被披露的时候，德国人与西方盟军之间已经达成了一个逃跑协议，那么理所当然我们会问，将美国作为目的地是否是事先达成的协议？然而，对于日本人而言，即使日本政府已经被事先告知，他们的港口也不过是一个掩人耳目的所谓目的地。

尽管日本政府一直在等待这艘潜艇的到来，却一直不知道它已经驶向美国并将日本这个目的地取而代之了。不仅如此，为了能够掌握这些贵重的物品，还有两名日本军人登上了潜艇。这艘潜艇在大西洋一片不知名的海域中，原定航线是从北边穿越白令海峡到达日本，或绕过非洲的最南端到达东方，然而潜艇却出人意料地改变了最终目标。当船长通知船上的两名日本人潜艇不会驶向日本而是美国的时候，那两名日本人自杀了，这是历史记录的官方说法。

1945 年 5 月 16 日，当纳粹潜艇驶进美国海域时，美军“萨顿号”驱逐舰与潜艇进行了交涉。然后，美国人控制了纳粹潜艇，三天后，这艘潜艇正式在朴茨茅斯港口向美军投降。

出人意料的是，这艘潜艇携带着德国人研制出的最新技术：一架没有装载武器的 ME-262 战斗机，先进的通信设备、导弹和火箭，雷达，近炸引信，反坦克雷，药品和德国最高精尖的研究设计。而且船上还搭载着各领域的技术人员和专家。U- 潜艇抵达的消息震惊了全世界。第三帝国在 5 月 8 日正式投降。一周以后，当这艘潜艇出现的时候，没有人知道还有多少艘潜艇正在海面上航行。

按照当地报纸的报道，在 U-234 潜艇携带的重达二百四十吨的物

ME-262 战斗机（当时速度最快的战机）

品中有与原子弹相关的物品和资料，比如由德国科学家曼弗雷德·冯·阿登纳发明的红外线枪，共一千二百架，它可以用于引燃炸弹。另外，在所有被搭载的物资中，被发现的还有五百六十公斤的氧化铀。

有资料证实，也很可能是有图片证实，当潜艇带着核材料抵达时，海恩里希·缪勒曾出现在朴次茅斯港口。所有的物品和科学家们都被迅速地转移到了新墨西哥州的洛斯阿拉莫斯国家实验室，那里正在如火如荼地进行“曼哈顿工程”的研究。

美国人手里已经掌握了足够的浓缩铀，因为纳粹分子们把浓缩铀带给了他们。另外，他们还掌握了引爆钚弹的秘密，这是美国科学家们一直没有寻找到答案的疑问。舍尔奇是随纳粹潜艇抵达美国的一位德国军官，他给美国人带来了解决方法：用红外线枪可以引燃钚弹，而且在潜艇搭载的物品里就有这种新式武器。

舍尔奇还装备完成了三位一体的实验核装置，1945 年 7 月 16 日在新墨西哥州进行了引爆。

就这样，感谢这艘“被捕获”的潜艇，美国人从此拥有了两种核炸弹：一个是纳粹提供的铀弹，另一个是钚弹，而引爆钚弹的物质也是从同一艘潜艇搭载过来的。这两种原子弹都将用在日本人身上。

国家机密

1983 年，在美国有线电视新闻网（CNN）的几名记者的坚持下，美国海军解密了与此事相关的一些档案，其中详细地记录了 U-234 潜艇上携带的物品。

但在某些关键点的描述上这些档案的内容又是模糊不清的。比如，当阅读这些资料的时候，无法判断这艘潜艇是否运载了十个装着氧化铀的集装箱，每个重量达到五十六公斤，总重量五百六十公斤，按照后来得到的消息，可以确认是五百六十公斤。

在官方记录中也没有写明潜艇携带的是哪种氧化铀，而这一点非常关键。如果当时运送的是铀 308，那么可以证明的是那时纳粹分子们已经拥有了至少一千二百吨核物质，那一次潜艇运送的物品对美国人而言的确意义重大。

如果当时运送的铀 308 只有那么少量，那么对美国人而言意义不大。但是如果运送的是浓缩铀，意义则大不相同。

如果这艘潜艇运送的是重达五百六十公斤已经提纯至百分之九十的浓缩铀，那么，从中可以提炼出四百五十公斤的铀 235，即 U235，这是可以制造铀弹的爆炸性同位素。这样的重量足以制造出九枚大型炸弹，而这些炸弹很有可能就被扔到日本广岛。

在这个巨大的疑问面前，那些进行调查的 CNN 的记者们向美国政府提出了申请，希望澄清在那艘从欧洲驶向美国的 U-234 潜艇上运送的氧化铀究竟是哪种。但是美国政府拒绝提供更多信息，并辩解称其为国家机密。

U-234，还是 U235？

战争结束后，原潜艇通讯官沃尔夫冈·赫西菲尔德披露，潜艇上运载的是成包的 U235。[1]

赫西菲尔德在写给他的一个熟人的信中，提到 U-234 潜艇的任务是保密的，而它的原定目的地是日本。这位证人说他在 1945 年 1 月看见

1 沃尔夫冈·赫西菲尔德：《最后一艘潜艇》。

有人往潜艇上搬运打包成桶状的长二十五厘米的物品，外面包着纸，并有用墨水写的“U235”字样。根据赫西菲尔德的说法，在出发的港口，两个日本军官亲自写上了那些字样。他记得，当时他看到后还责备了那两个后来也登船的日本人，因为他以为他们写错了，他觉得他们应该在每个打好包的物品上写上潜艇的正确编号，也就是“U-234”，而不是“U235”。

那两个日本人随便找了个托辞回答通讯官，他们告诉他实际上那些物品最初是由U-235潜艇负责运送的，但那艘潜艇出现了技术故障，而他们还必须要继续完成任务，所以写了同样的字样，他们完全忽视了赫西菲尔德的抗议。

他听完了两个日本人的解释后决定把情况汇报给船长，但是船长面对通讯官提出的质疑，只是让通讯官保持缄默并不要再谈论任何涉及那些“沉得像铅一样的”包裹的话题。

赫西菲尔德说那些包裹比十个要多，尽管他肯定地说，但他从来没有亲自数过究竟是多少个。

当潜艇抵达朴茨茅斯港口，美国军方即将打开潜艇储物仓门的时候，几个带着盖格计数器[1]的专家来了，他们用计数器测量铀放射出的辐射值。一位美国军官向赫西菲尔德解释并讲述了U-234潜艇的最新情况，赫西菲尔德直到那时才知道潜艇携带了放射性元素铀。而美国政府的公告却编造称这艘被捕获的潜艇运载的是没有危险性的铀238，而不是危险的铀235。

纳粹分子的铀用于美国的原子弹？

在保持缄默几年后，著名的跨国电脑公司康柏的执行管理者卡特·海德里克在耗资两万美元调查了数年之后，决定出版一本名为《德国纳粹是如何将浓缩铀交给美国生产原子弹的？》的书。

约翰·加布里埃尔是海德里克的一个兄弟，曾在中央情报局和联邦调查局工作，负责处理各种机密情报。海德里克非常想弄清U-234潜艇

1 一种用于探测电离辐射的粒子探测器，使用于核物理学、医学、粒子物理学及工业领域。——编者注

的真实情况，在他兄弟的帮助下，找到了一些被美国政府解密但没有引起公众注意的档案，这些档案都与此事有关。在分析了上述各种信息后，他得出结论，毫无疑问，那艘最终抵达美国朴茨茅斯港口的潜艇运送了五百六十公斤提纯的可裂变同位素U235。

在研究了有关制造原子弹的“曼哈顿工程”后，调查者得出了一个让人瞠目结舌的结论，美国如果没有纳粹分子们送来的浓缩铀和先进的技术，是不可能完成原子弹的制造的。比如，他就确认了“红外线枪”的存在，这是德国人运送来的具有“激活能力”的武器，可以引爆被投放在日本长崎的钚弹“胖子”。

海德里克这些极度敏感的调查结果引来了曾经参与过“曼哈顿工程”的几位科学家的关注，他们的民族自豪感受到了伤害，信誓旦旦地保证说美国制造原子弹没有纳粹分子们的帮助。同时，他们肯定地说，投放在广岛的铀弹“小男孩儿”所用的所有铀元素，总重量有64.15公斤，是在1944年6月起的一年内于田纳西州的美国橡树岭国家实验室制造的。但是，海德里克坚持自己的观点，也就是美国人没有生产出足够制造一枚原子弹的浓缩铀，也没有研制出可以引爆点燃用于投放在日本的钚弹的技术。

在读过海德里克的文章后，曾经是洛斯阿拉莫斯国家实验室武器制造办公室负责人的戴马尔·伯根博士支持海德里克所得出的结论，并称“可以肯定的是（U–234潜艇带来的）那些物质是浓缩铀”。

伯根承认的事实是有历史根据的。当日本投降的时候，“曼哈顿工程”的科学项目负责人是奥本海默博士。在他成为向广岛投放的原子弹的技术顾问之后，他曾说过他们使用一枚“德国人已经试验过的”炸弹，“因此不需要调查什么，用它就可以了”。同年8月26日，《时代》和《纽约时报》以及其他国际媒体同时发表了一份来自英国政府和美国军方的公告，公告内容是英美联合情报资料调查小组对事件进行调查后得出的结果。在公告中承认了德国核研究所取得的进展，并承认了“被没收的”物品对纳粹的重要性以及在战胜日本一事上所发挥的重要作用。另外，公告中还提到了德国的洲际火箭，在第三帝国时期火箭也得到了发展。此外，还有在战争临近结束时已经研发出的可装载在飞机和潜艇上的雷达干扰系统。

另外，还提到了陆军中尉约翰·凯克的声明，此人是盟军远征部队最高司令部搜索敌军武器情报的部门负责人。他对调查员克拉克·金耐德说："德国人对 V-2 的摧毁性功能仍不太满意。但是他们研发出了可以从浮出海面的潜艇发射 V-2 的武器系统，是一种被命名为'A-10'的火箭。当欧洲战事结束时，其射程已经达到了三千海里。他们还有一项致命武器的设计，在射程范围内可以毁灭任何目标：任何物体瞬间变成蒸气，任何森林瞬间变成火海，任何城市瞬间变成废墟。"

升空的 V-2 导弹

金耐德在他的名为《法西斯恐怖黑皮书》的书中提到了上述内容，其中暗示了纳粹的原子弹计划。然而这部书只售出了两千本，美国政府就将它从市面上迅速撤回了，因为那时原子弹还处在高度保密的状态。

战争结束后，1945 年 8 月，丘吉尔和美军驻欧洲总指挥官帕特将军承认德国人有两枚可以实施爆炸的原子弹以及其他新式秘密武器。与此同时，挪威情报部门负责人阿涅斯·科恩说："盟军从三年前起就知道德国人已经在进行原子弹的实验了，它的摧毁威力达到只需要一磅炸药就可以制造出相当于普通炸药十四磅造成的爆炸效果。"他还指出，"这些实验被我们掌握是因为他们派出伞兵和其他人破坏了进行科学研究所在地的精密机器，而这个地方就是挪威的一个水力发电站"。（美联社，纽约，1945 年 8 月 7 日）

与莫斯科的紧张关系

就像希特勒所预言的，在他消失后不久，华盛顿与莫斯科之间的关系闹僵了，苏美两国彻底翻脸。共产主义阵营与资本主义阵营之间的分裂开始了，并在不同地区引发了一系列的矛盾，世界朝着两个不同的利益集团演变。

还有一个新的问题使双方的矛盾加大：苏联人在美国轰炸了日本广岛和长崎之后，很想知道原子弹是如何爆炸的，并向美国呼吁要成为其盟友。

1945 年 11 月 6 日，苏联外长维亚切斯拉夫·莫洛托夫公开表示："这样可怕的发明不应该被像秘密一样对待。大国紧张的武器装备政策使维护世界和平的崇高目的无法成为大家的共识。原子弹展示出了巨大的破坏力。原子能源没有通过认可，使用这样的方法不能防止外来侵略或保卫和平。此时此刻不该有这样的秘密，它不该成为保卫一个国家或一个组织的方式。"（路透社，莫斯科，1945 年 11 月 6 日）

十天以后，美国总统杜鲁门举行了一场只有十分钟的新闻发布会。在发布会上，他表情严肃，在记者面前没有露出惯有的微笑。他开门见山，直接告诉记者们美国不会把原子弹的秘密公之于众。这是他们针对苏联人的明确答复。第二天，丘吉尔对杜鲁门表示了支持，并火上浇油地补充说如果原子弹的秘密不幸落入苏联人手中，他们同样会拒绝揭开秘密。丘吉尔说："我非常肯定，如果发生的事情与现实相反，我们或者美国人也会向苏联人提出同样的要求，而他们同样也不会应允。"（美联社，伦敦，1945 年 11 月 7 日）

资本主义阵营与共产主义阵营之间的裂隙不断扩大，希特勒藏在阿根廷，得知一切后会心一笑。他曾经的预言——西方与苏联之间的联盟最终会闹僵，如今一切变为现实。

斯特拉斯堡计划

1942 年年底，纳粹军队在斯大林格勒输掉了与苏联人的战斗，同时结束了德国企图侵占苏联的野心。这场失败对希特勒的心理造成了沉重的打击。然而不仅如此，1943 年年初在陆军元帅埃尔文·隆美尔指挥下的德军开始从非洲撤退，6 月盟军开始在意大利进行反击。与此同时，作为德国盟友的日本，也开始尝到了美军节节胜利带来的苦果，而美军的进攻直到 1945 年 8 月战争的胜利才停下了脚步。

面对越发不利的战势，以及对作战双方战争物资的准确估计，纳粹分子们开始着手大胆的计划，以备一旦德国战败时，他们仍可以保住第三帝国的首都柏林。

1944 年 6 月 6 日，盟军开始了在法国的大规模攻势“诺曼底登陆”。与此同时，美军从西边进攻，苏军从东边进攻。德军在非洲也频频战败，这时德国纳粹分子们的军力已经彻底被耗尽了。[1]

迫于形势紧急，1944 年 6 月 26 日希特勒在普拉特荷夫酒店（战后改名为沃克将军酒店）召集了上百位企业家和工业家，希特勒对他们说：“如果这场战争是以我们的胜利为结局，那么德国经济中的私有企业将迎来最辉煌的胜利。”说完这些话后，他的语气变得凝重起来，“如果我们最终不得不输掉这场战争，毫无疑问，在德国，任何一个私有企业的影子都不会留下……先生们，如果我们输掉了战争，将不会有任何财产能够被转移。那时，对在座的每一个人来说只有一件事情可做：只能视情况而定采取什么方式转移财产了”。

那时，逃跑计划已经基本成形，只差再斟酌一些具体的细节，必须要把“财产转移”也考虑在内。

两周以后，1944 年 7 月 10 日，在法国的斯特拉斯堡红色山庄酒店，元首、高官、银行家、工业家和企业家聚集一室，共同研究德国被攻陷以后他们该如何继续他们的事业。参加会议的有劳士领、克虏伯、梅塞施密特等公司的代表，还有第三帝国负责武器装备的高官们。

在这次会议上，制订了战后纳粹的政治和经济战略规划。得益于一份美国情报部门的文件，我们获知这个战略规划的目的是在第三帝国战败后建立起一个强大的经济帝国。事实证明，从 1945 年以后历史也的确如此。[2]

纳粹分子们制订的新的侵占和掌控世界的战略规划是用一套复杂的金融计划来替代之前的大炮工程，这项计划将深入到世界的很多地方。

在第三帝国投降前几个月，纳粹党预感到，在德国被打败之前，领导人中的一些成员将“会被审判为战争罪犯”。对那次的会议内容有这样的记录：“纳粹党最高领导层里有人可能会被审判有罪，因此我们必

1 阿尔伯特·斯皮尔：《第三帝国的回忆》。
2 美国军事情报档案，编号 Ew-Pa128。

须采取行动，将一些人放到德国重要的企业中担任资深技术顾问。纳粹党将会拿出大笔的资金提供给那些战后在其他国家建立金融组织的大公司。但是纳粹党要将你们已经转移到或正准备转移到国外的资金作为交换，这样在战败以后仍然可以建立起一个新的强大帝国。”[1]

纳粹党的最高指示被严格地执行着。

那些大的德国企业将他们的公司设立在了国外（比如宝马、西门子、大众）。另外，还在海外建立了一个由匿名的商业协会构成的网络，这个网络的存在使得大笔项目的资金转移都变得无迹可查。德国纳粹通过中立国转移了巨额资金，大批的德国公司开始了它们的“国际化”道路。

西蒙·维森塔尔是著名的纳粹战犯追捕者，他曾说：“为了将在斯特拉斯堡会议上下达的指示全部实施到位，德国工业家们开始迅速地转移资金，一切都在合法贸易的掩护下同步进行，那些资金被转移到秘密的银行账户中，或转移到西班牙、土耳其和南美的海外公司……按照斯特拉斯堡会议上纳粹党的指示，巨额的资金都转移到了国外。”[2]

从 1946 年起，德国开始慢慢地重生，在美国人的帮助下又迅速地恢复了生命力，而这也被世人描述为一个“奇迹”。当然，这是一个雅利安人的奇迹。

德国奇迹

据统计，第二次世界大战期间，德国有八百万人付出了生命。战后，整个国家被夷为平地，并被分裂为两个德国：德意志联邦共和国，简称联邦德国或西德，由西方盟军控制，实行资本主义制度；德意志民主共和国，简称民主德国或东德，由苏联人控制，实行社会主义制度。

从那时起，“直到 1961 年，柏林墙被修筑起来，联邦德国接收了大批的来自社会主义国家的流亡者和叛逃者，三百万来自民主德国，成千上万来自东线的战犯，还有一大拨人数在八百万左右的被从东普鲁士、波兰和巴尔干半岛驱逐出来的人。所有这些人都是共产主义的见证者，在联邦德国形成了一股反共产主义的势力……反共产主义与纳粹主义的

1 西蒙·维森塔尔：《我们中的凶手》。
2 西蒙·维森塔尔：《我们中的凶手》。

再次碰撞成为了联邦德国对抗冷战的有力武器”。（《先锋报》，2009年5月25日）

德国社会学家奥西普·弗勒希特海姆曾说：“不但没有‘去纳粹化’，而且还出现了‘再纳粹化’……”弗勒希特海姆是纽伦堡审讯的检察官，他还说，“盟军把撰写新宪法的权力交给了当时联邦德国各邦的主席，这些人创建了制宪委员会，委员会的成员是来自各地区的议员和一个顾问委员会的二十五位法理学家。几乎所有人都是法理学家，他们是‘宪法之父’，他们集聚在巴伐利亚的海伦基姆湖宫撰写宪法，而这些人在纳粹统治期间都是政治活动非常活跃的人”。

在1945年至1947年期间，大约有九十亿美元从美国流入了德国，资金转移的方式是间接的，主要按照“借款和贷款计划”的协议进行，或者以美军在德国的重建为方式。不久以后，美国通过了“马歇尔计划”（官方名称为“欧洲复兴计划”），这项计划由美国华盛顿政府推出，旨在进行欧洲战后的重建，当然也包括德国。而这项计划的初衷就是抑制共产主义的发展。

纳粹分子们兴奋异常并开始了全面的行动，比如赫尔曼·阿布斯从1938年至1945年任德国银行管理层成员，这意味着他的任期是在德国纳粹统治期间。在战争结束后，阿布斯成为了德国法本化学工业公司管理层成员。法本公司在战争期间生产了一种被命名为“齐克隆B”的氰化物毒气，这种毒气被用在德国纳粹集中营的屠杀中心。而此人从1957年起又担任了德国银行的行长，任期长达十年。

“阿布斯负责将马歇尔计划中用于重建的资金使用到德国工业中。”英国记者、作家亚当·拉伯在进行了有关纳粹分子的调查和研究后说出了这句话。

像阿布斯一样，成百上千的纳粹企业家、金融寡头和法官在战争结束后又重新回到他们原有的岗位，尽管在官方看来他们不是亲纳粹的。

1951年，“马歇尔计划”终止，通过这项计划德国人收到了不少于十四亿四千八百万美元的资金，同时“德国奇迹”的说法也变得美梦成真，德国（联邦德国）迅速地重生，经济实力越来越强大。

就像希特勒之前预言的，纳粹分子们在海外的资金重新回到了这个国家，并使德国神奇地变成了世界上最主要的经济力量之一。

希特勒满意了。

"团结的欧洲人"

1928年，希特勒曾说："……在遥远的未来，将会有一个由各民族组成的新的联合体，每个成员都是独立的，但聚在一起却具有国家的价值……"他的这些话仿佛是在描述一个由欧洲国家组成的有力共同体，对此他还补充说，"不能祈求通过一个泛欧洲的组织就解决所有问题，应该是一个完整的欧洲，但是每个民族个体又是自由和独立的，这些不同民族的利益是有分歧的，因此要准确地区分"。[1]

而这片大陆，按照纳粹分子的说法必须由德国人来解放，在这里，移民过来的人只能成为廉价的劳动力，最没人愿意干的活儿要交给他们干。

1940年，当德国人不战而胜成功进入巴黎的时候，希特勒接受了来自美国赫斯特报业集团驻欧洲的首席记者卡特·冯·韦根的采访，在采访中他提出了"欧洲人的欧洲"这个概念。

希特勒执政期间，在多个场合他都进行了预言——在欧洲创建一个由不同民族构成的共同体，而他的这个想法在很多年后终于得到了实现，1993年11月1日，成立了欧洲联盟，简称欧盟，欧洲议会总部设在斯特拉斯堡。斯特拉斯堡也是第三帝国的党徒们草拟战败后纳粹巨额资金去处的地方。

与美国的联盟

U-234潜艇被称为"金色潜艇"，它的存在证明了希特勒的逃跑是纳粹分子逃亡计划中最敏感的一部分，因为德国元首是纳粹主义的标志，而且他逃跑的事实已经被当成秘密保守了六十多年。实际上，德国元首的逃跑不过是庞大的纳粹人才和资金撤离计划中的一部分而已。

这个一直未被揭露的阴谋，比希特勒的逃亡更加具有策略性。这是美国人与纳粹分子之间达成的可怕联盟，这种联盟使人才和技术的转移

1 阿道夫·希特勒：《人种论》。

成为了可能，其中包括浓缩铀以及制造第一枚原子弹的各种技术，而美国人接受这些人才和技术转移的目的就是与共产主义对抗。与此同时，纳粹分子们可以换取豁免权。

然而，所发生的一切，对未来世界格局中的冲突产生了直接作用。德国人给西方列强们留下了足够对抗苏联的力量，用这样的方式，建立了日后被称为“冷战”的一种力量的平衡。在第二次世界大战结束后的冷战期内，两个对立集团的核武器装备竞赛变得更加危险，当时的核武器足够将人类生存的这个地球彻底毁灭。

今天我们已经得知很多纳粹分子“被重新利用”并被美国政府雇佣的消息。这些有关纳粹和美国联盟的最新消息，并没有让人们特别惊讶，因为还有很多并没有被人们获知的信息，而这部分内容将会让人们了解，事实与已知历史可能不一样，这部分信息至今都被保存在官方档案中，还被盖上“高度机密”的印章。与这个巨大的阴谋相比，希特勒的逃跑已经不重要了。事实正是如此。

希特勒，一个藏在南美洲的老人，对即将成为世界霸权的英美联盟来说很快就失去了他的重要性。他们可能也想到，希特勒可能忽然从黑暗中冒出来并重整旗鼓带领欧洲对抗共产主义。但是原子弹的出现彻底改变了一切，并将世界格局重新打乱。

1945 年 8 月，恰恰在希特勒藏匿到阿根廷的时候，美国向日本投放了原子弹。这时候毫无疑问，征服世界的力量不再是一个领袖的力量，而是技术的力量，比如核技术。

纳粹分子将技术、资金转移到西方，这重要的一步棋转变了未来十年历史的走向。原来的希特勒对于西方资本主义已经没有利用价值了，他不过是一只藏匿在世界尽头的苟且偷生的活恐龙。而美国联邦调查局的档案表明美国情报人员对这位臭名昭著的逃亡者已经失去了兴趣，他们已经不在乎他藏在哪儿或在做些什么。另外，我们的手里没有任何材料可以证明某些国家的情报人员还试图找到他或刺杀他，比如苏联的克格勃或以色列的摩萨德。

与此同时，作为希特勒的遗嘱继承人，马丁·鲍曼具有支配德国元首银行账户和资金进出的权力，直到最近他仍然继续掌控着纳粹组织分布在全世界的数亿美元的资金。

鲍曼和希特勒一样，都是在1945年被官方认定为死亡。笔者有幸采访了两位证人，而这两个人在二十世纪五十年代在阿根廷认识了鲍曼本人。另外，根据联邦警察局的档案记录，也有证据可以证明他的出现。有些信息表明鲍曼曾经与苏联人进行过谈判，甚至他还在苏联首都莫斯科与多斯托瓦洛夫将军生活过一段时间，多斯托瓦洛夫曾是希特勒有关苏联事务的顾问。

仍然活跃的纳粹主义

逃亡美国的纳粹分子们是一些特殊工程的关键人物，这些特殊工程由党卫军少校维尔纳·冯·布劳恩负责指挥，内容涉及高精尖的战争技术，如新式的常规武器、原子弹、致命瓦斯、新式导弹、最新的通信设备、技术先进的飞碟和潜艇等，它们都是德国纳粹原有的“大脑灰质”被招募到美国后研发出的成果。

德国人对先进技术的掌握为可能出现的化学战争和生物战争做好了准备。另外，他们曾经使用过LSD（用麦角酸合成的一种强烈的精神类药物）和其他思想控制类的化学药物对人体进行实验：用毒品作为谈判和诱惑的武器来摧毁人类的意识并奴役他们。

纳粹德国门格勒医生曾经拿人脑做过实验，而美国人又在其对人类基因实验的基础上取得了发展，并完善了对人类基因的操控。

这些企图控制全世界的做法好像行为艺术，用戈培尔的话来解释就是“欺骗，欺骗，永远不变”。通过大规模的媒体信息疏导形成了对人类思想的掌控，这种邪恶的教化方式已经变成了权力集团的有力工具。

独裁

那些德国人在第二次世界大战后被输入到美国，在与共产主义对抗的理论、意识形态和军事领域他们都是非常有用的人。在他们的帮助下，美国帮助很多国家开始了独裁统治，并利用这些分布在各国的权力绳索来牵动他们与苏联对抗。

美国人已经被纳粹思想感染，手中还掌握着当年为希特勒作战的那些精英。他们大胆地建立了培训独裁者和高压统治者的机构，比如1946年在巴拿马开设的美洲学校。这所学校培养了七万多名拉丁美洲的军人。在那里，这些人学习了格斗技术、战争领导策略、军事情报收集、刺杀被捕者和使他们“消失”的方法、敲诈勒索、威胁对方家人、心理折磨、绑架、偷盗婴儿以及各种酷刑。

当初的那些纳粹分子们，如今变成了美国人的顾问，与美国人合作并提出了所谓的“以战争对抗恐怖”和“向不负责任的国家宣战”的各种理念。

在纳粹分子与美国人的合作下，实施酷刑的技术不断完善，在美国和分散在世界各地的美军基地中，难以计数的人被施以酷刑。另外，在华盛顿政府的支持下，很多独裁政府都设立了地下拘留中心，还有像死亡行刑队一样的极右的恐怖组织。

提到美国曾经在阿根廷扶植起来的独裁政府，联邦法官达尼埃尔·拉菲卡在审理了多起针对镇压者们提起的诉讼时说：“如果在地下拘留中心里关押的是一个犹太人，那么他将是被泄愤和被羞辱的焦点，而他最终的命运就是被杀害。”这位联邦法官指出，很多官方记录都表明“在地下拘留中心被秘密逮捕的人中百分之十七到百分之二十都是犹太人”。他还肯定地说，在这些地下拘留中心可以看到纳粹旗帜、希特勒的画像，而那些实施酷刑的刽子手们都有与纳粹相关的绰号。

“阿根廷的恐怖主义将纳粹主义作为了效仿模式。那些六十年前发生在欧洲的事情在我们的国家重新上演，而这不过是纳粹下台仅仅三十多年之后的事情。”这段话是导演维克多·拉莫斯拍摄的纪录片《影子的故事：阿根廷独裁期间的纳粹主义》的开篇解说词，这部纪录片对比了阿道夫·希特勒执政期间与阿根廷军政府在1976年至1983年执政期间的独裁统治。（《新闻杂志》，阿根廷，2009年6月19日）

阿根廷诺贝尔和平奖获得者阿道弗·佩雷斯·埃斯基维尔是军政府独裁期间的受害者。当他回忆起自己被关押在一个狭小的牢房中的时候，他说：“让我非常震惊的一件事情是，我在墙上看到了一句话，写着：‘我究竟是在阿根廷还是在纳粹德国？’几乎每一面墙上都有纳粹党十字党徽的标志，在每个十字党徽下还用字母拼写了‘民族主义’。”豪尔赫·雷耶斯也曾被关押在监狱中，他说在地下拘留中心，当那些刽子手对他们实施酷刑的时候，还高喊着："我们就是盖世太保。"德里亚·玛利亚·巴雷达·费尔南多在独裁期间作为政治犯被关押在监狱中，她说："一个刽子手让被关押的人喊他元首，让所有人高呼：'嗨，希特勒！'到了晚上我们还能听到希特勒的演讲录音。"[1]

那些独裁政府不仅使用了第三帝国的各种政策，还真的把纳粹分子们邀请过去作为政治顾问。比如，臭名昭著的陆军上校沃尔特·劳夫发明了可以移动的毒气室，被智利的独裁者奥古斯托·皮诺切特聘用过；盖世太保的克劳斯·巴比，被称为"里昂屠夫"，战后变身成为玻利维亚军队中的陆军中尉；著名的德军王牌飞行员汉斯·鲁德尔于1952年曾被极右的德国人试图推选为新任元首，曾在阿根廷科尔多瓦航空技术研究院任职。除了这些人，还有成千上万的纳粹分子们在战争结束后继续保持着他们的纳粹主义理念，为了阻挡国际共产主义的发展继续执行他们的战略方针。

二十世纪七十年代，在南美洲的军政府独裁者与美国情报人员共同实施的一次行动中，很多第三帝国有头有脸的人物也都参与其中，这里面就有海因里希·缪勒。在这次行动中，他们共同策划了一个邪恶的计划，被命名为"秃鹰计划"。秃鹰是纳粹秘传主义的标志，象征着又有成千上万的人将被谋杀或消失。

在美国北卡罗来纳州的军事基地布拉格堡，纳粹分子们与美国人并肩作战与"恐怖主义"对抗。在那里，乔治·布什（老布什）直接指挥了美国中央情报局的多项秘密行动[2]，该家族就曾经通过华尔街和多家美国银行资助了阿道夫·希特勒。那些上了年纪却仍追随纳粹主义的人们，尽管年事已高，却头脑清晰。与美国的军人、政府官员一同分享着共同的价值观。1989年，他们共同庆祝他们所取得的巨大胜利：苏联的解体。

武器贸易

就像在第二次世界大战期间一样，军事工业继续蓬勃发展，这种神奇的经济创造着巨额利润，而这种经济所需要的却是底层的民众、战场

1 费德里戈·芬切斯坦：《法西斯国家阿根廷》。
2 C.辛普森：《由乔治·布什负责》。

上士兵的伤亡和城市中的屠杀，而这些都被归纳为“可以接受的”牺牲。军事装备，这种权力之间的较量，将永远不会停止。对于战争，总是有借口将它描述成正义的化身。

今天的国际金融系统建立在与第二次世界大战期间一样的经济格局基础上，就像我们看到的，这是一个非常强势的利益集团，为了可观的利润不惜任何代价，甚至不惜上百万人的生命。就像在两次世界大战期间所发生的一样，要维持这种武器贸易和被战争摧毁地区的重建，就要创造持久的战争和冲突，这样，研发出的武器越来越新式，价格越来越高，由武器贸易产生出的利润也越来越庞大，而那些资助从来都不是无偿的，最终一定会为同样的利益集团换取更多的收益。

为了实现他们的目标，美国人在世界各地掀起不稳定的局面，制造矛盾，并实施军事干预。为了得到他们希望获取的资源（比如石油），他们在很多地方进行分裂活动并支持敌对势力推倒所有不与美国同流合污的政府。

总之，拉开幕帘，就会发现纳粹主义的思想与一小撮美国跨国公司的新自由主义思想并存，而这些跨国公司才是世界格局不断变化的引导者。作为第三帝国的最高元首，不可能有任何逃亡计划能把他排除在外。如果希特勒真的逃跑了，其他事情都是可能发生的。

沉默是明智的

2008年，美国司法部向华盛顿的美国大屠杀纪念博物馆递交了五万份装订成册的档案，内容是美国政府在最近三十年为了追捕藏匿在本国的纳粹分子们所发布的各种文件、记录和司法命令。美国犹太人新闻社2008年12月12日发表的文章中写道，这些纳粹分子们一旦被发现，“在他们被驱逐出境前，调查员必须证明被指控者曾经参与过种族灭绝式的屠杀”。尽管调查员们也“努力”了，但是结果却几乎都是徒劳的，这些三级或四级的纳粹分子们只有屈指可数的几个被绳之以法。

在整个二十世纪，三亿多份有关纳粹德国的文件都被美国政府保留在档案中。必须要说明的是，根据美国《信息自由法》的条例，所有被设密的档案在三十年后都应该被公之于众。1999年2月16日，美国国防部发表了一封公开信，编号是“13−A2”，信中写明那些档案的解密“将会对美国的国土安全造成极大的安全隐患”。因此，那些隐瞒着阴谋的档案被再次设密，无法被公之于众。

那么，严格保守希特勒逃跑的秘密究竟对谁有利呢？首先，如果接受了他的逃跑，并发现已知的“事实”是人为制造的假象，那么一定还有其他类似的阴谋没有被任何人发现。也就是说，希特勒的逃跑不过是冰山一角。如果能够找到这冰山一角的破绽，就可以发现在这段谎话连篇的历史下究竟隐藏着怎样的真相。

而这个隐藏的真相是什么？简单地说，就是美国的官僚和企业资助了希特勒，以换取日后纳粹分子们为美国政府服务。

这段历史想隐藏的最大的秘密是什么？那些亲纳粹的企业家在审判中都能够获释，这得益于纳粹分子与逮捕他们的人之间达成的协议。战争罪犯们甚至连象征性的惩罚都没有遭受，有些人还逃脱了正义的审判，这都得益于约翰·麦克罗伊的耐心游说。麦克罗伊是美国派驻德国的高级特派员，由美国政府直接领导。纳粹分子们在美国的任务就是协助资本主义的领导人继续巩固他们的权力，并最终将资本主义制度覆盖全世界。

非常有意思的是，战争结束后，一大批纳粹分子们都被英美盟军宣判为有罪，但是很快又被英美盟军“特赦”并获得了自由。尽管随着时间的推移又出现了新的证据证明他们的罪行，可一旦他们被释放了就不需要再接受审判，这都得益于1954年签下的一份协议，内容就是禁止德国撤销西方盟军作出的任何决定或审判结果。然而，在德国进行的所谓“去纳粹化”的进程框架下，从1958年起就审判了一百五十起案件。其中很多案件都涉及对纳粹分子们的起诉，这些人曾经是第三帝国一级官员们的下属，他们也都是上述“特赦”的受益者，能够继续享受绝对的豁免权。[1]

现在的问题是，让事实永远不见天日究竟对谁有利？

对苏联人而言，希特勒是在他们眼前逃跑的，这将苏联情报部门和苏联军队的低效率以及他们与纳粹的关系暴露了出来。我们知道一些德国人后来也为共产主义分子工作过，特别是苏联核武器的研制离不开纳粹科学家的协助，因此，很有可能在纳粹和苏联人之间也有过不同级别

1 吉塔·塞莱尼：《德国的创伤》。

的协议。最好放弃调查此事的企图。最好还是对外宣称希特勒自杀了。

对美国人而言，如果没有美国人的帮助，希特勒的逃跑是不可能实现的。但是如果承认了他的逃跑，那么将会在国际社会掀起轩然大波并会产生无法预期的影响。最好还是说希特勒自杀了。

对纳粹分子和新纳粹分子而言，柏林被攻陷后希特勒用一颗子弹结束了自己的生命，这个神话已经将他变成了一位英雄。他的自杀向世人展示了他是一位捍卫自己的信仰的人，而且为了自己的信仰不惜付出生命。相反，一个逃跑的希特勒将会使他在历史舞台上变成一个懦弱的胆小鬼。虽然他没有签署投降书，却把他的人民送到了死神面前，而且在黑夜中仓促逃命并把被摧毁的国家忘在了身后。对全世界正在悄悄复苏的新纳粹主义而言，一个懦弱的胆小鬼的领袖形象无法维护新纳粹主义的尊严，所以最好还是说希特勒已经自杀了。

最后的反应

没有人确切地知道第二次世界大战究竟剥夺了多少人的生命，但是据估计可能达到六千万人，受伤的人数也高达上亿。另外，在曾经出现过战争的地方幸存下来的人们虽然活着，但心理上却留下了永远无法抚平的伤口，这些无辜的人不计其数。战争也使一些地方被彻底摧毁。

就像我们看到的，这段历史披露的事实无情地背叛了那些无辜死去的人们，背叛了那些带着伤痛和失去了家人的人们，背叛了那些为了他们心中坚信的正义理想而战斗的人们。父母们失去了他们的孩子，孩子们失去了他们的父母，那么多家庭从完整变得残缺。人们的身体和精神都受到了无法治愈的摧残——肢体残缺不全的男人，被充满兽性的军队蹂躏的女人，永远无法愈合的伤口……

对那些坚信自己是在与邪恶抗争并誓不放弃的人们而言，他们献出了自己的生命，而由谎言织成的网却是对他们的无情背叛。人们相信，当世界上最惨烈的战争结束的时候，数百万的人们将只会再为饥饿与贫困而战。

纳粹分子们与美国人签订的秘密协议，对那些无辜的人们是一种伤害。时光流逝，多少年或多少个十年之后，对贫穷的国家实施贷款政策，而贷款利率之高让他们永远无法偿还，这些国家将永远处于被掌控的地位，他们的贫穷将无情地延续下去，而事实也将变得更加黑暗：成百万的营养不良的儿童无辜地死去。

这段历史对那些善良正直的人们来说就是一种侮辱，因为他们相信另一个世界，并相信“正义的力量”，而这股正义的力量的化身正是那些打着自由、民主和正义旗帜的盟军。

那些思想家和金融寡头带着掌握和控制世界的目的，不惜牺牲上百万人的性命。他们与希特勒无异，他们也不会谴责希特勒的行为。他们曾经是并仍然是“荣耀的”和“令人尊敬的”来自上层国际社会的人物，而他们将一直投身到利润可观的肮脏勾当中。就是这样。

阿道夫·希特勒的确死在了很多年前，但他的计划已经成功了。

图字：01-2012-7535号

Abel Basti
El exilio de Hitler

本书译自Sudamericana 出版公司2010年版
El exilio de Hitler: